JN290202

わかる授業の科学的探究

授業研究法入門

河野義章 編著

図書文化

はじめに

　小金井のキャンパスが，梅から桜に変わろうとしています。永年お世話になった研究室を引き払う準備をしていると，変色した懐かしい紙の束が出てきました。小学校に勤めていたときの授業記録です。その年は，全校あげて国語の授業研究に取り組んでいました。そのなかには，初めて国語の研究授業に挑戦した私の「はだかの王様」の記録も混ざっていました。王様の心情曲線を黒板に書くのが，そのときの授業の工夫でした。教室の後ろで，ライブの授業をガリ版と鉄筆で記録していく熟練教師の技に圧倒されました。

　数年前，念願だった愛知教育大学の授業記録のライブラリーの前に立ったときも，圧倒されました。ワープロもコピーもなかった時代，教師集団が営々と授業の記録をとり，授業の協議を行ってきたエネルギーにふれたからです。そして，こうした先達の授業に対する思いは，Jugyo Kenkyu という言葉と共に海を渡って，世界の教師の間に広まりつつあります。いま，Lesson Study が注目を集めています。

　しかし一方で，「忙しくなるだけだ」「明日の授業に役立たない」という思いも強くあります。時間とエネルギーを注いでも，その成果がどこに表れるのかがよくわからないといういらだちが残るのも事実です。そのため，年度末になると，多くの学校で，あるいは教師の自宅で，授業の記録や研究会の報告書が廃棄されます。授業研究は現職教育の域を出ることがむずかしく，その場に居合わせた教師は何か学ぶことがあっても，場所と時間を異にする多くの教師にとっては，そこで展開された授業や協議は，何の影響力ももたないのです。

　低学力論争を受けて，鳴り物入りで実施された全国学力テスト。得点を開示するかどうかだけが，政治問題化しました。注目すべきなのは，個々の問題の出来具合です。

> 面積が約150平方センチメートルのものは，つぎのうちどれか
> 　(1) 切手
> 　(2) 年賀はがき
> 　(3) 算数の教科書の表紙
> 　(4) 教室一部屋の床

　小学校6年生のこの問題の正答率は，およそ18%でした。私たちは，この事実から「授業の心理学」の研究をスタートする必要があるのではないでしょうか。これが学べない原因は何か。正しく答えられた子どもと誤答の子どもの違いは何か。教科書はどのように編纂されてきたのか。子どもは授業のなかでどんな認知学習活動を求められたのか。

　本書は，私の定年退職を機に計画されました。平成2年から平成20年まで，東京学芸大学の私の研究室で学んだ者が書き手の中心になりました。「本」の原稿を初めて書いた者もいます。「学級規模の影響」の共同研究に携わった心理学講座の同僚も，原稿を寄せてくださいました。また，この間，研究会や学会でお世話になった附属小学校や他大学の多くの先生方が，しっかりと脇を固めてくださいました。「入門」という控えめな名前がついていますが，心意気だけは「ハンドブック」にいつか成長することを期待しています。

　「武器なき預言者は破滅する」とは，マキャヴェッリの『君主論』の言葉です。変化のある授業，楽しい授業，わかる授業をめざして，多くの教師が日々苦闘しています。本書は，まだまだ不完全ではありますが，授業をリフレクトしたり，研究したりするための武具を提供することをめざしています。教員養成や現職教育のいろいろな場面で活用いただけるように願っています。

　最後になりましたが，遅れがちな入稿を辛抱強くお待ちくださっただけでなく，真っ赤になるまで原稿に手を入れてくださり，出版までご尽力いただいた図書文化の東則孝さん，牧野希世さんに感謝申し上げます。

2009年3月26日

河野義章

授業研究法入門――わかる授業の科学的探究

目次

はじめに

第1章　授業研究の要因　…6
授業研究の目的／教師の指導の要因／子どもの学びの要因

第2章　授業を記録する　…16
授業ライブラリーの必要性／授業ライブラリーの作成の手順／授業ライブラリーの実際

第3章　授業研究のメソドロジー――授業を対象とする実証研究の方法論　…28
授業の研究の方法論について／授業のエスノグラフィック研究／エピソードの積み重ねによる質的研究

第4章　授業ストラテジーの研究　…36
授業ストラテジーとは／授業ストラテジーの分析方法／授業ストラテジーによる分析の実際

第5章　学級編成の研究――習熟度別学級編成について　…48
学級・学級編成とは／習熟度別学級編成の研究方法／習熟度別学級編成の実際と課題

第6章　発話の研究　…60
発話を分析する／アミドンとハンターの方法／発話分析の実際

第7章　協同の学習過程の研究　…72
協同の学習環境／協同過程の分析／協同の授業研究

第8章　発問の研究　…84
発問とは／発問の研究法／発問研究の実際

第9章　授業タクティクスの研究　…96
授業タクティクスとは／授業タクティクスの分析方法／授業タクティクス分析の実際

第10章　空間行動の研究　…108
教師の空間行動とは／空間行動研究の方法／教師の空間行動研究の実際

第11章　視線の研究　…118
視線計測とは／視線計測を用いた授業研究の例／授業における視線計測にあたって／教室における視線計測の可能性

第12章　姿勢とジェスチャーの研究　…130
教師の姿勢とジェスチャー／姿勢とジェスチャーの研究法／姿勢とジェスチャー研究の実際

第13章　板書の研究　…142
板書を研究する／板書の研究法／板書研究の実際／板書研究の実際についての考察

第14章　学習者の課題従事の研究　…154
　学習者の課題従事を研究する／行動観察の準備／学習者の課題従事研究の例

第15章　ノートテイキングの研究　…166
　ノートテイキングとは何か／ノートテイキング分析の諸前提／ノートテイキング分析の実際

第16章　学習スキル教育の研究　…176
　学習スキル教育の意義／学習スキル教育の実際／学習スキル教育の検討

第17章　ものづくり過程の研究　…188
　動作パフォーマンス／生徒の意識と動作から何が読み取れるか――事例1／生徒の発話と動作から何が読み取れるか――事例2／ものづくり過程の研究の課題

第18章　評価テストの作成　…202
　授業研究でテスト法を使う／よいテストとは何かを知る――妥当性を高め信頼性を高める／テスト問題を作る手順を知る

第19章　授業研究のためのデータ解析　…214
　なぜデータを問題にするのか／平均値を比べる／変数と変数の関係を調べる

第20章　校内研究の進め方　…226
　校内研究の勧め／校内研究の手順／校内研究の実際

● TOPICS ●

1．授業の何を研究するのか――授業リフレクション・カードの分析…15／2．LPSにおける授業データとその管理…27／3．アクション・リサーチ…35／4．理科教育における効果的なデジタル教材の活用法…47／5．Q-U, hyper-QU――学級を知り，育てるためのアセスメントツール…59／6．保育者は造形活動実践中にどのような言葉かけをしているか？――幼児の造形活動実践における保育者の発話分析…70／7．理科における構成主義的学習者尺度…83／8．発問の待ち時間の研究…95／9．文章題に対する子どもたちの意識の変容…107／10．教師は机間指導で何をするか…117／11．授業中に教師が見ているもの・こと…129／12．AS表情トレーニングとその効果…141／13．板書記録を子どもに配布する…153／14．小学校教師の経験と訓育行動…165／15．構成的学習者はどんなノートをとるのか…175／16．小学生の算数学習方略に関する研究…187／17．作品を評価する方法…200／18．ポートフォリオ評価で育つ学力とは？…213／19．アンケート調査…225／20．海外に広がる授業研究…237

事項さくいん　…238
人名さくいん　…243

第1章
授業研究の要因

授業は芸術であり，上手な授業のやり方を教えることはできないといわれる。それは，授業を成り立たせている要因があまりにも多いためである。そのため，効果のある教師教育のプログラムが準備できない。また，学校で授業改善を試みたのに学力が伸びず，焦燥感をいだいたりすることになる。

同じことは，科学的であることを標榜する授業研究においてもいえる。例えば，研究論文の題名には「漢字の指導法」とか「e-learningの効果」と書いてあっても，まったく違った側面を研究していることがある。

個々の研究者や実践家が，自分のターゲットとしている要因を明確にし，そこから期待される効果と期待がむずかしい効果をはっきりさせる必要がある（河野，1998）。本章では，3章以降で扱う授業研究の要因について概観する。

第1節 > 授業研究の目的

>> 1. 授業の処方せんを書く

■学習心理学と教授心理学

1960年代になって，これまでの学習心理学とは別の教授心理学への関心が高まった。そのため，「授業」を「教授学習過程」と呼んだりした。

学習心理学と教授心理学の違いは何か。ブルーナー（1964）によれば，学習心理学は学習とは何かを記述（describe）するのが目的であり，教授心理学の目的は学習の処方せん（prescription）を準備することである。つまり九九が覚えられない，漢字が書けない等，学習に困難を感じる子どものために，または学習

困難に陥るのを避けるために，学びのための処方せんを書く。授業研究の目的は，この処方せんのために何が有効であるかの証拠を提供することにある。

■授業のシステム化

月への有人ロケット着陸を目的としたアメリカのアポロ計画成功は，システム工学に裏打ちされたものといわれている。システム工学は，ある目標の達成のために必要なあらゆる要因を最適に組み合わせる学問である。その大まかな手順が，①目標の決定，②システム要因の分析，③最適システムの設計，④実践，⑤評価反省，である。⑤は①へと循環し，たえずシステムは改善される。

授業のデザインや研究においても，「授業のシステム化」が論じられた。坂元（1972）によれば，授業のシステム化のねらいは次のようなものである。

「授業の名人をただ分析して，そこに働く原理をみつけることに満足するのではなく，名人芸を一つの高度に授業のシステム化された事例としてとらえ，その構成要素を暴いて，万人に，名人芸への道を開こうとするものである」(P.214)

■要因を同定できない授業

システム化を標榜したにもかかわらず，教育界では急速にシステム化の議論や興味は終息してしまった。それは，授業をデザインしたり，研究したりしようとしたとき，目標の達成を左右すると予測される要因があまりにもたくさんありすぎることである。というより，要因がきちんと同定できないからである。

例えば，授業研究の朝の，当該教師の朝食のメニューまでは統制できない。朝食が授業の成果に直接影響するとは，ふだんは考えない。しかしある日には，それが影響することもある。

>> 2.授業研究のモデル──最小限の要因を視野に入れて

とはいえ，明日の授業のデザインをしたり，授業の効果を研究したりするために，河野（1989）のように最低限の要因を整理しておくと便利である。この授業研究のモデルは，教師の側の要因，子どもの側の要因，学習集団の要因からなっている。授業のモデルを一つ頭のなかにしまっておくと，次の利点がある。

①授業のデザインが容易になる。
②授業のリフレクションの視点が明確になり，ぶれない。
③研究の成果を比較したり評価したりすることが容易になる。

第2節 > 教師の指導の要因

　図1-1は，教師の側の指導の要因を整理したものである。外側から，授業のストラテジー，授業のスキル，授業のタクティクスの3つから構成されている。それぞれ，変化のある授業，楽しい授業，わかる授業をつくり上げることと関連している（河野，2008）。内側の要因ほど，認知の成立，つまり評価課題を与えたときに，正答になるために影響が大きいことを示している。

>> 1. 授業ストラテジー

■授業ストラテジー（Teaching Strategies）とは

　「ストラテジー」は軍隊用語であり，「戦略」と訳すが，心理学では「方略」と訳すことが多い。戦争では，さまざまな武器が動員される。それぞれの長所・短所，保有数を考慮し，いつ，どんな武器で，どこから攻撃するかを決めるのがストラテジーの決定である。

　これを授業にあてはめると，教室のなかで用いられる授業の方法として，講義，小集団討議，発見学習，プログラム学習やCAI（Computer Assisted Instruc-

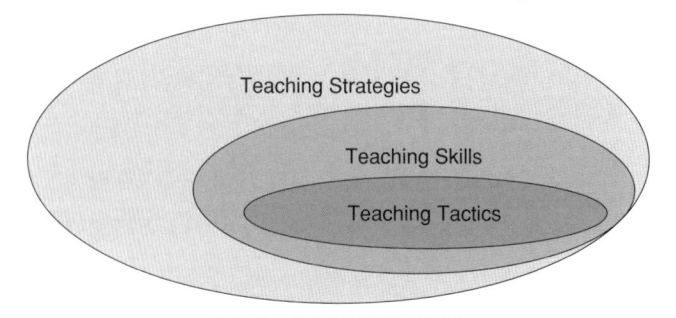

図1-1　教師の指導の要因

tion）を利用した個別学習，インターネットや e-learning の利用などがある。それぞれの方法には，長所・短所がある。そこで，45分のどこで，どの方法をとるかを決める仕事が必要になる。これが，授業ストラテジーの決定である。近年，認知心理学のパラダイムで情報処理の過程が研究されてきた。そこで，情報に気づく，情報を受けとめる，情報を保持する，情報を再生する，情報を加工するなどといった流れをもとにした授業ストラテジーの研究が期待される。

■授業ストラテジーの評価基準

授業ストラテジーが有効であったかの評価は，教師の立場からは，①短時間に，②経済的に，という効率化の側面からなされる。いっぽう，子どもの立場からは，授業にどれだけ変化があったかということになる。90分も延々と教師の講義が続く大学の授業を考えれば，授業に変化がみられず，退屈きわまりない。

授業ストラテジーの研究については，第4章で詳しく扱う。

>> 2．授業スキル

■授業スキル（Teaching Skills）

教室のなかで，教師と子どもたちが円滑にコミュニケーションするための技術である。教室のなかの教師は，毎日長時間にわたって子どもたちに語りかけているが，自己のパフォーマンスの技に磨きをかける機会がほとんどない。教材研究には時間をかけるが，自分の話し方の特徴さえ知らない場合が多いのではないだろうか。これでは，子どもたちの目を授業に向けるのはむずかしい。

教師と子どものコミュニケーションが円滑にいくと子どもたちは授業が楽しかったと感じる。授業スキルは言語的スキルと非言語的スキルに分けられる。

■言語的授業スキル

教育実習前の大学生が，仲間同士でマイクロティーチングの実習を行う。万里の長城の写真を材料に，小学校6年生に万里の長城の授業を3分間行った。大学生Aの場合：

T「(写真を見せながら) これ，何に見えますか」
T「思ったことを何でも言ってください」「××さん。どうですか」
P「道路」
T「なるほど，道路」「ほかにだれか」
P「山」
T「たしかに山ですね」
(中略)
T「(『万里の長城』と板書して) この漢字が読める人」
T「これはバンリノチョウジョウと読みます」
T「チョウジョウでも山のチョウジョウではありません。長い城という意味です」
…………

大学生Bの場合：
T「これは，中国の万里の長城です」
T「みんなの知っている日本の城，例えば大阪城や名古屋城と違いますね」
T「この城は，山の上にあります」「日本でも，山の上に城をつくったことがあります」
T「でも，この城は山の上に，延々と長く続いています」
T「宇宙の人工衛星からも，見えると言われています」
…………

　AさんとBさんは，同様に万里の長城について説明しているが，導入の仕方が違う。導入は子どもたちの興味を引きつける働きがある。また，自分がこれまで知っていることや学んだことを思い出す働きもある。教師はこの短い導入の時間で，心理学者が誤概念や素朴概念と呼んでいるものの存在を確認する。
　よい説明は，どんな特徴をもっているのか。河野（2006）では次のように整理している，①要点や細部，原因と結果などの筋道がはっきりしている，②専門用語や難解な用語を避ける，③文は短く，単純な文法構造の文を使う，④大

表1-1　教室における非言語的行動のチャンネル（河野, 2006）

A	環境的要因	教室の広さ，明るさ，色調，温度，騒音，図書，テレビ，パソコン
B	近接学	机の配置，教師の位置，教師の体の向き，机間指導の順路
C	動作学	姿勢，身ぶり，表情，視線など
D	接触行動	手を握る，手をとる，抱き合う，肩に触れる，頭をなでる，尻をたたく
E	身体的特徴	容貌，体型，毛髪，皮膚の色など
F	準言語	声の大きさ，高さ，速さ，抑揚，休止など
G	加工品	服装，装飾品，めがね，香料など

切な部分は，強調したり繰り返したりする，⑤図表や模型，実物を示す。

　Aさんの場合は，子どもに問いを投げかけている。答えが1つだけはっきりしている問いもあれば，いろいろな答え方ができる問いもある。

　子どもが答えたあと，Aさんは子どもの答えを確認している。これは子どもに対する称賛であり，周りの子どもには暗黙の強化の機能を果たす。つまり，Bさんが一方的に話しているのに対して，Aさんの場合は，子どもとの相互作用がみられ，「対話のある授業」といえる。相互作用の研究法については，第6章と第7章で，発問の研究法については第8章で詳しく扱う。

■非言語的授業スキル

　教師と子どもの言語コミュニケーションは，表1-1に示す非言語的手がかりのうえに成り立っている。非言語的コミュニケーションが巧みな教師は，子どもたちに自らの権威を示すことができ，同時に親和的な授業の雰囲気をつくることができる。非言語的授業スキルについては第10～12章で詳しく扱う。

■授業のスキルの評価

　授業スキルの評価の視点は，楽しい授業である。しかし，留意しなければならないのは，授業が楽しく行われても，それがそのまま認知の形成に結びつくわけではないことである。楽しいことと，わかることは別である。

>> 3. 授業タクティクス

■授業タクティクス（Teaching Tactics）

　「タクティクス」も軍隊用語であり，「戦術」と訳される。これは，個々の兵器をどれだけ巧みに使いこなすかという技術である。鍛え上げられた百戦錬磨

の兵は，一人一人が兵器の扱いに長けている。

これを授業にあてはめれば，わからないこと，誤って理解していたこと，うまくできないことを改善するために必要な認知的活動（cognitive activity）を決定する仕事である。

有効な授業タクティクスの開発は，授業研究のもっとも基礎になる。どんなに工夫のない教師でも，「台形」の授業で定義を30回も書かせる教師はいない。しかし，授業VTRを見ると一度も書かせないで終わる授業もある。

では，45分の小学校の授業で，どんなタクティクスを，いつ，どれだけの時間さくのか，教師は決定しなければならない。利用されるタクティクスが有効であるかどうかについて，どれだけの根拠となる証拠が集められるかどうかが問われる。小学校の先生であっても大学の教員であっても，授業の実践や研究はそのための証拠集めの仕事になる。

■授業タクティクスの評価

授業で取り入れた授業タクティクスの評価は，授業のあとの評価課題を子どもたちがどれだけ通過したかの率によって決まる。したがって，毎日の1時間ごとの授業のあとで利用できる，テストバンクを準備しておくことが望まれる。授業タクティクス研究の詳細は，第9章で扱う。

第3節 > 子どもの学びの要因

図1-2は，教師の場合と同様に，子どもの学びの要因を3つの領域に分けて整理している（河野，2004）。外側から学習習慣，学習スキル，学習ストラテジーである。より内側の要因が学習の成立にとって直接的な影響を与える。

本書では，第12～15章で，子どもの学びの研究法について詳しくふれる。

>> 1．学習習慣

学習習慣（Study Habits）は，毎日の生活のなかで勉強を継続的に行う態度

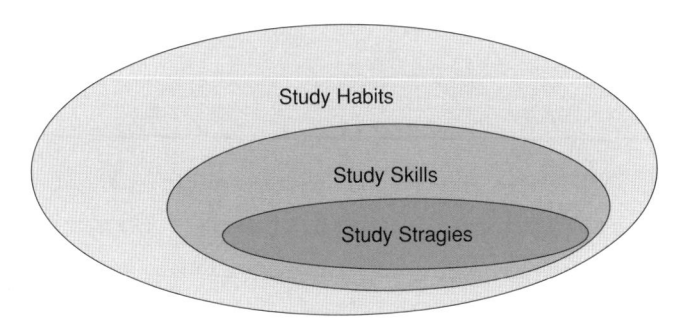

図1-2 子どもの学びの要因 （河野, 2004）

である。東京の狛江第三中学校では，基礎学力の育成のために，継続的な漢字の学習に取り組めるような工夫を試みた（狛江第三中学校，2007）。そのために，毎時間10問の漢字テストを実施した。「出題内容を予告しておくことで，だれもが取り組んだだけの結果が期待できる」と報告書にはある。

小学校の復習シリーズから，中学の各教科でよく使う漢字までそろえた。あらかじめ，15題2回分が予告され，出題しなかった漢字も書く欄を設けたり，間違った漢字をやり直したりする欄も設けられた。

子どもたちは，毎日の漢字テストのために，家庭で毎日漢字の勉強をするという学習習慣が形成されることを期待した。短い紙幅なので，成果の具体的な記述がないのが残念である。

>> **2．学習スキル**

学習スキル（Study Skills）は，学習活動をうまく進める学びの技術である。英単語を覚えるのに，電車のなかでも単語カードをめくる姿が見受けられる。近ごろは，紙ではなく，小型の電子式の記憶練習装置も市販されている。

河井（1966）は，漢字の画数が多いと練習回数を増やさなければならないかを検討した。かつての学習心理学のテキストには，練習回数，過剰学習，分散と集中，全習と分習，遡及禁止などの練習の理論が載っていた。行動主義の心理学の遺産である。子どもに毎日の漢字練習を課したとき，具体的にどんな練

習をしているのかに目を向けないと成果は期待できない。

>> 3．学習方略

　学習方略（Study Strategies）は，認知心理学へのパラダイム変換のなかで注目されてきた。認知心理学では，人が環境を認知し，それを頭のなかに取り込み，頭の中に保持し，必要なときにそれを取り出して活用する，その一連の情報処理過程に即して，学習を説明していく。

　したがって，漢字の勉強でも，ただ練習回数を多くすることを勧めない。宮内（2007）では，小学校3年生に毎日家で漢字の練習をするときに，その漢字をバラバラにして，どのように組み立てられているかを考えることを指導した。学習プリントを準備して自宅でも課題に取り組ませた。その際，大人が知っている「へん」「つくり」「かまえ」などは問題にしなかった。子ども自身が自分の目で見て認識したことを大切にした。教室では毎日5問の小テストを50回繰り返した。その結果，組み立て認知方略を導入する前に比べて，導入後は有意に成績の向上がみられた。

・文 献・

Bruner, J. S. (1964) 'Some theorems on instruction illustrated with reference to mathematics.' In Hilgard, E. R. (Ed.) *"Theories of learning and instruction."* Chicago : NSSE (63rd yearbook), pp. 306-335

河井芳文（1966）「漢字の物理的複雑性と読みの学習」『教育心理学研究』14，pp. 129-138

河野義章（1989）「『サルの腰掛け』からの脱却をめざして」『教育心理学年報』28，日本教育心理学会，pp. 104-144

河野義章（1998）「課題研究　諸科学関連教科教育学における授業研究法の今日的課題（6）：あなたは授業のなにを研究しているのですか」『日本科学教育学会年会論文集』22，pp. 231-232

河野義章（2004）「学業発達」日本教育カウンセラー協会編『教育カウンセラー標準テキスト　中級編』図書文化

河野義章（2006）『教育心理学・新訂』川島書店

河野義章（2008）「授業に生かすカウンセリング」國分康孝監『カウンセリング心理学事典』誠信書房

狛江第三中学校（2007）「国語科の実践　平成18年度授業改善実践事例集――授業改善の取り組みを一層充実させるために」東京都教育委員会，p. 90

坂元昂（1972）「教師の機能と役割」堀内敏夫編著『教授・学習システムの研究』明治図書

宮内健（2007）「小学生の漢字書字学習における組み立て認知方略の有効性について」日本教育心理学会総会発表論文集49, p. 60

TOPIC1 授業の何を研究するのか
―― 授業リフレクション・カードの分析

　授業リフレクション（省察）は，授業を振り返り，授業に関して気づくという意味で使われている。澤本（1998）は，「研究は，文字通り自分の授業実践の気になるところに『こだわる』ところから始まる。授業の記録と何度も照らし合わせながら，妥当性の高い解釈をつとめ，それを他の教師に伝え，批判を仰ぐ。こうした過程を繰り返すなかで自らの授業実践方法の特徴，実践的思考や実践的認識力の特性を理解し，これを効果的に実施あるいは修正することにより，実践的力量を考えうる」と述べている。

　そのうえで，現職教育で行われている研究協議会（授業研究）をみると，次のような特徴をあげることができる。
①使っている言葉，用語の定義があいまいで，議論がかみ合わない。
②授業をみる視点の提示は先行研究でなされてきたが，定着していない。
③現場のニーズにあって，かつ，教育心理学からみても納得できるような，授業をみる視点を提示できていない。

　こうした理由から，多くの授業研究会が形式的なものになっている。

　そこで，参加した人，授業をした人が「研究協議会をやってよかった」と思うような授業研究，後始末のできる授業研究を模索している。実際に何人かの授業VTRを見て，授業のコメントを書いたリフレクション・カードの分類を繰り返すなかで，少しずつ整理され，「授業をみる5つの視点」がつくり上げられた。
①教材設定／教材解釈
②授業展開（構成／評価）
③指導技術（発問・板書・教材・教具）
④児童・生徒同士の学び合いへの支援
⑤児童・生徒理解

　そこで，8分程度の模擬授業のVTRを材料に現職教員と教育学部生が記述したリフレクション・カードを整理したのが下図である。

図　現職教員と学生のリフレクションの比較

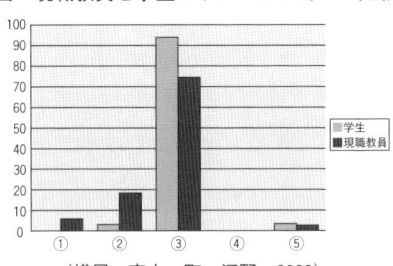

（横屋・宮内・町・河野，2009）

・文献・
澤本和子（1998）「教師の発達を支える授業リフレクション研究法の開発」平成7～9年度科学研究費補助金基盤研究（C）研究報告書『教師の発達を支える授業リフレクション研究方法の開発』研究代表者：澤本和子（山梨大学）
横屋一弥・宮内健・町岳・河野義章（2009）「『授業を見る視点』を使って授業を研究する2 学生と現職教員の授業を見る視点の違い」『日本教育心理学会発表論文集』，51，p.234

第2章

授業を記録する

第1節 > 授業ライブラリーの必要性

>> 1. 授業ライブラリーはなぜ必要か

■記録を残す

　授業研究のための材料は，まさに授業である。しかし，授業は複雑な要因が絡み合ったものであるため，のちに振り返るためには記録しておく必要がある。

　ところで，授業記録を必要とするのは，授業の実践者や研究者が主である。実践者は授業実践を振り返り，今後の授業の改善に結びつけるために授業記録を作成し，研究者は自分の研究をより実証的なものにするために授業記録を作成する（田上，1992）。しかし，授業の上手な教師は多いが，記録を残す教師は少ない。

　カセットテープやビデオカメラが使われる以前にも，教師たちは教室の後ろで果敢に鉛筆を走らせて教師と子どもの発話を記録した。明治30年代には，今日と同じようにプロトコルによる授業研究がなされていたとの報告もある（豊田，2003）。教室の後ろの机の上にガリ版を置いて記録をとり，放課後の授業研究会が始まる前に印刷物を配布した学校さえある。

　授業の記録に基づいて協議を行い，その記録を残す。その代表的なものが斎藤喜博による「島小方式」である。ここでは，プロの写真家の手によって，授業のスチール写真や映画さえも部分的に残されている。斎藤氏の語り口調も知ることができる。丹念な記録が残ったことにより，のちの研究者が，あらため

てそこで展開した授業について論考することが可能になった（井上，2004）。

■授業記録とは

　その後，カセットテープによる音声録音が外注せずに可能となり，教師と子どもたちのやり取りを再現して記録するT-C型授業記録が出現した。現在で言うプロトコルである。この方法では，非言語情報がほとんどないために，授業のダイナミックさが再現できない。

　そして，現在では，ビデオカメラによる授業記録が主流となっている。ビデオカメラは，授業のすべてを記録しているかのように感じられる。しかし，たとえビデオカメラで授業の全時間を撮影したとしても，授業という現象すべてをとらえることはできない。教室のなかには，40人近くの子どもが席を占めている。一人の教師とそれらの子どもたちの間で言語と非言語の複雑な相互作用が繰り広げられる。しかも台本がないのでどこで何が起こるか予測できず，カメラリハーサルもできない。1台や2台のビデオカメラを導入しても，あらゆる分析に耐えられるように授業をそっくり記録するのは不可能である。

　そこで，子どもの発言の順序，教師の机間指導の順路，教室の雰囲気，抽出された子どもの参与の状況，子どもが書き取ったノートなど，ビデオカメラの記録を補うための記録を取る工夫が必要になる。

　ところで，授業の記録というと，授業過程そのものの記録と思われることが多いが，これは狭義の授業記録である。広義には，そのほかに指導案（授業案）や授業後の振り返りの資料など多くのものが含まれる（吉永，2007）。つまり，授業実践向上のためのPDCAサイクルのすべてが含まれるということである。PDCAサイクルとは，授業計画であるPlan，授業実践であるDo，検証することのCheck，授業計画の修正としてのActionのそれぞれの過程を指す（大島ほか，2006）。

　授業改善のActionのためには，より広範な資料を備えた記録が必要である。多角的な要素をまとめた複合的な記録を集めることにより，再現性の高さを保証することになる。そのために，ビデオカメラによる映像だけではなく，プロ

トコルや観察記録，授業の指導案，授業前後の実践者のインタビューなどを一緒に記録する方法を提案したい。

■授業ライブラリー

また，これらの記録をライブラリー化して残しておくことも重要である。近年注目を浴びている授業研究の手法として，「教室のエスノグラフィー」がある。エスノグラフィーとは，参与観察とインタビューを主要な技法にしつつ，調査法や文献収集なども併用する，複数の技法を組み合わせた多角的な研究手法である（柴山，2006）。エスノグラフィーには，記録の蓄積が重要である。つまり，さきに述べたような多角的な記録による授業記録をライブラリーとして残すことが必須である。その効用は，次の3点である。

①同じ授業を繰り返し見て，協議したり研究したりできる。校内で行われる授業研究は，たいていの場合一回で終わってしまい，あらためて協議することがなかった。記録があればこれが可能であり，協議や研究を深めることができる。

②時間や場所が違っても，同じ授業の協議や研究ができる。これまでは，国立大学の附属小学校や研究指定校の公開授業を参観して，協議に参加しなければならなかったが，ライブラリー化した記録を利用して，別の時間，別の場所で協議ができる。筑波大学附属小学校ではすでに，これをねらって授業DVDを市販している（筑波大学附属小学校算数研究部，2001）。

③時代を超えて授業研究ができる。さきの井上（2004）の例のように，授業者がすでに他界していても，過去の授業を研究してその成果を新しい時代の授業の改善へと結びつけることができる。

このように，授業記録をライブラリーとして保存していくことは，これからの授業研究において重要な役割をもつといえよう。そのためには，使いやすさや保存のしやすさを考慮した授業ライブラリーの構築が重要である。

図2-1 授業ライブラリーの本棚の例
（愛知教育大学）

図2-2 授業ライブラリーの表紙と保存リスト
（愛知教育大学）

■授業ライブラリーの例

　具体的な授業ライブラリーの実践例として，愛知教育大学教育実践センター内にある教科教育センターのライブラリーを紹介する。図2-1は，センター内に所蔵されている本棚の様子である。教科ごとに色分けして製本されている。本棚のいちばん右側，上から4段目までは算数の授業記録であり，黄色の表紙で色分けされている。

　図2-2は，製本された授業記録の表紙（左）とライブラリーの保存リスト（右）である。授業記録の表紙には，小学校の算数を示す「(小算)」の文字と，授業記録の整理番号が記されている。青い冊子の保存リストには，ライブラリーに保存されている授業がまとめられており，中を開くと「教科」・「学年」・「教材トピック」の表がある。授業には，すべて整理番号コードが付けられており，授業者の氏名，学校名，実施日が付いている。プロトコルだけでなく，部分的には指導案，研究会の発言記録，指導者の指導・助言の内容も収められている。研究指定校のものは，印刷・製本されているが，手書きの記録も多く，先人たちの努力の跡がしのばれる。

　授業記録をライブラリー化することは，短期間でできることではないため，国内においてこれだけの授業記録が保存されている例は少ないであろう。

　このように，授業記録などをライブラリーとして複合的に残しておくことによって，過去の授業の研究や，現在の授業との比較研究が可能になる。

第2節 > 授業ライブラリーの作成の手順

>> 1．授業ライブラリーの構成

　第1節でも述べたように，授業の記録にはさまざまな要素を含めた複合的な授業記録が必要である。そこで，白井・河野（2004）と河野・白井（2005）を参考に，授業ライブラリーの構成を以下のように提案する。

指導案：一般に研究指定校や教育実習生が作成する指導案の様式があげられるであろう。最近はこれらの指導案も，パソコンのワープロソフトで作成されているため，デジタルデータで保存すると便利である。また，実習生が用意するようなボリュームのある指導案だけでなく，授業デザインの意図だけを示した簡易的形式のものや，授業をする教師のインタビューなどでもよい。

授業のプロトコル：授業中の教師と子どもたちとの発言を時間経過にそって記録する。非言語的な情報や，教室の雰囲気なども書き添えるとなおよい。

授業の映像：死角をなくし，多角的な視点で教室全体をとらえるには，複数のカメラを用いて撮影したい。しかし，撮影の手軽さや，編集の手間を考慮すると，1台のカメラで撮影したほうが便利である。その場合には，教師を中心に収めると板書の様子などもわかりやすい。また，教室の後方から広角に撮影すると，子どもたちの様子も把握しやすい。板書は，ビデオとは別にデジタルカメラの写真に収めるとよい。

リフレクションの記録：授業そのものの記録だけでなく，授業実践教師の自評や，授業研究に参加した教師や研究者の意見や講評など，また事前テストや事後テスト，インタビューなども記録できるとよい。特に事後のテストは，ライブラリー化したときに，授業間の比較をするために，1問でも入れておきたい。堀野・大島純・大島律子・山本・稲垣・竹中・山口・村山・中山（2005）の2年間に及ぶ授業記録の例では，次のような3つのリフレクショ

ンを記録している。一つ目は，授業計画会議中に録画したビデオに基づく授業実践教師の発話。二つ目は，実践教師による授業に関する内容の報告と感想を書いたメールの記録。三つ目は，２年間終了後の実践教師のインタビューである。

各種分析記録：そのほか，授業に対する量的分析や質的分析の結果なども記録しておきたい。

≫ ２．授業ライブラリー作成の手順

■基本仕様

ここでは，市販のWebページソフトを利用して，複合的授業記録を作成する手順を提案する。なお，使用するソフトによって作成手順が異なる部分もあるため，大まかな手順のみを紹介する。

授業の会話（プロトコル）と映像を同時に見られるように，基本的仕様は，左右２つの画面で構成され，一方（ここでは左側）に授業のプロトコル，もう一方（ここでは右側）に授業の映像が映し出されるようにする。プロトコルは授業の文節により分割し，見出しを付ける。この見出しをクリックすると，その場面の映像が流れるという仕組みである。

■プロトコル画面

次にそれぞれの画面の作成方法を簡単に説明する。

プロトコル画面は，３列の表を挿入し，それらに経過時間，プロトコル，教室の状況説明を書き込む。

基本的仕様で述べたとおり，プロトコルはいくつかの文節によって分割する。そして，プロトコルの欄の１行目に，見出しをつける。分割することには，次のような理由がある。一つは映像情報の個々のファイルサイズを小さくすることである。このことにより，見出しをクリックした際，映像が表示されるまでの時間を速めることができる。また，等時間間隔でプロトコルを区切るという方法もあるが，分析することを考えると文節で分割するほうが利点が多い。こ

こで作成した見出しから，ビデオ画面へのリンクを貼る。

■ビデオ画面

続いて，ビデオ画面ページの作成方法を簡単に説明する。

まず，ビデオ撮影した映像と音声をパソコンに取り込む。そしてビデオ編集ソフトを利用しmpeg方式で，プロトコルの文節に合わせて場面を分割し，パソコンのハードディスクに保存しておく。

次に，Webページソフトを用いて，場面ごとに，ビデオ画面を表示するページを作成する。まず，リンクを貼らない状態で表示画面を確認し，画面に余白がある場合には表示されるビデオ画面のサイズ幅を調整する。

■フレーム画面

さらにビデオ画面再生のための準備として，プレーン画面を作成する。プレーン画面とは，ビデオ再生のスペースを確保するためのページのことである。ページは，「top.html」というファイル名にする。

このフレーム画面は，さきに準備したプロトコル画面とビデオ画面を同じ画面に提示させるためのものである。フレームのhtmlファイルは，メモ帳などのテキストエディタで書ける。ファイル名は，「frame.html」とする。次に，フレームの左右にくるページを指定する。左にプロトコルのページ，右にプレ

図2-3　授業ライブラリーの画面の例（河野・白井，2005）

ーンページを表示させることにすると，

＜frame src＝"index.html"＞

＜frame src＝"top.html"＞

と書くことになる。この段階で，frame.html を表示させてみて，左右の画面に指定したページが表示されるかを確認する。

　なお，プレーン画面をつくらないで，プロトコルと映像を独立させて利用することも可能であり，簡便なやり方である。現在のパソコンでは，モニター上に2つ以上のウインドウを同時に開くことができるし，必要な時間帯の映像に瞬時に移動できるからである。

　以上のように作成した授業記録を DVD-R に収める。DVD-R に収めた授業記録を集め，ライブラリー化していくことになる。このようにしておくことで，コンパクトに利便性の高い資料を収納できることにもなる。

　この作成に使用したのは，ビデオを分割編集するためのビデオ編集ソフトと，実際にライブラリーを形づくるための市販の Web ページソフトだけである。なお，Web ページソフトは市販のもののほか，フリーソフトもあるので，自身にとって使いやすいものを選ぶとよい。

第3節 ＞ 授業ライブラリーの実際

≫ 1．できあがった授業ライブラリーの例

　では，できあがった授業ライブラリーを具体的に見てみよう。ここでは，小学校5年生の「台形のせいしつ」の授業を例にあげた。

　授業の初めの部分を見てみる。以下に，導入部分のプロトコルを示す。なお，プロトコル中の"―"は，聞き取れなかったことを示しており，s は一人の子どもの発言を，ss は複数の子どもの発言を示している。

【小学校5年生　台形のせいしつ　A教師】

t ：はい，先生見て～ここ，はい。ここ，何？―。

s ：直角。

t ：直角に交わってるので，この2本の直線は？

ss：垂直。

t ：垂直です。じゃあちょっと見てて。えっと，これ，まっすぐに当ててビッ。

s ：平行。

ss：平行。

t ：―。直線―。

s ：直線。

t ：白い直線と，黄色い直線は

ss：平行

t ：平行。赤い直線もかきましょう，ビッ。はい，赤い直線と黄色い直線はどんな風に交わってる？

ss：垂直。

t ：垂直でいいですか？　はい。こんなこと勉強しましたよね。

　この部分では，前の時間の復習として直角，垂直，平行について確認していることがわかる。図2-4に，この部分の様子を写した写真を付した。その写真の光景から，初めに確認した直角と垂直は三角定規によってつくられていることがわかる。しかし，その次の平行については，映像がないとわかりにくいであろう。子どもが平行と発言しているが，教師はその後「―直線―」と言いながらあらためて平行について聞き出している。このような様子は，授業に独特のものであり，映像などによ

図2-4　授業の様子

ってそのときの教室の様子を確かめてみなければわからない。ここで，ライブラリーにあるビデオを確認する。そうすることによって，教師がどのような意図をもって平行を聞き出そうとしていたのかがわかる。また，ビデオでの確認だけでなく，指導案や授業前後の授業実施教師のインタビューなどを通して，より授業分析の視点が深まる。

>> 2．授業ライブラリーの構築の課題

■個人情報や肖像権への配慮

　まず，肖像権や個人情報に関する問題である。ライブラリー化することで，記録はいろいろな人の目にふれることになる。授業の映像に子どもの顔が大きく映し出されていれば，子どもの肖像権にふれることになるだろう。また，個人が特定できるようであれば，個人情報保護法にふれてくることもある。また，指名して答えさせるといった授業中に生じる普通の活動が，問題になることもあるであろう。例えば，フルネームで指名した子どもが，解答を間違えていた映像が残ってしまったら，その子どもにとっては汚点と感じられるかもしれない。このようなことは，プロトコルの記録でも生じる可能性がある。これらの問題が起こらないよう，公開の際には，学校名や学年，学級などを除いておくという配慮が不可欠である。特に，授業ライブラリーの手軽さを考え，インターネット上でライブラリーを運営する場合は，情報の流出等が起きないように，利用制限などの管理が必要である。

■記録媒体

　次に，記録媒体に関する課題である。本稿では，パソコンで作成した複合的授業記録をDVD-Rに焼き付けるという方法を用いた。しかし，映像の記録媒体が，ビデオテープからレーザーディスクへ，レーザーディスクからDVDへと移り変わり，ブルーレイ・ディスクも店頭に並ぶようになった。汎用性の高い記録媒体は時代とともに変化していく可能性がある。パソコンでさえも，フロッピーディスクからCDやMOへ，そしてUSBメモリへと変化している。

もちろん，記録媒体が変化しても，同じ再生機で再生できる場合もあるが，再生する機械も変化していく場合もある。よって，新しい記録媒体が一般化したときには，ライブラリーの記録を新しい媒体へ移し変えていく必要が生じる可能性がある。そのような意味では，第1節で紹介した愛知教育大学教育実践センター所蔵の授業記録のように，印刷・製本されたものの価値が再認識される。

・文献・

堀野良介・大島純・大島律子・山本智一・稲垣成哲・竹中真希子・山口悦司・村山功・中山迅（2005）「デザイン研究に参加した教師の学習観の変化——教師の資質向上の新しい可能性」日本教育工学会論文誌, 29（2）, pp.143-152

井上光洋（2004）『いま問い直す斎藤喜博の授業論——教授行動の選択系列のアセスメントによる授業分析の方法』一莖書房

河野義章・白井裕美子（2005）「デジタル化した複合的授業ライブラリーをつくろう」http://psycho.u-gakugei.ac.jp/teacher/kouno2.html（最終アクセス日：2009年1月9日）

大島純・野島久雄・波多野誼余夫編著（2006）『教授・学習過程論——学習科学の展開（新訂版）』放送大学教育振興会

柴山真琴（2006）『子どもエスノグラフィー入門——技法の基礎から活用まで』新曜社

白井裕美子・河野義章（2004）「デジタル化した複合的授業記録ライブラリーの構築——明治の授業もフィールドワークできるか？」東京学芸大学紀要（第1部門教育科学），第55集, pp.45-52

田上哲（1992）「授業研究における資料（Data）に関する研究——主として授業記録の問題をめぐって」九州大学教育学部紀要（教育学部門），第38集, pp.33-46

豊田ひさき（2003）「学校改革と授業研究」日本教育方法学会編『子ども参加の学校と授業改革』図書文化

筑波大学附属小学校算数研究部監修（2001）「映像で見る算数授業」（DVD授業研究シリーズ），内田洋行

吉永紀子「授業研究の方法」田中耕治編（2007）『よくわかる授業論』（やわらかアカデミズム・「わかる」シリーズ），ミネルヴァ書房

TOPIC2 LPSにおける授業データとその管理

　授業という社会的・文化的な営みを研究するために，国際比較という手法がとられることがある。数学教育の分野では，第3回国際数学・理科教育調査の授業研究（「TIMSSビデオスタディ」）が，世界7か国の授業の標本調査という驚異的な方法によって，研究を先導してきた。このTIMSSビデオ研究の成果（Stigler & Hiebert, 1999）を踏まえ，その補完を意図した研究に，「学習者の観点からみた授業研究(The Learner's Perspective Study：略称：LPS)」がある（Clarke, Keitel & Shimizu, 2006）。

　LPSでは，16か国の研究者が参加し，各国の指導経験豊富な教師3名の授業を，それぞれ最低10単位時間連続で，教師・生徒の行動の両方を同時に視野に入れ収録する。そのため，教室では3台のビデオカメラ（生徒用，教師用，全景用）を同時に用いて映像を収録し，教師・生徒の映像はデジタルミキサーを用いて統合映像として記録する。

　これらの映像・音声に加え，事前・事後の教師質問紙，各授業について尋ねる生徒用質問紙，授業後の教師・生徒に対する再生刺激による構造化インタビューをあわせてデータとして収録する。さらに，教科書やワークシートの当該ページ，生徒のノートのコピーも収集し，学習者の数学的な意味構成を分析する。

　LPSの再生刺激インタビューは，収録される各授業の直後に，インタビュー対象者に統合映像再生用のリモートコントローラーが手渡されて行われる。教師あるいは生徒は，授業において「自分にとって重要であった箇所」までビデオ映像を早送りし，その「重要な箇所」を再生しながら自分がそこで何をしていたか，何を感じていたか，何を考えていたかを答える。この方法によって，授業の各相を教師と生徒がそれぞれどうとらえているかを調べることが可能になる。例えば，表1は，ある学級の2つの授業において，教師と2名の生徒がそれぞれ「重要である」とみなした箇所数を示す。

表1　授業における重要な箇所の特定

授業コード	教師	生徒1	生徒2
J1-5	9	8	7
J1-7	12	8	3

　LPSのように大規模な授業の国際比較研究では，データの管理・処理が重要な役割を果たす。LPSでは，データをメルボルン大学国際授業研究センターに設置した大型サーバーに貯蔵し，海外の研究メンバーはインターネット経由でデータにアクセスできるように管理している。

・文献・
Clarke, D., Keitel, C. & Shimizu, Y.(eds.), (2006) "Mathematics Classrooms in Twelve Countries : The Insider's Perspective.", Rotterdam : Sense Publishers.
Stigler, J., & Hiebert, J.,(1999) "The teaching gap : Best ideas from the world's teachers for improving education in the classroom.", New York : Free Press.

第3章

授業研究のメソドロジー
―― 授業を対象とする実証研究の方法論

第1節 > 授業の研究の方法論について

>> 1. 研鑽と研究

　本章のタイトルは苦戦の産物である。つまり、「授業研究」という言葉を回避するのにかなり悩んだ結果である。なぜ「授業研究」とあっさり言わないかといえば、一般にいう「授業研究」とは、教師が自己やほかの教師の授業の研鑽のために行う授業への批評だからである。

　東京学芸大学教育実習ノートには、適切にも次のようなことが書いてある。「皆さんが行うのは、『授業研鑽』です。研鑽は、常用漢字ではない漢字「鑽」を含みますので、その代わりに「研究」という言葉を使うのです」

　「授業研究」という言葉はすっかり定着しているが、この際、意味や用法を改めるべきではないか。ほかの業務領域や研究領域で「研鑽」のことを「研究」と一般的にいう慣習があるところは「皆無」に等しい。教育公務員には「研修」の義務と権利が明文化されており、これについては第19章を参照されたい。

　さて、授業を対象とする研究では、授業のさらに具体的な対象、目的、目的を果たすための方法手続き、評価等が異なる。

　以下、佐藤（1996, 2004）の説明に従い、授業の古典的な相互作用分析研究と、それに対する批判として登場してきたエスノグラフィー研究について簡単に説明する。

また，次節以降は1が量的研究，2が質的研究に対応するとも考えられる。

≫ 2．古典的授業分析方法

■相互作用のカテゴリー分析システム

ここでは，よく対照的に取り上げられる表3-1（生田，1993）をもとに考えたい。これは，フランダースらの授業のカテゴリーシステムをもとにして，小金井らが作成した授業行動分析のカテゴリーシステムである。

このカテゴリーシステムを使用することで，教師と子どもとの言語行動を中心とするコミュニケーションを授業記録のプロトコルをもとに分析する。そこでは，教師と子ども個々の行動がカテゴリーに分けられ，授業の過程にそってどのような行動が展開されたかを検討し，その特徴や問題点を解明しようとするものである。

フランダースの相互作用分析（第6章参照）は，特に上記の分析の中でも有名なものである。上述の生田らのカテゴリーシステムを使用した研究によれば，解明行動が熟達教師の授業において初心者教師の授業よりも多いことが示されている。また，この解明行動は，授業の中核的な箇所で生じるという。

これらの分析システムの特徴は，あらかじめ分析のカテゴリーが作られてお

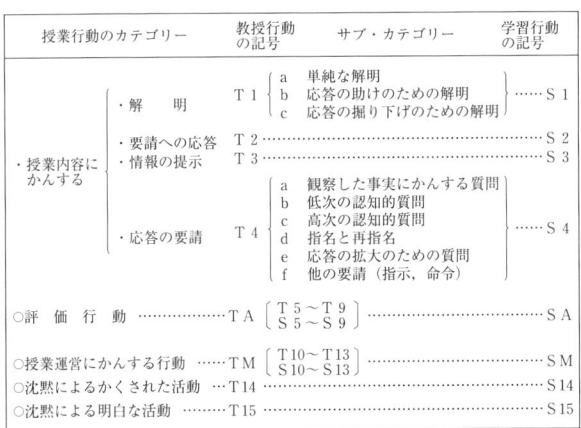

表3-1　カテゴリーシステム

授業行動のカテゴリー		教授行動の記号	サブ・カテゴリー	学習行動の記号
・授業内容にかんする	・解　明	T1	a 単純な解明 b 応答の助けのための解明 c 応答の掘り下げのための解明	S1
	・要請への応答	T2		S2
	・情報の提示	T3		S3
	・応答の要請	T4	a 観察した事実にかんする質問 b 低次の認知的質問 c 高次の認知的質問 d 指名と再指名 e 応答の拡大のための質問 f 他の要請（指示，命令）	S4
○評　価　行　動		TA [T5〜T9／S5〜S9]		SA
○授業運営にかんする行動		TM [T10〜T13／S10〜S13]		SM
○沈黙によるかくされた活動		T14		S14
○沈黙による明白な活動		T15		S15

り，それが授業記録にもとづいて作成できるようなレベル，つまり，やや粗大なレベルで示されていることである。

■「相互作用のカテゴリー分析システム」への批判

こうした授業での相互作用分析については，古くから多くの批判がある。こうした批判は佐藤（2004）にまとめられている。概略を述べれば，授業のさまざまな出来事や文脈をカテゴリーに無理に押し込めることになる，というものである。「授業は生き物である」とは，教育現場ではよく言われることである。生き物ならばそれ相応の自由な生き方があるわけで，フランダースらのカテゴリーはその生き方をうまくとらえきれていなかったようである。

■「カテゴリー」自体が問題なのか？

ただし，こうしたカテゴリーシステム自体がまったく意味をなさないかといえば，そんなことは決してないことを断っておく。後述のように，ほかの種々の授業研究での分析手法では，その大半は何らかのカテゴリーを使っている。「わかる」とは「わける」ことである（坂本，1982）。したがって，カテゴリーなき授業に関する研究はありえない。それは，次の著名な授業へのアプローチの対比にも表れている。

また，授業分析の手法として多く用いられてきたのはこの方法である。ただ，カテゴリー分類に大変な労力をかけることや，その割には明確な結果が得られないという問題がある。

■「教育工学アプローチ対羅生門的アプローチ」批判

著名なカリキュラムや教育方法に関する評価として，「教育工学アプローチ対羅生門的アプローチ」（文部省，1975）がある（表3－2）。

大ざっぱにいえば，教育工学論は，マトリックスで静的・構造的・目標志向的に授業をとらえ，いっぽう，羅生門的アプローチは，教育鑑賞論のように多様な面への批評・鑑識（Eisner）を重視している（稲垣・佐藤，1996）。

右記のような二項対立的な分類が一時言われたことがある。が，これはいまとなっては非常に誤解を招きやすい分類である。教育工学が上記のような属性

表3-2 「工学的接近」と「羅生門的接近」の対比（1）（佐藤, 1996）

―― 一般的手続き ――

工学的接近 (Technorogical approach)	羅生門的接近 (Rashomon approach)
一般的目標（general objectives） ↓ 特殊目標（specific objectives） ↓ 「行動的目標」（behavioral objectives） ↓ 教材（teaching materials） ↓ 教授・学習過程（teaching-learning processes） ↓ 行動目標に照らした評価（evaluation based upon behavioral objectives）	一般的目標（general objectives） ↓ 創造的教授・学習活動（creative teaching-learning activities） ↓ 記述（description） ↓ 一般的目標に照らした判断評価（judgement against gengeral objectives）

表3-3 「工学的接近」と「羅生門的接近」の対比（2）

―― 評価と研究 ――

工学的接近	羅生門的接近
目標に準拠した評価 （goal-reference evaluation） 一般的な評価枠組 （general schema） 心理測定的テスト （psychometric tests） 標本抽出法（sampling method）	目標にとらわれない評価 （goal-free evaluation） さまざまな視点 （various perspectives） 常識的記述 （common sense description） 事例法（case method）

表3-4 「工学的接近」と「羅生門的接近」の対比（3）

―― 目標，教材，教授・学習過程 ――

	工学的接近	羅生門的接近
目　標	「行動的目標を」（behavioral objectives） 「特殊的であれ」（be specific!）	「非行動的目標を」（non-behavioral objectives） 「一般的であれ」（be general!）
教　材	教材のプールからサンプルし，計画的に配置せよ． （sampling from material pool and "planned allocation"）	教授学習過程の中で教材の価値を発見せよ （disocvering the value of materials in teaching-learning processes）
教授学習過程	既定のコースをたどる． （predecided）	即興を重視する． （impromptu）
強調点	教材の精選，配列 （design of teaching materials）	教員養成 （teacher training, in-service training）

（文部省『カリキュラム開発の課程』大蔵省印刷局発行，1975年）

だけを身にまとっているかといえば，そんなことはけっしてない。むしろ，羅生門的アプローチによる教育工学研究などいくらでもある。

さらに，授業をデザインするという考え方（山口，2005）は教育工学に限った考え方ではない。授業を一種の目標志向的な活動だとするならば，その目標や手段をたえず修正することも含めて，授業等の教育活動は，システムとしてとらえる必要がある。ゆえに，授業をデザインするという考えはけっして誤った考えではない。

結局，カテゴリーをつくって分類し，それにもとづいて影響関係や相補性等について検討するという意味では似たり寄ったりである。一応，本章では対照的にとらえておいた。しかし，どちらにしても，教育活動をピックアップして，カテゴリーづくりをしていることは同じである。

また，目的が，総じて学校教育に対する批判的立場から，ふだんの日常知との差異を強調する場合も多い。もちろん，実際の研究協力者である教師との実践的協力関係を結び，教育実践の変革にかかわる場合も増えつつある。

第2節 > 授業のエスノグラフィック研究

エスノグラフィー研究とは，例えば生の言葉のやりとりの意味づけを重視し，自由度の大きな研究者の参入を必要とする。また，生態学的妥当性の高さがその特徴といえる。すなわち，物理的・対人的環境指標の制約や変動が，授業時の相互作用に影響するとみるのである。

まず，佐藤（2004）にもとづき，授業のエスノグラフィー研究の好例としてメハーンの研究をみていこう。

>> 1. メハーンのエスノグラフィー

メハーンら（Mehan & Wood, 1975）のエスノグラフィーによれば，授業中の相互作用は Initiation（発問）–Response（応答）–Evaluation（評価）という単

位から構成されていることが多い。これらは，頭文字をとってよくI-R-Eという略語が用いられる。つまり，教師の問いがあってそれに対する子どもの発言があり，その発言が正しいか誤りかという評価を教師が下すのである。このような相互作用が授業を矮小化しているとメハーンは述べている。

佐藤（2004）の解釈を敷衍すれば，通常の授業分析の意味を権力関係という意味的立場でとらえ直したことにメハーンの功がある。つまり，彼らの授業分析というカテゴリー化においてはとても距離があるとは思えない。しかし，その解釈や意味づけで両者は大きく異なるのである。

>> **2．子ども中心のI-R-T**

なお，先述のメハーンの研究で示されたように，一斉授業ではInitiation（発問）-Response（応答）-Evaluation（評価）が最小単位として機能することが多い。これを逆手にとって，鹿毛・上淵・大家（1997）は，自律的支援型の教師が担当する授業で，子どもからのI（発問）が多いことを見いだしている。

第3節 > エピソードの積み重ねによる質的研究

カテゴリーシステムを利用したとしても，授業研究中に，いわゆる「ブレ」はいくらでも生じる。ということは，量的研究と称していても，重要なのはどのような視座にもとづいてデータを解釈するか，である。そのための視座は，データ収集途中，あるいは分析の途中でもいくらでも変わりうる可能性がある。この授業途中の変更そのものが研究対象となる（吉崎，1988）。ゆえに，量的研究と質的研究の違いを大きく取り上げる必要はあまりないと考えられる。

問題なのは，どのようなデータ収集や分析手法，解釈枠組を使うのかではなく，これらの道具の使い方への柔軟性である。

19世紀の代表的な実証主義科学者であるベルナール（1970）の言うことに耳を傾けてみよう。「事実はそれ自身何物でもない。それに附随する観念，或い

はそれが供給する証明によってはじめて価値を生じる」（p.94）。ベルナールの言うとおりだとすれば，ますます違いを荒立てて述べる必要性は小さくなる。

　だが，あらかじめ明確な予測や仮説のもとに研究を進めるのが量的研究であり，実証研究であるならば，その意味にしたがってみていくべきではないか。

　むしろ，意味を見とっていく，認めていくこと，である。私たちは，授業を見に行くとき，徒手空拳でいくはずがない。手にカメラや記録用紙を持っていなかったとしても，である。つまり，何らかのものの見方を伴って教室に入るのである。

　ただし，各々の授業のそれこそ立ち位置（いつ，どこで，どのように，何が）と，その学校や学級の特色，どの単元の，どの時間なのか，という情報によっても，私たちは見方を変えていく。変わるのは，教師と子どもだけではない。私たち研究をする側も自然と変わっていくのである。

・文 献・

Bernard, C.,(1865)*"Introduction a l'etude de la medecine experimentale."* （クロード・ベルナール／三浦岱栄訳〈1970〉『実験医学序説』岩波書店）
生田孝至（1993）「授業過程の評価」教育技術研究会編『教育実習ハンドブック』ぎょうせい，pp.272-275
稲垣忠彦・佐藤学（1996）『授業研究入門』岩波書店
鹿毛雅治・上淵寿・大家まゆみ（1997）「教育方法に関する教師の自律性支援の志向性が授業過程と児童の態度に及ぼす影響」『教育心理学研究』45（2），pp.192-202
Mehan, H. & Wood, H.,(1975)*" The reality of ethnomethodology."* New York：John Wiley and Sons
文部省大臣官房調査統計課編（1975）「カリキュラム開発の課題：カリキュラム開発に関する国際セミナー報告書」
坂本賢三（1982／2006再版）『「分ける」こと「わかる」こと』講談社
佐藤学（1996）『教育方法学』岩波書店
佐藤学（2004）『改訂版　教育の方法』放送大学教育振興会
吉崎静夫（1988）「授業における教師の意思決定モデルの開発」『日本教育工学雑誌』12，pp.51-59
山口榮一（2005）『授業のデザイン』玉川大学出版部

TOPIC 3 アクション・リサーチ

　近年，長期的・継続的な研究手法として，アクション・リサーチが注目されている。ここでは，アクション・リサーチの目的と手法を概観し，授業研究にどのように生かすかを考えてみよう。

　アクション・リサーチの目的は，①国家レベルの教育改革，②理論の検証と精緻化，③授業改善と指導力向上である。今回は③に焦点を当てて整理してみたい。

　アクション・リサーチは，学習者や指導者としての経験や理論的示唆を思いおこしながら，自らの授業を内省的に検証し，改善策を長期的・継続的に実践する手法である。結果として，教師は指導技術が向上し，新たな認識が生まれる。具体的な手順は，①問題発見と実態調査（つまずきの発見と実態の把握），②課題設定（実践研究の方向づけ），③仮説設定（問題解決の諸策を設定），④計画実践（諸策の実践と経過記録），⑤結果検証（効果の検証），である。

　アクション・リサーチは，体系的に整理していくための研究手法であり，何を課題とするかは教師の問題意識にゆだねられている。最も大切な点は，学習者のつまずきの予測・発見・対処である。例えば，英語授業実践では，言語的側面（英語の音声・文字・文法・意味・運用などの言語面）か，心理的側面（学習者の認知・発達・教育心理学的要因，集団の雰囲気と関係などの心理面）につまずきがみられる。学習者のつまずきの発見には，①who（学習者の特徴），②what（内容），③when & where（学習段階，頻度と期間），④why（原因），⑤how（克服方法），を的確に把握することが求められる。アクション・リサーチの留意点は，①現状のどこに問題があり，何ができるようになってほしいのか，②課題をどのように調べ検証するのか，③大部分の学習者が到達可能な目標か，④対応策を設け，授業で実践可能か，⑤学習者に効果があるのか，である。例えば，「やる気がなく英語で話そうとしない子ども」に対応するためのアクション・リサーチでは，何をもって「やる気がない」「英語で話そうとしない」と判断したのか，「やる気」「英語を話すこと」の定義を正確にしたか，問題は言語的側面，あるいは，心理的側面のいずれに起因しているのか，どのようにすれば解決するのかを考える。練習問題の語彙や文法，練習方法，説明方法，学級の雰囲気づくり，その他の改善など，問題解決に向けた実践を展開し，結果を検証する。

　授業研究の最も大切で忘れてはならないことは，教科に対する深い理解と，教える責任であることはいうまでもない。

・文献・
Nakamori, T.,(2009) *Chunking and Instruction : The Place of Sounds, Lexis, and Grammar in English Language Teaching*，ひつじ書房

第4章

授業ストラテジーの研究

第1節 > 授業ストラテジーとは

>> 1. 授業ストラテジーとは

■授業ストラテジーとは

　1時間の授業を行う際，授業者が最初に考えることは，その授業のねらい（目標）やその時間に子どもにどんな力をつけさせるかということである。そして，そのために，どのような教材を選択・開発し，用意するかということである。しかし，授業のねらいや教材が決まっても，それをどの場面で，どのような学習形態で学習を展開するかによって，授業の様子は大きく変わり，子どもの学びの成果も左右される。

　1単位時間のどこでVTRなどの映像資料を見せ，どこで教師が説明するか，どの場面でグループで相談するか，どこでコンピュータを使った個別学習（CAI）を導入するか。個々の授業方法には，それぞれ長所と短所がある。そこで，45分の授業のどこでどの授業方法を使うのか。このような授業方法の組み合わせを決定するのが授業ストラテジーの決定である。最近の教育工学の研究では，インターネットを使うと英語に興味をもつとか，英語の成績がよくなるという研究が多いが，これは授業のストラテジーについての研究である。

■授業ストラテジーの評価基準

　医学の研究にたとえてみよう。熱を下げるための処方をするとき，注射，経口薬，点滴，座薬のいずれにするかを決めるのがストラテジーの決定にあたる。

患者が幼児なら経口薬はむずかしい。薬の効果を早めるには，注射が効果的である。患者が自宅で自ら処置するためには，経口薬が便利である。

授業のどの部分でどんな授業方法を使うかを決定する基準は，

①どれだけ短時間に労力をかけずに目標を達成できるか。

②どれだけ経済的であったか。

③子どもの意欲や関心をどれだけ引き出せたか。

といった授業の効率の側面からなされる（河野，1999）。

>> 2. 一斉指導における授業ストラテジー

■寺子屋から学校へ

日本では，江戸時代より士族のための藩校や庶民のための手習所（寺子屋）などにおいて，読み書きや計算を中心とした教育が広く行われていた。そこでは，先生による子ども一人一人への個別指導がおもであった（大石，2007）。1872（明治5）年に，明治政府のお雇い外国人教師であるスコットが，日本最初の師範学校の教師に着任した。このとき，師範学校の生徒たちに「一人の教師が学級の全員を対象に，同一内容を同一時間に指導する授業形態（辰野，1986）」である一斉指導を指導したことによって，その後，学校教育において一斉指導が広まった。ところが，一斉指導は，教育上の効果より経済的効率のために開発された形態であるため，子どもたち一人一人の個人差や個性に応じきれないと，今日に至るまで繰り返し批判されてきた（田中，2007）。しかしながら，学校教育においては一人の教師が大勢の子どもを対象とするため，一斉指導は採用しやすい形態であり，今日でもおもな授業形態となっている。

■子どもたちの好む授業

中学生を対象とした船橋市教育研究所の調査（1980）では，授業方法の好き嫌い調査（男子224人，女子191人）の結果，一斉指導で行われることの多い講義中心の授業は，フィールドワークや放送番組を取り入れた授業と比べて，好きだと思う子どもの割合がとても低い結果が明らかになっている。

子どもの学習意欲の低下への対応が課題となっている今日，子どもの関心・意欲を高めながら学習を進めるために，一斉指導における学習の質を検討することが必要となる。一斉指導において，子どもにどんな学習に取り組ませるのか，例えば「先生の話を聞く」「ノートに考えを書く」「話し合う」「意見を発表する」など，どこで，どんな授業方法，授業ストラテジーを使うのかということが，授業での学習の質を高めるうえで重要な観点となる。

　学習指導要領（平成10年）で新学力観が示されて以来，子どもの興味・関心・意欲が最も大事な学力の一つとして位置づけられた。しかし，その後の子どもの実態では，OECDの学習到達度調査（PISA）を始め多くの調査において子どもの学習に対する関心・意欲の低下を示す調査結果が明らかになっている。

　このようななかで，子どもの学習への関心・意欲を高める授業を計画・実施するために，学校での授業で使用されることの多い具体的な授業ストラテジーについて，あらためて長所・短所を含めた特徴を確認することが必要だと考えられる（表4－1）。そして，これらを踏まえながら，授業のねらいや子どもの実態に応じて，子どもが意欲的に学習に取り組むことができる授業の計画・実施をするために適切な授業ストラテジーを選択することが大切になる。

≫ 3．おもな授業ストラテジーの特徴

　授業における典型的な授業ストラテジーとしては，講義法・問答法・討議法があげられる。ここで，それらの特徴を整理しておこう。

■講義法

　授業において最も使用されている授業ストラテジーは，教師が多数の子どもを対象に講義をする講義法（The lecture method）である。一人の教師が多くの内容を多数の子どもに同時に伝達することができ，効率のよいストラテジーだからである。しかし，子どもは受身に学習することになり，高い意欲・関心をもたせることは容易ではない。また，一人一人の個人差に対応した指導をすることもむずかしい。これらの理由から，講義法のみでは子どもが20分以上集

表4-1 おもな授業ストラテジー

授業方法	特徴	長　所	短　所
講義法	教師主導 一斉指導	・多くの内容を少ない時間で教えることができる ・多数の学習者を同時に教えられる ・系統的に全体を見渡して、無駄なく授業ができ能率的である ・教師の準備がしやすく、手軽に行える ・教師の知識や技術を発揮しやすい	・教師が一方的に教える形になるため学習者が受け身になる ・学習者の学習活動が乏しい ・問題解決の能力などが獲得されにくい ・学習者の個人差を重視した指導がむずかしい
問答法	教師と学習者の相互作用	・学習者の積極性な学習活動を引き出しやすい ・質問は、その仕方により動機づけの効果がある ・応答は、質問に対するフィードバックの形になるため、さらにきめ細かい指導が可能	・教師の発問能力や学習者の発言に対する教師の対応力がないと授業が停滞する
討議法	学習者同士の相互作用	・学習者の積極的参加が得られやすい ・一般に思考が活性化される ・発表する能力が身につきやすい ・ほかの学習者の意見や考え方を知ることによって多様な思考が可能になり、一人の思考では達せられない結論を得ることができる ・問題解決的な学習に適している ・民主的な態度や強調的態度を養うのに適している	・時間がかかる ・系統的な学習が困難
少人数討議法（協同学習）	小グループでの学習者同士の相互作用	・意欲的に楽しく取り組む ・問題解決力を育てる	・たくさんの時間を必要とする ・子どもが小グループでの話し合いの仕方について理解している必要がある
個別学習法	個別学習 個別指導	・子どもの学力・適性などに応じた指導が可能	・子ども同士の相互作用による効果がない

中し続けることは困難な場合が多い（Cooper, 1999）。1時間の授業の計画実施において，講義法と組み合わせる授業ストラテジーの選択が必要である。

■問答法

　教師による質問と学習者による応答が繰り返され，教師と学習者との相互作

用で授業が進行するのが問答法である。講義法に比べ，子どもの積極的な学習活動を引き出しやすく，教師の質問の仕方で動機づけの効果がある。しかし，授業の成否は教師の発問力や子どもの発言に対する対応力次第となる。

■討議法（The discussion method）

子ども同士の相互の活動を重視した方法である。子どもの学習活動への積極的参加が得られやすく，ほかの子どもの意見や考え方を知ることによって多様な思考が可能になり，一人の思考では達せられない結論を得ることができる。しかし，ある程度の時間が必要で，教師や子どもの討議に関するスキルがないと成功しない。

■少人数討議法（The small group method）

2～6人の少人数グループに分かれて学習を行う。少人数で学習に取り組むため，互いの意見交換が容易で，意欲的に楽しく学習に取り組むことができる。また，子どもの問題解決能力を育てることができる。少人数討議法の一つである協同学習は，近年，学校教育ならではの効果的な指導方法として注目を浴びている。塩田（1989）は，バズ学習を提唱し，小集団での協同を重視した実践研究を進めている。ジョンソンらは，アメリカで長年，競争・協同・個別の各学習法を比較研究し，少人数の協同学習が最も学習内容の習得に有利であるとする研究成果を多数発表している（多鹿，1999）。しかし，討議法同様，学習をすすめるうえでたくさんの時間を必要とし，子どもが小グループでの話し合いの仕方について理解していることが不可欠となる。

■個別学習法

一人一人の学習者が課題に対して個別に学習する形態である。教師が学習者に対して個別に助言することができ，子ども一人一人の学力・適性などに応じた指導ができるため，より効果的な学習が期待できる。教師一人に子ども一人での一対一で学習する形態だけでなく，一斉授業においても机間指導によって一般的に行われている。しかし，集団のなかで学ぶ，「共に学ぶ」ことによって期待できる子ども同士の相互作用による効果は得られない。

第2節 > 授業ストラテジーの分析方法

>> 1. 子どもからみた授業ストラテジーの分析基準

　授業ストラテジーの分析では，教師の側からと子どもの側からの分析が可能であるが，学習が子どもに成立することを考えると，子どもの側からの分析が興味深い（河野，1988）。

　授業ストラテジーの分析基準は，まず学習をする集団の形から，教室全体での一斉指導・小集団による指導・個別指導の3つに分けられる。そのうえで，子どもたちの行動をみると，話を聞く・質問に答える・討論する・ノートをとる・テレビなど視聴覚資料を見る・発表するなどに分類することができる。

　さらに，教科の特性に応じた授業ストラテジーとして，小学校の授業では，例えば，国語科では音読や書字練習，社会科では調べ学習，理科では実験観察，図工では作品作り，音楽では合唱・合奏などと必要に応じて分類できる。

　子どもからみたおもな授業ストラテジーの例としては，表4-2があげられる。分類基準はあまり細かく分類しすぎても分析がしにくくなるので，対象と

表4-2　子どもからみた授業ストラテジーの分析基準

略記号		子どもからみた授業ストラテジー
L	聞く	・教師の話を聞いたり，ノートをとったりする。
Q	話す	・教師の質問に答える。
R1	まとめる	・自分の考えをノートなどにまとめる。
R2	発表する	・自分の考えをみんなの前で発表する。
D1	話し合う	・学級で討論する。
D2		・グループで討論する。
AV	見る	・テレビや視聴覚資料を見る。
S	調べる	・必要な資料や図書を探し，調べる。
I	演習	・ドリルなどの練習問題を解く。
E	実験・作業	・実験，観察，実習，製作，作業をする。

する授業のねらいや内容，教科の特性に応じて分類基準を作成するとよい。

>> 2. 授業ストラテジーの分析手順

近年ではパソコンの利用が容易になった。第2章で紹介されているような複合的なデジタル記録を利用して授業の各場面で停止にすると，正確な時間が画面に表示される。かつてのように，オリジナルのVTRテープにビデオタイマーを接続して時間を重ね合わせて保存する手間が省けるようになった。しかも，自由にテープの位置を移動できるようになった。

そこで，授業ストラテジーの区切り目ごとに時間を記録して，その区間の経過時間を算出することができる。ただし，映像は授業ストラテジーの流れの全体像を把握するのには不便である。教室で進行中に教師と子どもの発言を記録する係を決めて，その発言記録の備考欄に使用されている授業ストラテジーをメモしておくと，映像記録を再生するときに手がかりとなって有効である。

第3節 > 授業ストラテジーによる分析の実際

>> 1. A教師の例

■授業の概要

「台形の面積の求め方」は，平成10年改定の学習指導要領では削除され，その後発展的内容として取り扱われることになった学習である。平成20年に公表された新学習指導要領では，「ひし形の面積の求め方」の新設とあわせて，再び小学校5年生算数科の学習として必修の内容となった。これを取り扱ったA教師の授業を材料にして，実際に授業ストラテジーの分析を試みた（表4-3）。

この授業は，教師の提示した2つの台形のうち，どちらの面積が大きいかを考える授業である。子どもは，配布された2枚のプリントに書かれた2つの台形について，既習事項である四角形や三角形の面積の求め方を使って台形の面

積の求め方を考え，どちらの面積が大きいかを明らかにしていた。授業時間は約49分であった。

　授業は，台形の面積比べの方法を考えるという教師の提示した学習課題を，必要に応じて教師の机間指導を受けながら，一人一人が自力解決する授業である。そして，一人一人が考えた台形の面積比べの方法について発表し合い，台形の求積の公式を導いていく授業であった。

　小学校の算数科の授業としては，オーソドックスな授業といえるが，実際に1時間の授業時間内に台形の求積の公式をきちんと導き出し，子どもに十分理解・納得させるのはけっして容易ではない。

■授業ストラテジーの分析結果

　この授業は，大きく3つに分けられる。①学習課題を提示する教師と子どもの問答が続く問答法の場面，②学習課題を受けて各自で自力解決する個別学習法の場面，③そして各自の考えを発表し合い，台形の面積の公式へと導く，「集団思考」いわゆる「練り上げ」といわれる，集団討議法の場面である。したがって，この授業では小集団による話し合いに時間が割かれていない。

　集団討議法は，ほとんど教師の進行・指導なしに進む場合もあるが，この授業では教師の進行のもとに子どもの発表・討議を進めている。

　この3つの場面をさらに詳しい授業ストラテジーで分類すると，問答法の場面では，子どもはL（聞く），Q（話す）の授業ストラテジーを繰り返している。個別学習法の場面では，教師の机間指導によって個別にL（聞く），Q（話す）の授業ストラテジーを使用している子どもも一部にいるが，基本的に個別に学習課題に取り組み，自分の考えをプリントにまとめるR1（まとめる）の授業ストラテジーを使用している。集団討議法の場面では，学習課題について，自分の考えをみんなの前で発表するR2（発表する）と教師の説明を聞くL（聞く）と教師の質問に答えるQ（話す）の授業ストラテジーを使用している。時間配分は，子どもに興味・関心をもたせながら学習課題を提示する問答法の場面が9分，個別学習法の場面が12分，集団討議法の場面が27分であ

表4-3 教師の台形の面積の授業ストラテジーの分析結果

（分）	授業ストラテジー			プロトコル（一部抜粋）
0.30	問答法 LQ	L	6	T：面積，どう？
		Q	7	C：同じ。
		L	8	T：同じ？ どう？ 同じ？ なんで？ はい，Nくん。
1.00		Q	9	C：底辺と高さが同じだからです。
		L	10	T：ふーん。底辺ってさ，Nくん，どこのこと言ってるの？ 底辺。
		Q	11	C：ここ……。　　　　　　　　　　　（以下省略）
9.20	個別学習法 R1	L	63	T：これまで使ってきた方法を使って，台形の面積を求めてみてください。
		L	85	T：これいまやろうとしてる方法ってさ，どういう方法？
		Q	86	C：三角形のときと同じ。平行四辺形にして，面積を求めてから，÷2をする。
		L	87	T：どっちでもできそう？これ，一つの式にできない？
		L	88	T：もっと言うとさ，12ってどっから出てきた？
		Q	89	C：ここの下の底辺と…。　　　　　　（以下省略）
21.0 30.0	集団討議法 L R2	L	145	T：そろそろちょっと考えを聞いていきたいと思います。いいですか。
		R2	232	C：すると平行四辺形になるので，
		L	233	T：平行四辺形になる。うん。
		R2	234	C：なるので，赤い部分の上のところと黒い部分の上のところ…あっ，あの赤い部分の下のところと，黒い部分の
		L	235	T：部分っていうのは辺のこと？ここね？うん，いいよ。
		R2	236	C：平行四辺形の底辺になるから，平行四辺形の公式で12×5÷2
		L	237	T：12×5÷2
		R2	238	C：で，30。
48.0		L	239	T：30。で求められると。赤も30なんだ。30cm²なんだ。
		L	240	T：Yさんの考えって，ちょっとみんな聞いててわかった？ ねぇ。
		L	241	T：ちょっと説明すると，赤をひっくり返してまたとなりにつけると，大きい平行四辺形ができるんだって。ね。それがここだったね。Yさんの言ってくれた12×5。平行四辺形の面積ね。　　　　　　　　（以下省略）

＊記号の脇の数字は発言の通し番号

（本時で使用された授業ストラテジーのコード記号）
L …教師の話を聞いたり，ノートをとったりする。
Q …教師の質問に答える。
R1…自分の考えをノートにまとめる。
R2…自分の考えをみんなの前で発表する。

る。学習課題について自力解決する個別学習と子どもの発表による集団討議の部分が全体の8割以上を占めることから，この授業の一番のねらいは，「台形の面積比べ」の算数的活動と集団討議を通して，数学的思考を育てることと考えられる。

しかしながら，台形の面積の求め方を理解し，類似問題にて公式を使用できるようにすることも目的とするならば，授業タクティクス（9章参照）の内容ともかかわるが，授業ストラテジーの選択と時間配分については，検討の余地があると考えられる。

>> 2. 授業ストラテジー分析の課題

学校の教師は毎日何時間もの授業を行っている。それが，教師のいわゆる本務であるが，実際には学級事務や校務分掌など，その他の多くの仕事を抱え，日々の1時間1時間の授業準備に十分な時間をかけられないのが現状である。

しかし，そんななかでも，何をどんなねらいで，どのようにして子どもに学ばせるかを確認することは，授業を実施するうえで欠かせない。1時間の授業における授業ストラテジーの選択と時間配分の決定は，子どもにどのように学ばせるかということであり，子どもが授業において関心・意欲をもって取り組めるかどうかとも密接な関係がある。授業の導入において子どもに関心・意欲をもたせるためにどんな授業ストラテジーを選択するのか，展開において学びを深めるために小集団学習を取り入れたり，作業的学習をしたりするのか，まとめにおいて子どもの発表を取り入れるのかどうかなど，授業の成否を大きく左右することである。このことは，研究授業に向けての指導案検討会で，本時の展開においてどんな活動を取り入れるかなど，授業ストラテジーの内容と組み合わせについて必ず話題になり，検討されることからも明らかである。

しかしながら，授業の成否を本時のねらいが達成できたどうかに絞るならば，授業ストラテジーだけでなく，その授業ストラテジーにおいて，子どもがどんな認知的活動を展開したかが重要になる。ディビス（1975）によれば，教え方

図4-1　台形の面積の授業の様子

のよしあしは，授業ストラテジーの適否や教師のパーソナリティーよりも，授業タクティクスの適否に大きく左右される。したがって，よりよい授業を検討，計画するためには，授業ストラテジーの分析と合わせながら，授業タクティクスについての検討が必要となってくる。

・文献・

Cooper, P. J., (1999) "*Communication for the classroom teacher*" Allyn and Bacon
I. K. ディビス／石本菅生訳（1975）『学習指導と意思決定』平凡社
船橋市教育研究所（1980）『学習到達度と学習意識に関する調査』研究紀要第91集
Johnson, D. W., Johnson, R. T., Holubec, E. J., (1993) "*Circles of Learning: Cooperation in the classroom.*" Interaction Book Co.
学校教育研究所編（2003）『学習指導の現代的課題』学校図書
小林正幸ほか（2003）『最新教育基本用語（全面改定）』小学館
河野義章（1988）「授業心理学の立場から――マイクロ授業を取り入れて」日本家庭科教育学会東北支部編『授業を創るにあたって』
河野義章（1999）「教育工学における授業分析」平成8～10年度科学研究費補助金基盤研究（B）（2）報告書『教科教育学における授業の分析・評価法の開発』（代表：河野義章）
河野義章（2006）『教育心理学（新版）』川島書店
大石学（2007）『江戸の教育力』東京学芸大学出版会
小澤周三（1990）『教育学キーワード』有斐閣
塩田芳久（1989）『授業活性化の「バズ学習」入門（教育新書75）』明治図書
多鹿秀継（1999）『認知心理学からみた授業過程の理解』北大路書房
田中耕治（2007）『よくわかる授業論』ミネルヴァ書房
辰野千寿ほか編（1986）『多項目教育心理学辞典』教育出版

TOPIC 4　理科教育における効果的なデジタル教材の活用法

　2000年の第3回国際数学・理科教育調査の第2段階調査（TIMSS-R）の調査結果によると，わが国の初等・中等教育における理科嫌いの傾向が国際的に見て最高レベルにあると指摘されている。一方で，子どもの興味関心を喚起し，また理解を深める一手段として，コンピュータを利用したシミュレーション教材などのデジタル教材の教育的利用に期待が集まっている。しかし，それらをどのように活用すれば学習者にとって効果的であるかについては議論がなされてこなかった。

　椿本・北澤・小佐野・加藤・赤堀（2004）は，デジタル教材の使用方法を，①教師が子どもの前で使用する場合，②子ども一人一人が使用する場合，③代表の子どものみがほかの子どもの前で使用する場合，の3パターンに分け，それぞれの場合で授業への参加度・理解度・満足度についてアンケートを行った（表）。

　調査に協力したのは高校1・2年生の計206名であり，物理の「運動の法則」単元では「VIRTUAL PHYSICS（http://www.asahi-net.or.jp/~ZN6T-SZK/index.html）」，「単振動と波」の単元では「たまきちの物理HomePage（http://www.bekkoame.ne.jp/~kitamula/）」などのデジタル教材を利用した。

　デジタル教材を利用した授業のあと，参加度・理解度・満足度について5件法で回答を求めた。その結果，教師がデジタル教材を使う（演示する）ほうが，代表の生徒が使う授業よりも参加度・満足度がともに高くなり，さらに，一人一人が使うよりも理解度が高い傾向がみられた（図）。また子どもの感想より，理科授業では実体験を主としたうえで，デジタル教材を補助的に活用することが望ましいと示唆された。

表　アンケート内容

参加度	先生（生徒個人，代表の生徒）がコンピュータを操作することは，黒板を使った説明の授業と比べて授業に参加した気持ちになった。
理解度	先生（生徒個人，代表の生徒）がコンピュータを操作することは，黒板を使った説明の授業と比べて分かりやすかった。
満足度	先生（生徒個人，代表の生徒）がコンピュータを操作することは，黒板を使った説明の授業と比べて楽しかった。

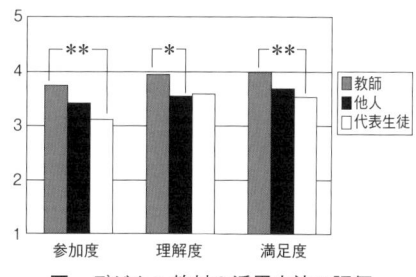

図　デジタル教材の活用方法の評価

・文献・

椿本弥生，北澤武，小佐野隆治，加藤浩，赤堀侃司（2004）「理科教育における効果的なIT教材の活用法に関する調査研究」『日本科学教育学会第28回年会論文集』pp.567-568

第5章 学級編成の研究
―― 習熟度別学級編成について

第1節 > 学級・学級編成とは

>> 1. 学級とは

　4月の始業式。学級編成がえのある学年の子どもは落ち着かない。旧担任の先生が配る学級編成表を見ながら，自分の名前を探し，仲のよい友達の名前を探し，同じ学級になった友達の名前を確認する。そして，始業式で，新しい担任の先生が紹介されると，歓声をあげて，いよいよ新しい学級がスタートする。

　日本における学級は，明治の「学制」において，修業年限，等級区分，進級制度などについて規定されたのが始まりである。当初は学習進度に対応した等級制がとられていたが，次第に暦年齢と一定の人数（60〜80人）を基準にした学年・学級制がとられるようになった（現在の学級制度は，小・中・高等学校設置基準でその基本が定められ，学校を設置する自治体がこの基準に従って具体的実施にあたっている）。これらの歴史的起源からわかるように，学級は学習集団としてだけではなく，子どもたちが学校生活を通して社会性を育む生活集団としても位置づけられてきた（築山，2007）。

　学習を支える生活基盤としての学級という特徴から，学級に焦点を当てた研究は，従来から多く行われてきた。学級の雰囲気（三島・宇野，2004）や風土（伊藤・松井，2001）に関する研究，学級を単位とした社会的スキル教育（藤枝・相川，2001；小泉・若杉，2006）やいじめ防止プログラム（松尾，2002）などの効果に関する研究などである。河村・田上（1997）が開発した「いじめ

被害・学級不適応児童発見尺度」は，いまや「Q-U」として，対象児童の発見だけでなく，学級の状態を診断し処方するツール（河村・藤村・粕谷・武蔵，2004）として，多くの学級で使用されている。

>> 2．学級編成とは

　では，いまのような形の学級編成がえは，いつから行われるようになったのだろう。長田・遠藤・石井・桜井（2000）によれば，1・2年ないしは3年の間隔で，あらかじめ決められたように，規則的に学級の解体・再編成を繰り返す「規則的学級編成がえ」が一般化したのは，戦中期から戦後期にかけてである（それまでは，入学から卒業まで学級編成がえを行わない「固定式学級編成」がよくみられた）。

　学級編成は，通常は学級相互が均質であることが前提になっている。近年では，学級崩壊や子どもたちの問題行動の深刻化を背景として，一定の教育的配慮のもとに綿密で計画的な編成作業が行われることが多くなっているが，その場合でも，複数学級を均質に編成するのが一般的である。また，小・中学校の教育課程は，その習得が進級の条件とされるのではなく，規定の年限授業を受けることによって進級を認定していく「履修主義」をとっているので，均質集団編成をとった場合，一つ一つの学級は，必然的に「能力混成型」となる（築山，2007）。

>> 3．習熟度別学級編成

　しかし，近年従来とは異なった形の学級編成のスタイルが，急速に広がってきた。それが習熟度別学級編成である。

　習熟度別学級編成が急速に広がった背景には，現行の学習指導要領（平成10年改訂）がある。そこでは，「児童・生徒が学習内容を確実に身につけることができるよう」に，「個に応じた指導の充実を図ること」が求められており，2003（平成15）年の一部改正では，個に応じた指導のいっそうの充実のために，中

表5-1 能力によるグループ編成のタイプ
（J. Ireson & S. Hallam，2001．杉江ほか訳，2006より一部抜粋）

ストリーミング（トラッキング）（固定式）能力別クラス編成	生徒たちを学力適性検査に基づいてクラス分けする。彼らはほとんどの教科を同じクラスで学ぶ。
バンディング　学年など横断式能力別群編成	知能検査に基づいて生徒たちを2～4つの群に配属させる。
セッティング　教科習熟度別クラス編成	生徒を特定の科目について習熟度別にクラス編成する。

学校・高等学校に加え，小学校でも「学習内容の習熟の程度に応じた指導」が例として追加され，今回の指導要領改訂（平成20年）でも引き継がれている。これは，従来の「能力混成型」の学級集団を解体し，「習熟度別」という新たな学習集団をつくるという，日本の公立小・中学校にとって，初めての試みとなった。

　そこで問題になるのが，その編成方法である。表5-1は，イギリスの学力適性検査などによる固定的習熟度別学級の編成を示している。これに対してわが国では，算数科など，一部の教科の中で，学習集団を固定しないように配慮して実施している（国立教育政策研究所，2003；文部科学省，2003）。

　では，その習熟度別学級編成の主体はだれであるべきであろうか。図5-1からは，自分たちで学級を選びたいという子どもの意見に対して，教師がちゅうちょしている様子がうかがえる。これは教師側に，「子どもに学級選択を任

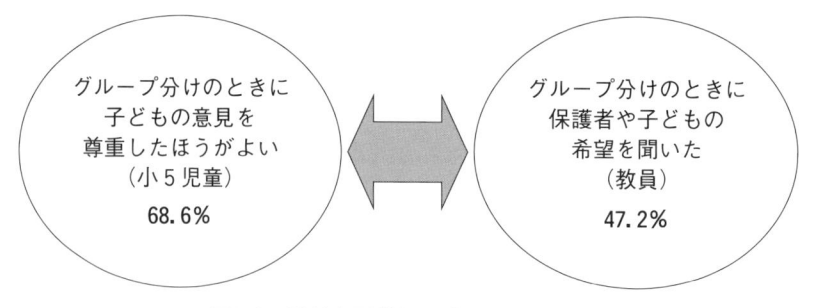

　　グループ分けのときに　　　　　　　グループ分けのときに
　　　子どもの意見を　　　⇔　　　　保護者や子どもの
　　　尊重したほうがよい　　　　　　　希望を聞いた
　　　　（小5児童）　　　　　　　　　　（教員）
　　　　　68.6%　　　　　　　　　　　　47.2%

図5-1 習熟度別学級編成の主体はだれか
（文部科学省，2003より一部引用）

せた場合，子どもは自分の学習の習熟度に合った学級選択ができないのではないか」という不安があるためだろう。

第2節 > 習熟度別学級編成の研究方法

>> 1. 子どもが習熟度別学級を選ぶときの視点

　子どもに習熟度別学級選択を任せた場合，子どもは自分に合った学級選択ができるのだろうか。それを判断するためには，まず彼らが，どのように習熟度別学級を選ぼうとしているのかを知らなければならない。

　子どもが習熟度別学級を選ぼうとするとき，彼らは，さまざまな情報を駆使するだろうが，その情報は，自分の学習の習熟度に合った学級を選択するのに「ふさわしい情報（成績，学習内容など）＝A」と，「あまり関係のない情報（友人や先生がどの学級に行くかなど）＝B」に分けられると考えられる。子どもたちは，AとBを，比重を変えて組み合わせ，さまざまなパターンで学級を選ぼうとするだろう。このAとBの組み合わせパターンを解明することが，さきの疑問に答える（例えば，Aを重視する子どもは，自分の学習の習熟度に合った学級を選ぼうとしており，Bを重視する子どもはそうではないなど）ことになるだろう。これが，「子どもが習熟度別学級を選ぶときの視点」である。

>> 2. 視点を調べる尺度をつくる

　子どもが習熟度別学級を選ぶときの視点を解明するためには，それを測定する尺度を開発する必要がある。そのために，まず公立小学校5・6年児童（58名）対象に，「あなたは算数の習熟度別学級（バリバリ・ゆっくり・じっくり）を選ぶときに，どんなことを考えて学級を選びますか」という，自由記述のアンケートを実施した。アンケートをもとに，質問項目を，算数少人数指導担当

者と担任2名で作成し，予備調査を行った。そして，子どもが意味をとらえにくかった表現や項目を，修正・削除して作成した質問紙を用い，算数習熟度別指導を実施している，公立小学校児童3～6年（196名）を対象に調査を実施した。回答は「はい」「どちらかといえばはい」「どちらかといえばいいえ」「いいえ」の4件法で求め，得点が高いほど，習熟度別学級選択時に，子どもがその項目を重視したことがわかるようにした（町，2006a）。

>> 3．完成した尺度

因子分析の結果を表5-2に示す。最終的に14項目が採用され，3因子が抽出された（各質問項目の左の数字は，当初の質問番号なので，この尺度を使う際には，数字順に並べかえ，欠番を繰り上げて，質問紙を印刷すればよい）。

表5-2 「習熟度別学級選択方略尺度」の因子構造

（最尤法 promax 回転）

	1	2	3	共通性
〈第1因子 人間関係・教室環境〉（α=.84）				
11．○○学級の部屋の場所	.773	-.007	.114	.605
10．教えてもらいたい先生がどこの学級に行くか	.763	-.024	.062	.581
18．○○学級の部屋つくり	.660	.006	-.036	.438
3．仲のよい友達がどの学級に行くか	.651	-.150	-.106	.462
15．自分が先生からどう思われるか	.618	.228	.010	.452
16．友達からの誘いや，友達と相談したこと	.584	-.014	-.017	.341
8．友達からどう思われるか	.568	.035	-.042	.328
〈第2因子 成績〉（α=.71）				
9．ふだんの算数のテストの点	.014	.883	-.186	.699
12．ふだんの算数の授業を自分がどのくらいわかっているか	-.073	.599	.097	.410
1．前の学年や学期の算数の成績	.031	.509	.110	.314
6．次の単元のプレテストの点	.067	.495	.053	.274
〈第3因子 授業内容〉（α=.59）				
2．○○学級の授業の進む速さ	-.075	.020	.652	.442
13．○○学級の授業の内容	.099	-.065	.626	.373
7．○○学級の授業の進め方	-.066	.220	.419	.264
寄与率（％）	22.40	14.58	5.97	
累積寄与率（％）	22.40	36.98	42.96	

第1因子は,「仲のよい友だちがどの学級に行くか」や「○○学級の部屋のつくり」など, 人間関係や教室環境を重視して学級選択をしていることから,「人間関係・教室環境因子」と命名した。第2因子は,「次の単元のプレテストの点」など成績を重視して学級選択をしていることから「成績因子」, 第3因子は,「○○学級の授業の進む速さ」など授業内容を重視していることから「授業内容因子」と, それぞれ命名した。信頼性と妥当性について検討を加えたあと, これを「習熟度別学級選択方略尺度」と命名し, 採用することとした。

　なお, 因子分析・クラスター分析（第3節で登場）などについては, 松尾・中村（2002）にわかりやすく解説されているので参照されたい。

第3節 > 習熟度別学級編成の実際と課題

>> 1. 子どもは自分の学習の習熟度にあった学級を選ぼうとしているか

　抽出された「人間関係・教室環境」「成績」「授業内容」の3因子を, 子どもがどのように組み合わせて習熟度別学級選択をしているのかを明らかにするために, 3因子得点を投入変数としてクラスター分析を行った結果, 4つのクラスターが生成された。

　各クラスター間の因子得点の差を検討するために, 3因子ごとに1要因の分散分析を行った結果を, 表5−3に示す。第1クラスターの子どもは, 成績や授業内容の因子得点が高いことから, 習熟度別学級選択の際に, これらを重視していると考えられる。よって, このクラスターを「成績・授業内容重視群」と命名した。また, 第2クラスターの子どもは, 授業内容の因子得点が高いことから「授業内容重視群」と, 第3クラスターの子どもは, 人間関係・教室環境の因子得点が, ほかの3つのクラスターの子どもに比べて高いことから,「人間関係・教室環境重視群」と命名した。いっぽう, 第4クラスターの子どもは, 3因子得点が低く, これらの内容を重視していないと考えられる。よっ

表5-3 クラスター分析結果(3因子得点の平均と標準偏差)

		成績・授業内容重視群	授業内容重視群	人間関係・教室環境重視群	全内容非重視群	多重比較
	n	65	73	19	39	(Fisher's)
	%	33	37	10	20	
Ⅰ.人間関係・教室環境因子	M	1.2	1.31	2.77	1.23	1.2.4<3**
	SD	.27	.35	.45	.29	
Ⅱ.成績因子	M	3.5	2.59	3.01	2.08	2.3.4<1**
	SD	.50	.50	.71	.84	4<2.3**, 2<3**
Ⅲ.授業内容因子	M	3.5	3.21	2.95	1.85	2.3.4<1**
	SD	.58	.42	.60	.63	4<2.3**

$**p<.01, *p<.05$

て，彼らを「全内容非重視群」と命名した。

　因子分析によって得られた3因子のうち，成績因子と授業内容因子の項目は，「ふだんの算数のテストの点」「〇〇学級の授業の内容」など，子どもが自分の学習の習熟度に合った学級を選択する際には重要な情報である。いっぽう，人間関係・教室環境因子の項目は，「〇〇学級の部屋の場所」など，あまり必要のない情報である。

　成績・授業内容重視群，授業内容重視群の子どもは，成績因子や授業内容因子の因子得点が高いことから，習熟度に関する情報を重視して，自分の学習の習熟度に合った学級を選ぼうとしていると考えられる。これら両群の子どもが，図5-2に示すように，全体の70％にあたることから，子どもの習熟度別学級選択の視点は，ほぼ適切であるといえるだろう。

　いっぽう，全体の10％にあたる人間関係・教室環境重視群の子どもが，習熟度に関連しない要因を重視したのはなぜだろうか。彼らの算数成績得点は，ほかの3群より有意に低かった。このことから，彼らが学級選択段階ですでに学習意欲をなくしている（勉強ができるようになるよりも，〇〇さんと同じ学級に行きたい）可能性や，何を規準に学級を選択したらよいか迷っている可能性が指摘できる（町，2006a）。

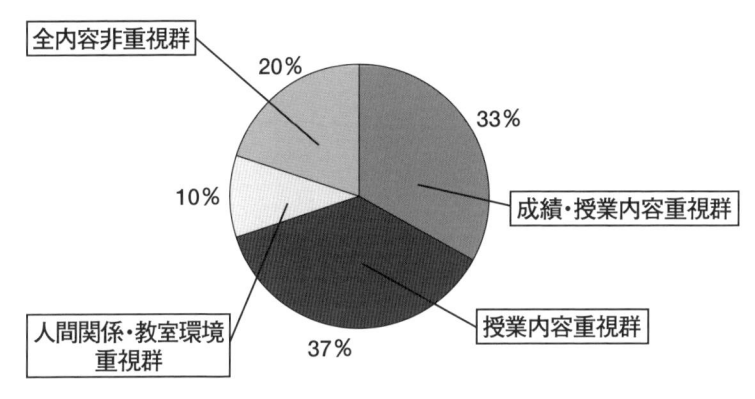

図5-2　クラスター分析結果（各群児童の割合）

　また，全内容非重視群の子どもについては，彼らの学級選択理由が，まだ十分に解明されていないことから，尺度の改良やほかの調査方法との併用など，さらに検討が必要であろう。

≫ 2．子どもは自分の学習の習熟度に合った学級を選べているか

　「子どもに習熟度別学級選択を任せられるか」を判断するためには，子どもが自分の学習の習熟度に合った学級を「選ぼうとしているか」だけでなく，「実際に選べているか」について検討しなければならない。

　図5-3は，ある公立小学校の，習熟度別指導を初めて体験する3年生児童と，その担任を対象に，教師推薦・児童選択学級が一致した割合を，継続的に調査した結果である（町，2006b）。手続きとしては，「数と計算領域」5単元において，単元開始前に実施したプレテスト得点を参考に，子どもには「どの学級で学習したいか」を，担任教師には「その子どもがふさわしい学級はどこか」を，互いの結果は見せずに，それぞれ選んでもらった。そして，単元ごとに，教師推薦学級と同じ学級を選んだ子どもを「m児」，教師推薦学級よりも高い学級を選んだ子どもを「h児」，低い学級を選んだ子どもを「l児」と分類した。

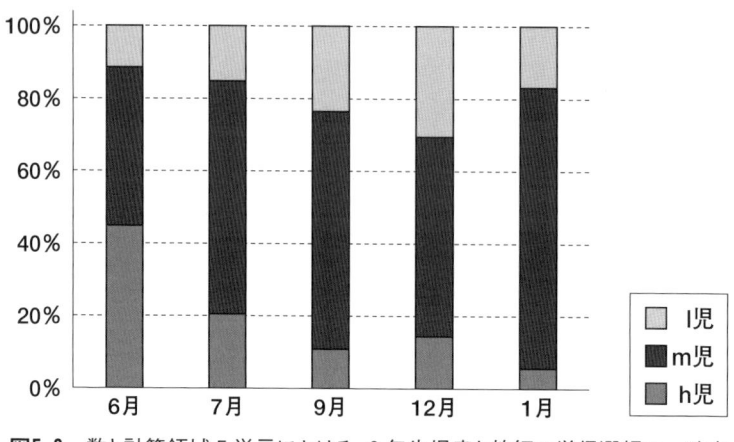

図5-3 数と計算領域5単元における，3年生児童と教師の学級選択の一致度

　ここでは，教師推薦と同じ学級を選んだm児を，自分の学習の習熟度に合った学級を選べた子どもと考えるのが妥当であろう。そのm児の割合は，初回のみ42%だが，2回目以降の平均は66%であった。

　これは，町（2006a）がほかの学年（4～6年）について調査した結果とも一致している。つまり，子どもは最初はうまく学級選びができなかったとしても，経験を重ねるなかで，ある程度まで自分に合った習熟度別学級を選択できるようになるといえるだろう。

>> 3.「自分に合った」習熟度別学級を選ばない子どもたち

　では，教師推薦学級と違う学級を選び続けている，34%の子どもについてはどう考えたらよいだろう。彼らが，自分の学習の習熟度に合った学級を「選べない」のではなく，あえて「選ばない」のであれば，教師推薦・児童選択学級は一致せず，しかもその理由は，「習熟度別学級選択方略尺度」の分析からだけでは，読み取りにくいであろう。

　図5-4は，教師推薦と違う学級を選び続けた子どもに対して，「あなたは，どうして□学級ではなく，○学級を選ぶことが多かったのですか」とインタビ

ューした結果である。H群1・2・3児は，図5-3の5単元の学級選択において，h児に3回以上分類され，l児に0回分類された子ども（L群はその逆）を表している。

　それによると，L4児以外は，みな習熟度に関連する内容で，学級を選ぼうとしているといえる。しかし，H1児は自分の学力を，教師評価より高く見積もって（自己評価高）おり，H3児は，下位学級の「少人数で目が行き届いた学習環境」を避け，個人指導を受ける機会の少ない上位学級を希望（負担回避）している。彼らに対しては，自分に合った習熟度別学級を選択できるようにするための，支援が必要だろう。

　いっぽう，子どものなかには，そのような支援を行うよりも，彼らの希望を尊重したほうがよい場合もあると思われる。例えばL1，L2，L3児は「上位学級でやるよりも，ゆっくり自分のペースで勉強したい」と考えており，H2児は「いまより計算を速くするために，上位学級で学んで向上したい」とい

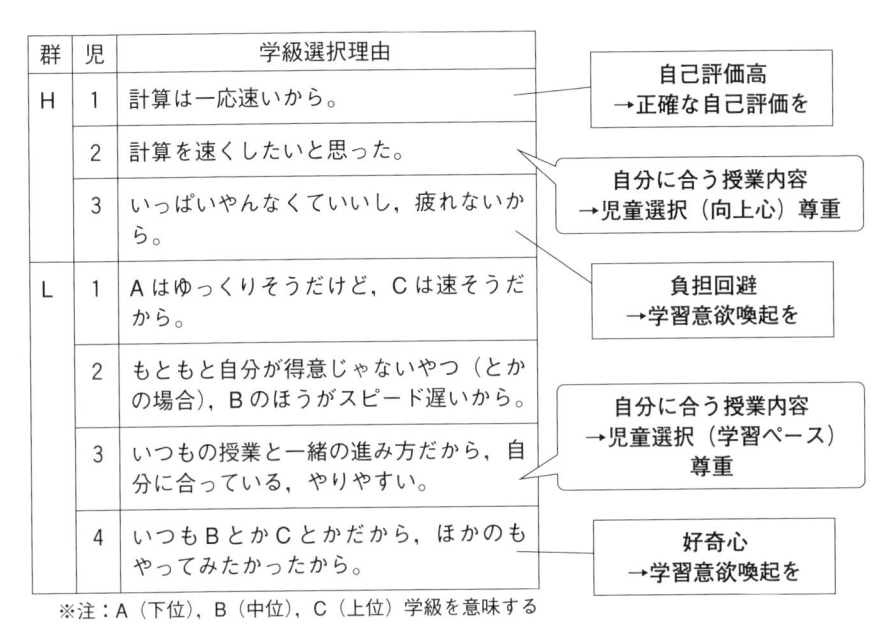

群	児	学級選択理由	
H	1	計算は一応速いから。	自己評価高 →正確な自己評価を
	2	計算を速くしたいと思った。	自分に合う授業内容 →児童選択（向上心）尊重
	3	いっぱいやんなくていいし、疲れないから。	負担回避 →学習意欲喚起を
L	1	Aはゆっくりそうだけど、Cは速そうだから。	
	2	もともと自分が得意じゃないやつ（とかの場合），Bのほうがスピード遅いから。	自分に合う授業内容 →児童選択（学習ペース）尊重
	3	いつもの授業と一緒の進み方だから、自分に合っている、やりやすい。	
	4	いつもBとかCとかだから、ほかのもやってみたかったから。	好奇心 →学習意欲喚起を

※注：A（下位），B（中位），C（上位）学級を意味する

図5-4 教師と違う学級を選び続けた子どもの学級選択理由と支援例

う意欲をもっている。つまり，両者とも自分たちなりに，「自分に合った」授業内容の学級を選んでいるのである。

本章では，これまで「自分に合った」習熟度別学級選択の規準を「学習の習熟度」という切り口で扱ってきた。しかし，今回の結果からは，単純に学習の習熟度で輪切りにするのではなく，自分なりの意図をもって学級を選択する子どもに対しては，彼らの選択を尊重したほうが，効果的である可能性が示された。習熟度別学級編成時に，子ども一人一人にどのような支援をしていくべきか，これらのことを手がかりに，さらに検討していく必要がある。

・文献・

藤枝静暁・相川充（2001）「小学校における学級単位の社会的スキル訓練の効果に関する実験的検討」教育心理学研究，49(3)，pp.371-381

Ireson, J. & Hallam, S. (2001), Ability Grouping in Education, Sage Publications Ltd.（J.アイルソン，S.ハラム著／杉江修治・石田裕久・関田一彦・安永悟訳〈2006〉『個に応じた学習集団の編成』ナカニシヤ出版）

伊藤亜矢子・松井仁（2001）「学級風土質問紙の作成」教育心理学研究，49(4)，pp.449-457

河村茂雄・藤村一夫・粕谷貴志・武蔵由佳編（2004）『Q-Uによる学級経営スーパーバイズ・ガイド 小学校編』図書文化

河村茂雄・田上不二夫（1997）「いじめ被害・学級不適応児童発見尺度の作成」カウンセリング研究，30(2)，pp.112-120

小泉令三・若杉大輔（2006）「多動傾向のある児童の社会的スキル教育――個別指導と学級集団指導の組み合わせを用いて（実践研究）」教育心理学研究，54(4)，pp.546-557

国立教育政策研究所（2003）「指導方法の工夫改善による教育効果に関する比較調査研究――校長，教員及び児童生徒を通してみる少人数指導の特質とその教育効果について（第一次報告書）」

町岳（2006a）「算数習熟度別指導において，児童にクラス選択を任せられるか？」学校心理学研究，6，pp.41-51

町岳（2006b）「児童は自分にあった算数習熟度別クラスを選んでいるかⅢ――自分の学習の習熟度にあわないクラスを選び続ける児童のクラス選択理由」日本教育心理学会第48回総会論文集，p.517

松尾直博（2002）「学校における暴力・いじめ防止プログラムの動向――学校・学級単位での取り組み」教育心理学研究，50(4)，pp.487-499

松尾太加志・中村知靖（2002）『誰も教えてくれなかった因子分析――数式が絶対に出てこない因子分析入門』北大路書房

三島美砂・宇野宏幸（2004）「学級雰囲気に及ぼす教師の影響力」教育心理学研究，52(4)，pp.414-425

文部科学省（2003）「学校教育に関する意識調査」

長田勇・遠藤忠・石井仁・桜井均（2000）「わが国の小学校における規則的学級編成替え慣行の成立に関する実証的研究」日本教育学会大会研究発表要項，59，pp.162-163

築山崇（2007）「学級編成・生活指導と授業」田中耕治編『よくわかる授業論』（やわらかアカデミズム・〈わかる〉シリーズ）ミネルヴァ書房，pp.120-131

TOPIC 5　Q-U, hyper-QU
——学級を知り，育てるためのアセスメントツール

■開発の経緯と概要

　Q-U（「楽しい学校生活を送るためのアンケート」）は，子どもたちの学校生活での満足度と意欲，学級集団の状態を調べる質問紙である。河村が1995年に開発し，2008年現在，全国120万人の子どもが利用している。

　この調査を実施することで，まず不登校・いじめなどの不適応の可能性を抱えている子ども，学校生活の意欲が低下している子どもの早期発見につなげられる。

　次に，学級集団に対しては，学級崩壊に至る可能性や学級集団の雰囲気をチェックして，対応の方策を得ることができるようになっている。

■実施について

　Q-U（hyper-QU）は，教育実践の効果を比較して確認するために，年に複数回実施する。1回の実施につき，2～3つの尺度を測っている。

①学級満足度尺度

　学級満足度尺度は，学級での子どもの対人関係を測る。「承認」と「被侵害」の2軸で個人を分布させ，個人の状態とともに学級集団の傾向を関数的にみることができる（図）。

　例えば，右図のように分布をみることで，学級集団の傾向をつかむことができ

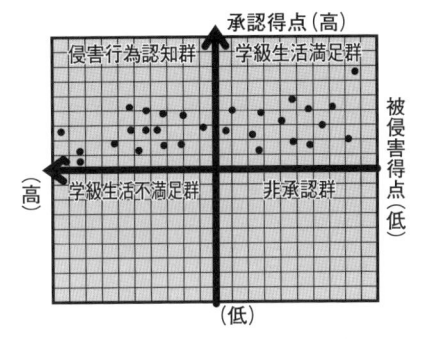

図　ゆるみのみられる学級集団のプロット

る。この場合は，承認得点が全体に高めだが，侵害行為認知群も半数近くいるので，ルールが定着していないゆるみのみられる学級集団といえる。

②学校生活意欲尺度

　学校生活意欲尺度は，子どもが何に対して意欲が高いかを測る。①のテストとかけ合わせることで，学級集団の潜在的なニーズがわかり，学級担任が次に重点的に取り組むべき項目がみえてくる。

③ソーシャルスキル尺度（hyper-QUのみ）

　hyper-QU（河村，2008）では，①②の尺度に加えて，集団形成に必要なソーシャルスキルがどの程度身についているかが一目でわかるようになり，これまで以上に的確な指導が可能になった。

・文献・

河村茂雄ほか編（2004）『Q-Uによる　学級経営スーパーバイズガイド』図書文化
河村茂雄（2006）『学級づくりのためのQ-U入門』図書文化
河村茂雄ほか編（2008）『Q-U式学級づくり』図書文化

第6章

発話の研究

第1節 > 発話を分析する

>> 1. 発話の分析

　教室ではさまざまなコミュニケーション方法を用いて，授業（知識の伝達）を行っている。コミュニケーション方法には大きく分けると言語と非言語によるものがあるが，言語活動（発話）に焦点を当てるのが，発話分析である。

　1960年代，わが国でも発話分析が盛んに行われた。木原（1962）は，特定の授業観によらず事実を診断するためのデータ収集を提唱し，教師はスピーキング・マシンだと言った。末吉・信川（1965）は教え込まない授業を求め，広島の鴨川中学の自発協同学習をモデルにした。砂沢（1960）は弁証法に基づく教授学の立場から，教室内の思考過程の分析手法を提言した。心理学の立場から，竹下（1963）は非指示的カウンセリングのリードの考え方に基づく分析手法を提言した。重松（1961）の「授業分析」は，授業分析の理論と教室での観察方法の詳細と分析事例を含んだ包括的な手引きであり，現場でも広く読まれた。

>> 2. フランダースの考え

■直接的影響/間接的影響

　フランダースの関心は，民主的な指導と権威的な指導とでは，民主的な指導が優位であることを明らかにすることにあった。フランダースは測定のために相互作用分析カテゴリー・システム（FIACS）を開発した（Flanders, 1970）。

特色となっているのは，教師の指導方法を，直接的（権威的）影響であるか，間接的（民主的）影響であるかに分けたことである。

例えば，小学校1年生の教室で，教師が「左はどっちですか？　左手をあげてください」と言う。子どもは左手をあげる。教師の指示に子どもが反応しており，これは教師の直接的影響である。「『向かい合って座っていると，相手の左は自分の反対になる』と言いましたね。なるほど。向かい合って座っている人の左手は自分の右側になるんだね」と言うと，子どもの発想を受け入れ，明確化しており，間接的な働きかけとなる。これが間接的影響である。子どもの態度も応答と自発に分けている。「左手をあげてください」という発言に対して，それを受け入れ「はい」と言って手をあげたときを「応答」とし，子どもが自発的に進んで発言したときは「自発」とした。フランダースは「沈黙」というカテゴリーも考えた。授業中の会話と会話の間（休止）の時間，ときには騒音，作業などで発話のない時間などもここに分類される。以上のような教師の影響力と子どもの対応をもとに，10のカテゴリーが考え出された。

■**FIACSを使った研究**

それでは，フランダースのカテゴリー分析で授業分析をすることで，これまでどんなことがわかってきたのだろうか。

まず，間接型の教師の指導を受けた生徒のほうが，直接型の指導を受けた生徒よりよい成績を上げたことである。これは生徒のタイプや，教科などには関係ないことも明らかになった（Flanders, 1960）。

また，教育実習へも適用され，効果を上げている（Furst, 1967）。教育実習生にフランダースの分析方法を教え，マトリックス作成をさせたグループと分析を学んだだけのグループとでは，前者のほうが実習の際に間接的言語行動が多く，直接的言語行動が少ない。

第2節 > アミドンとハンターの方法

>> 1. カテゴリー・システム

アミドンとハンター（Amidon & Hunter, 1966）はフランダースのFIACSを改良し，VICSを開発した（表6-1）。

表6-1　言語的相互作用カテゴリー・システム（VICS）

教師の始めた会話	1		情報や意見を与える，内容やアイデア，説明，方針の提示，レトリックな質問をすること。短いことも，長い講義のこともある。
	2		指示を与える。生徒にある特定の行為をするように言う。指図や命令を与える。
	3		せまい質問をする。ドリルの質問をする。この質問にはひと言かふた言で答えられるか，あるいは「はい」「いいえ」といったような特定の性質の反応がなされることがはっきりしている質問。
	4		広い質問をする。比較的自由に答えられる（open-ended）質問をする。この質問に対する反応を予測することはむずかしい。この質問は考えることを触発する。また3よりも長い反応を引き起こす傾向にある。
教師の反応	5 受容	5a	アイデア：生徒のアイデアの繰り返し，明確化，励まし，賞賛，拒否しないで要約したり，コメントする。
		5b	行動：生徒の行動をほめたり，励ましたりする反応。
		5c	感情：生徒の感情表現を繰り返したり，励ましたりする反応。
	6 拒否	6a	アイデア：生徒のアイデアにけちをつけたり，無視したり，くじけさせたりすること。
		6b	行動：生徒の行動にけちをつけ，くじけさせる。望ましくない行動をやめさせるために行われる。質問の形をとることがあるが，カテゴリー3，4，あるいは2とは異なっている。声の調子によって指図を与え，生徒に影響を及ぼす。
		6c	感情：生徒の感情表現を無視したり，くじけさせたり，拒否したりする。
生徒の反応	7	7a	教師に対する反応　予測可能：比較的短い答え，通常カテゴリー3に続いて起こる。例えば「デービッド，次を読みなさい」というようにカテゴリー2に続いて起こることもある。
		7b	予測不能：通常カテゴリー4に続く答え
	8		ほかの生徒に対する反応　生徒同士の会話での答え
生徒の始めた会話	9		教師に向けて始めた会話：教師から促されないのに，生徒が教師に向かって言ったこと。
	10		ほかの生徒に向けて話しかけた会話：促されないのに，ほかの生徒に向けて生徒が言ったこと。
その他	11		沈黙：教室での会話の間の休止や短時間の沈黙。
	Z		混乱：計画されている活動を妨げる，かなりの騒音，このカテゴリーはほかのカテゴリーと一緒に生じることもあるし，ほかのカテゴリーを完全に排除することもありうる。

VICSには12項目のカテゴリーがあり，教師の発言4，教師の反応・応答発言2，生徒の反応発言2，生徒の自主発言2，それに沈黙とその他の項目Zから成り立っている。FIACSの「質問」の項目が狭い質問と広い質問に，「受容」や「拒否」の項目が，アイデアに対するもの，行動に関するもの，感情に対するものとに分かれている。

>> 2．手順

分析手順は，フランダースと同様，カテゴリー分類，マトリックス作成，マトリックスによる相互作用の分析の3段階がある。以下，具体的な手順を示す。

■カテゴリー分類

①授業中の教師と子どもの発話を逐語記録する。

②逐語記録された発話をすべて3秒ごとに区切る。2人1組で，1人がVTRの時間のカウンターを見ながら3秒の合図を送り，1人が逐語記録を見ながら合図に合わせて区切りを入れる（表6-2参照）。

③区切られた発話をカテゴリー表の分類に従い，何がなされているか，一つ一つ記号化（コード化）する。区切りと区切りの間で何がなされているかでな

表6-2　逐語記録の例

教師T 生徒S	発　話	記号化
T1	(11)（間）／きょうは「電気を通す金属で磁石に／つかないものはあるか？」とい／うことを考えます。むず／かしい問題だね。／／(1)(1)(11)(1)(11)(11)	11，1，1，1，11，11
T2	みんなの知っている／金属にはどんなものがありますか？／(3)(11)	3，11
S1	鉄／(7a)	7a
S2	銅／(7a)	7a
S3	アルミ／ニウム (7a)	7a
T3	そうですね。いろいろ／なものがありますね。／さてではその中で磁石／につかないもの／はありますか。(5a)(11)(4)(4)(11)	5a，11，4，4，11
S4	(11)／僕は全部つく／と思う。(7b)	11，7b
S5	ぼくも正雄くんと一／緒で全部つくと思う。／(7b)(11)	7b，11
S6	でも，アルミ／ニウムは磁石に／つきません。／／(8)(8)(11)(11)	8，8，11，11
S7	銅も磁石には／くっつきません。だけ／ど，電気は通ります。／(8)(8)(11)	8，8，11

く，区切りの瞬間を問題にする。表6-2では，次のようにコード化され，初めは沈黙（11）からスタート。発言の外の／は，沈黙を示す。

例1：11 1 1 1 11 11 3 11 7a 7a 7a 5a 11 4 4
11 11 7b 7b 11 8 8 11 11 8 8 11

■データ変換とマトリックス作成

①記号化（コード化）されたデータをマトリックス用にデータ変換する。表6-3のように，前の発言と後の発言を2個ずつ1つのペアにする。「11-1」のあとの「1」は，前の発言と結びついて「1-1」になる。

表6-3　データ変換の例

符号化データ	11	1	1	1	11	11	3	11	7a	7a	7a	5a
変換後のデータ	11-1	1-1	1-1	1-11	11-11	11-3	3-11	11-7a	7a-7a	7a-7a	7a-5a	

②変換したデータを図6-2の17×17のマトリックス表に記入していく。縦軸はさきの発言，横軸はあとの発言である。

■マトリックスによる相互作用の分析

マトリックスの各カテゴリーの百分率，および教師発言率，生徒発言率等を求める。これにより教師の働きかけや生徒の反応の特徴を判断できる。

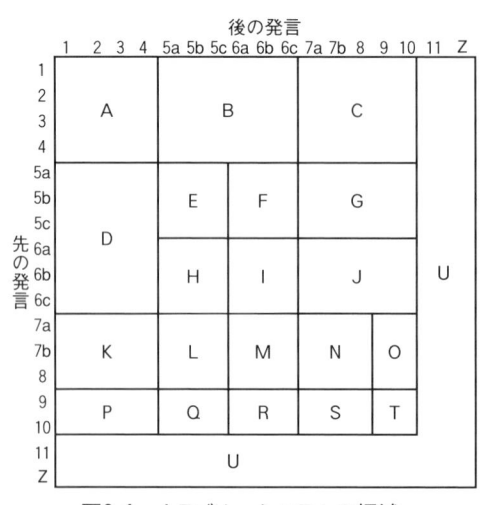

図6-1　カテゴリー・システムの領域

>> 3. 領域

マトリックス表にAからUまでの領域が記載されている（図6-1）。領域ごとの出現率を算出する。各領域の意味内容は表6-4（斉藤，1978）に示されたとおりである。例えば領域Eは教師の受容行動を表し，教師の間接的影響が強く出るところであり，領域Fは教師の直接的影響が強く出るところである。教師の指導の傾向はこの領域を比較検討することで知ることができる。

各領域には，次のように説明されている。

表6-4　VICSの領域の説明

領域A	情報や意見の提示，指示，質問など教師のはじめの発言が長びいている。この領域の特徴は，教師がかなり長い間話続けていることで，教師と生徒間の相互作用を示す領域ではない。
領域B	教師のはじめの発言に受容か拒否に入る，教師の応答としての発言が続いていることを意味している。
領域C	教師のはじめの会話に続く生徒の会話のすべての会話が含まれる。
領域D	教師の応答としての発言に続いて，教師のはじめの発言がなされている。
領域E	教師の受容行動の継続を示す。ここには，アイディア，行動，感情の広範な受容と，これらの言語的なパターンのいずれから他のパターンへの移行も含まれる。
領域F	教師の受容行動に続いて，教師の拒否行動が生じている。
領域G	教師の受容的発言に続く生徒の発言を示す。
領域H	教師の拒否的行動に続いて，教師の受容的行動が生じている。
領域I	教師の側の広範囲にわたる拒否的行動が含まれる。アイディア，行動，感情の拒否と，これらの行動のいずれかからの他の行動への移行も含まれる。
領域J	教師の拒否的な発言に続く生徒の発言のすべてが含まれる。
領域K	生徒の応答行動に続いて，教師のはじめの行動を指す。
領域L	生徒の応答に教師の受容が続いている。
領域M	生徒の応答を教師が拒否している。
領域N	教師，あるいは他の生徒に対する生徒の広範な応答。
領域O	生徒の応答発言に生徒のはじめの発言が続いていることを示す。
領域P	生徒のはじめの行動に教師のはじめの行動が続いている。
領域Q	生徒のはじめの会話に続いて，教師の受容がなされる。
領域R	生徒のはじめの会話に対する教師の拒否を示している。
領域S	生徒のはじめの発言に続いて，生徒の応答としての発言がなされている。
領域T	教師あるいは他の生徒に向けての生徒のはじめの発言が含まれる。
領域U	この領域は沈黙か混乱を表している。行か，列が11であれば沈黙を表し，行か，列がZであれば混乱を指している。列が11か，Zの場合には教師か生徒の会話の後の沈黙か，混乱を表し，行が11か，Zの場合には，教師か生徒の会話に先立つ沈黙か，混乱を示している。

第3節 > 発話分析の実際

この節では，小学校4年生算数「四角形の面積」の授業を材料に，VICSによる分析の実際を紹介する。

>> 1. カテゴリーの出現率

図6-2のように，17のカテゴリーのマトリックスに変換したデータを埋め込んだ。

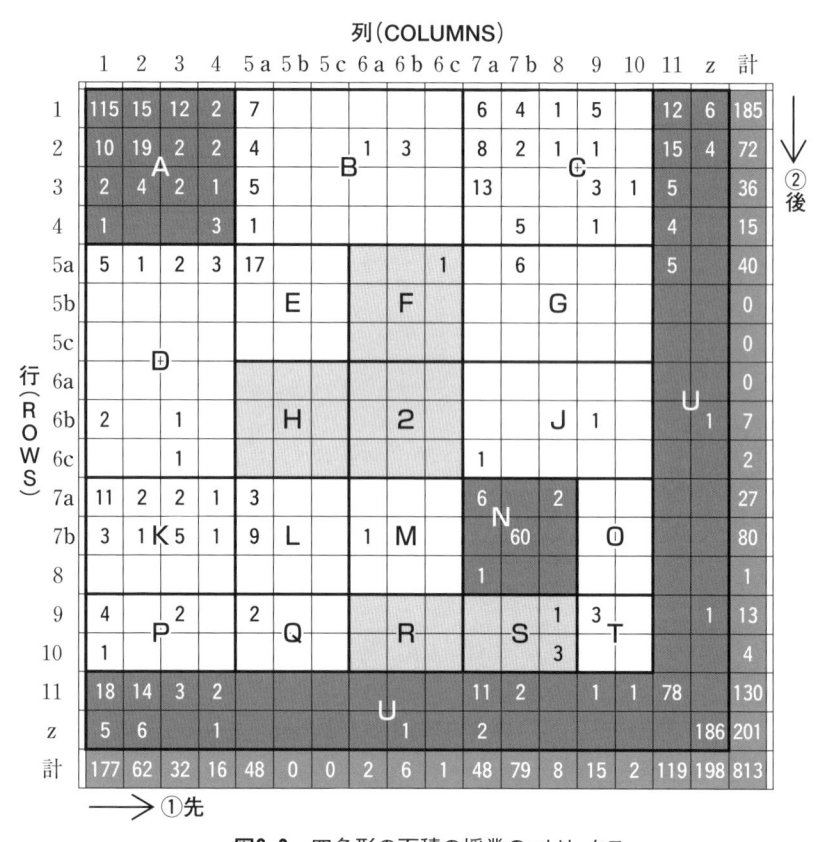

列（COLUMNS）

行＼列	1	2	3	4	5a	5b	5c	6a	6b	6c	7a	7b	8	9	10	11	z	計
1	115	15	12	2	7				6	4	1	5				12	6	185
2	10	19	2	2	4		1	3			8	2	1	1		15	4	72
3	2	4	2	1	5					13			3	1		5		36
4		1		3	1						5			1		4		15
5a	5	1	2	3	17				1		6					5		40
5b																		0
5c																		0
6a																		0
6b	2		1						2				1				1	7
6c			1								1							2
7a	11	2	2	1	3				6			2						27
7b	3	1	5	1	9			1			60							80
8									1									1
9	4		2		2							1	3				1	13
10	1										3							4
11	18	14	3	2					11	2			1	1	78			130
z	5	6		1				1		2							186	201
計	177	62	32	16	48	0	0	2	6	1	48	79	8	15	2	119	198	813

→ ①先　　②後

図6-2 四角形の面積の授業のマトリックス

第6章 発話の研究

一見して，書き込みがある領域と書き込みがまばらな領域，それに書き込みのない領域があることがわかる。特に1-1のセルが115と，全体の14％を占めているのが目立つ。

>> 2．領域別の出現率

そこで，領域別の出現数と出現率を整理したのが，表6-5である。領域別に見た場合，Uが47％と全授業時間のおよそ半分を占めている。この沈黙の場面では，子どもたちが「陣取りゲーム」や「計算タイム」に従事していた。つまり，「陣取りゲーム」中に黙々と計算に従事していたのである。このことは，この授業でかなりの程度，子どもたちの活動の時間が保証されていたことを意味している。

次に，Aが全体の23％を占めている。授業のおよそ4分の1は，教師の直接指導場面になっている。このことは，教師の発話のあとに，さらに教師の発話が続いていることを示している。つまり，「1cm^2」という面積の単位を導入するために，子どもたちの活動をまとめて，きちんとした内容を伝達したいという教師の思いが推察される。そのため，ある程度教師主導型の授業になった。

このほか，データがある程度まとまっているのは，N，C，Kである。Nにおいても，教師が説明を求めているのに対して，子どもが自分で陣取りゲームの大きさの比べ方をほかの子どもに説明していくような，「教師起点→生徒広範反応」がみられ，子どもたちも授業に参加できるようなものになっていたのではないかと思われた。

表6-5 「面積」の授業における領域別出現数／出現率

	A	B	C	D	E	F	G	H	I	J	K
数	190	21	51	15	17	1	6	0	2	2	26
％	23.37	2.58	6.27	1.85	2.09	0.12	0.74	0.00	0.25	0.25	3.20

	L	M	N	O	P	Q	R	S	T	U	計
数	12	1	69	0	7	2	0	4	3	384	813
％	1.48	0.12	8.49	0.00	0.86	0.25	0.00	0.49	0.37	47.23	100.00

C，Kでは、「小さい正方形が16個だったら……？（教師起点；3）→16cm²（生徒反応；7a）→12個だったら……？（教師再起点；3）」のように、「教師起点→生徒反応→教師反応（再起点）」となるものが多く、教師と子どもの相互作用をデータは反映している。

　そのほかの領域に関しては、おもに、教師の受容行動的なもの（領域B，D，G）がみられ、拒否行動的なもの（領域F，H，I，R）はほとんどみられなかった。

　全体を通して、一見すると、今回の授業は教師主導型の授業のような印象を与える。それにもかかわらず、子どもの活動の時間が保証され、教師と子どもの相互作用的なかかわりがある。子どもが参加しやすい授業でもあった。

>> 3．発話分析の課題

■体験してみる

　ここで紹介したFIACSやVICSはどの教育心理学の教科書にも掲載されている。その意味で、日本でもポピュラーな用具である（加藤，1977）。したがって、「3秒」とか「マトリックス」という言葉は聞いたことがある人が多い。しかし、実際に3秒ごとにコード化する作業を体験した者は少ない。手間がかかるのは、日本語の特有の性質にもよる。発話の頭の部分を聞いても、説明なのか質問なのかがわからない。したがって、一度文字記録を作成しなければならないからである。

　45分の授業を3つか4つに分けて、分担すると容易になる。

■たくさんの分析結果をもちよる

　ここで取り上げた授業は小学校の算数のため、領域Aは4分の1であった。それでも教師主導という印象を与える。時間をかけてかなり精密なデータが積み上がるが、比べるためのほかの授業の分析例があまり紹介されていない。教科、学年、教師の経験や授業観などの変数との関係を論じたくても、できないのが現状である。とにかく、分析結果をどこかにため込む手だてを講じたい。

・文 献・

Amidon, E. J. and Hunter, E.（1966）*"Improving teaching : The analysis of classroom verbal interaction."* Rinehart and Winston.

Furst, N.（1967）The effects of training in interaction analysis on the behavior of student teachers in secondary school. In Amidon, E. J. & Hought, J. B. （Eds）*"Interaction analysis, theory, reseach and application."* Reading, PA : Addison-Wesley Publishing.

Flanders, N. A.（1960）*"Teacher influence : pupil attitudes and achievement."* University of Minnesota, Minneapolis.

Flanders., N. A.（1970）"Analyzing Teaching Behavior." Addison-Wesley

加藤幸次（1977）『授業のパターン分析』明治図書

木原健太郎（1962）『授業診断』明治図書

野津良夫（1979）「フランダース授業分析法とTRR」『島根大学教育学部紀要（教育科学）』13

斉藤耕二（1978）「教師─児童・生徒の相互作用」田中熊次郎編者『学校社会心理学』学苑社, pp.64-92

重松鷹泰（1961）『授業分析の方法（現代教育全書）』明治図書

末吉悌次・信川実編著（1965）『自発協同学習』黎明書房

砂沢喜代次（1960）「教授-学習課程の構造分析」『北海道大學教育學部紀要』7, pp.2-70

竹下由紀子（1963）「教師の発言に関する分析的研究──観察基準の作成」『新潟大学教育学部紀要』5（1）

TOPIC6 保育者は造形活動実践中にどのような言葉かけをしているか?
―― 幼児の造形活動実践における保育者の発話分析

保育者は，造形活動実践を行う場面でどのような言葉かけをするのだろうか。ここでは，若山（2007）の研究における発話分析の方法と結果を紹介する。

＜発話分析の方法＞

手続き1－記録

オーディオテープレコーダーやビデオテープレコーダーに，造形活動実践中の保育者の言葉かけを記録する。

手続き2－テープ起こし

レコーダーに記録されている保育者の言葉かけをエクセルに書き起こす。その際，一つのセルに発話一文（例：「これは絵の具といいます」）が入るようにする。

手続き3－発話データに簡潔な説明をつける

発話を書き起こしたセルの右隣りのセルに，それぞれの発話一文がどのようなものかを簡潔に説明する（例：「これは絵の具といいます（発話一文）」"道具の説明"）。

手続き4－カテゴリー名とカテゴリー基準を決定する

簡潔な説明を手がかりとして，類似した発話一文同士を集め，カテゴリー基準とカテゴリー名を決定する。例えば，「これは絵の具といいます（発話一文）」"道具の説明（簡潔な説明)"と「絵の具はぽたぽたと垂らしてね（発話一文）」"道具の使用法の説明（簡潔な説明）"は類似していると考えられるので，これら

を集めてカテゴリー名［道具・素材示範］を付与し，［道具や素材およびその使い方についての説明］というカテゴリー基準を設定する。

手続き5－カテゴリー評定の信頼性を求める

カテゴリー基準にもとづいて，発話一文がどのカテゴリーに属するかを2人以上の判定者に判定してもらう。

手続き6－各カテゴリーの出現の仕方をみる

造形活動の導入部と展開部で，どのようなカテゴリーが出現する傾向があるかを分析する。

＜発話分析の結果＞

以上の手続きを経て見いだされた8つのカテゴリーを表に示す。これらの8つのカテゴリーを概観すると，造形活動中に保育者たちが行う言葉かけは，道具や素材，テーマ，発想の方法について説明し（カテゴリー：［道具・素材示範］，［事例提示］，［図式活性化示範］），また，どのようなものを作ったり描いたりしたいか幼児に問い（カテゴリー：［発想のうながし］，［素材に基づく発想のうながし］，［材料支援］），幼児の造形表現をほめる（カテゴリー：［技術の肯定的評価］，［表現の肯定的評価］）ものであることがわかる。

なお，導入部では説明をするカテゴリーが多く出現し，展開部では何を作ったり描いたりしたいかを問うカテゴリーと，

表 造形活動中の保育者のことばかけのカテゴリー（若山，2007）

カテゴリー名	カテゴリー基準/発話例	
道具・素材示範	基準	道具や素材およびその使い方についての説明
	例	「これは絵の具といいます」「絵の具はぽたぽたと垂らして使ってね」「かみをびりびりにやぶいてみよう」
材料支援	基準	自分の描きたいもののために必要な素材が何かを考えさせる
	例	「どんな材料が必要か言ってね　先生が持ってきてあげるから」
発想のうながし	基準	描きたいもの・作りたいものを決めるようにうながす
	例	「何を作ることにしたの？」「ここに何描く？」「次はどうする？」
素材に基づく発想のうながし	基準	素材の特徴に注意を向けさせる
	例	「この形何かに見えてこないかな？」「おもしろい形だね」
事例提示	基準	ある事物の名前やその属性についての説明
	例	「これ，みのむしさんていうの」「みのむしさんは寒くなるとあったかいおうちに入っているの」
図式活用化示範	基準	素材の特徴からどのような図式を活性化できるかについて見本を示す
	例	「この絵の具の模様，先生は世にも不思議な緑色のゾウさんにみえるな」
技術の肯定的評価	基準	保育者が教示した手続き的知識を幼児が模倣できた場合の肯定的評価
	例	「上手ね」「貼り方はそれであってるよ」
表現の肯定的評価	基準	幼児の表現への肯定的評価
	例	「素敵ね」「なるほどね」

幼児の表現をほめるカテゴリーが多く出現していた。このように，発話分析によって言葉かけの特徴を知ることは，保育者自身による実践の振り返りにも活用できると考えられる。

・文献・

若山育代（2007）「幼児の造形的なイメージの広がりを導く保育者の発話媒介行為の分析──既有知識と具体的対象の統合力に着目して」『美術科教育学』28, pp.397-411

第7章 協同の学習過程の研究

　現実の教室のなかでは，仲間同士による水平的な相互作用と，教師が介在する垂直的な相互作用とが，交錯して授業が進行している。このような協同的な相互作用の状況下においては，複雑な参加者の構造のなかで，それぞれがどのような役割と機能を果たしているのだろうか。本章では，こうした点をひもときながら，「協同の学習環境」や「協同過程の分析」について検討していく。

第1節 > 協同の学習環境

>> 1.協同的な相互作用状況

　協同学習場面では，多様な参加者の構造が存在する。図7-1は，協同学習場面においてはいかなる相互作用が行われているのかを，9つのパターンにモデル化したものである（Granott, 1993）。このモデルは2つの次元からなる。水平次元は，「メンバー間の協同性の程度（＝低・中・高）」を示しており，垂直次元は，「課題に対する熟達度の程度（＝同程度・多少の開き・明確な上下関係）」を示している。

①足場づくり（scaffolding）：共有する目標を提示し，足場づくりする側の誘導により，足場づくりされる側の課題が解決される。

②非対称的な協同（asymmetric collaboration）：目標は共通に理解されるが，部分的には熟達している者の誘導により課題が解決される。

③互恵的な相互作用（mutual collaboration）：目標と活動は共有され，自発的かつ同時的な相互作用に基づく知識構成が行われる。

④ガイダンスまたは徒弟性（guidance or apprenticeship）：目標は部分的に共有され，熟達者からの短いガイダンスの間は，一方向の共有行為がみられる。

⑤非対称的なかかわり（asymmetric counterpoint）：共通の目標が活動の開始時に提示されるが，大部分は熟達の程度の異なる者から誘導されながらの知識構成が行われる。

⑥対照的なかかわり（symmetric counterpoint）：独立した活動の中にも共有する目標が組み込まれ，ほぼ交互に等しい相互作用が行われる。

⑦模倣（imitation）：各々が個別の学習を行いながら，一方的に，より有能な相手を模倣する行為がみられる。

⑧一時的な模倣（swift imitation）：互いに分離した状態において，有能な相手を部分的に比較したり模倣したりする行為がみられる。

⑨並行的な活動（parallel activity）：共通の目標は設定されず，知識構成の活動は別々に行われる。

このモデルは，異なる領域，文脈，年齢，知識水準にも適用できる包括的なモデルである点に特徴がある。さらに，このモデルに基づくと，協同性が最も高いゾーンにおいては，「参加者が共通の目標をもって同一の課題に働きかけ

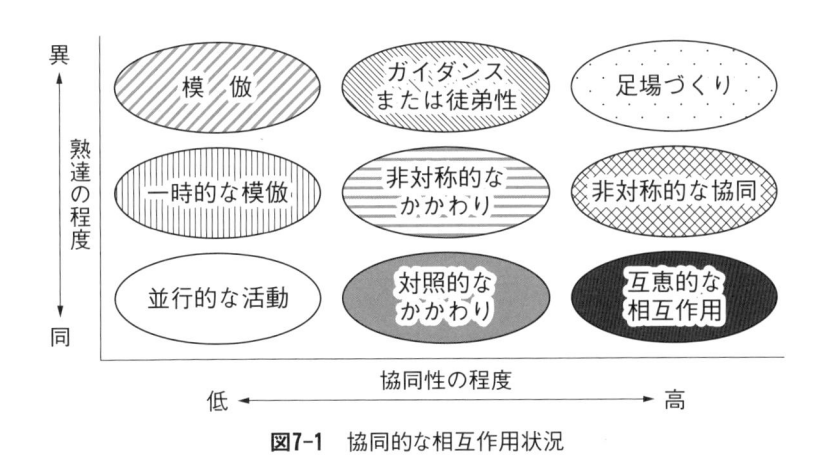

図7-1 協同的な相互作用状況

ている」という点では共通しているが，熟達度の違いの程度に応じて，"足場づくり"，"非対称的な協同"，"互恵的な相互作用"というように，「リーダーシップやイニシアチブのとり方」が異なっていることがわかる。さらに，知識が同等の参加者同士であっても，その相互作用状況は固定的なものではなく，メンバー間の協同性の程度によっては，"並行的な活動"，"対称的なかかわり"，"互恵的な相互作用"と変化していく可能性も含んでいることがわかる（丸野，1994）。

>> 2．相互教授モデル

　図7-1において，協同性の程度と熟達度の程度が最も高い相互作用状況は，"足場づくり（scaffolding）"であるが，特にここに焦点を当てた教授法に，「相互教授：reciprocal teaching（「足場づくりされた教授：scaffolded instruction」とも呼ばれる）」があげられる。相互教授とは，子ども同士，子どもと教師が協同で課題をなしとげていくなかで，本来は個人内（＝intramental）で行われる方略を，個人間（＝intermental：子ども同士／子どもと教師）の役割として外在化し，対話による相互作用を通して学習活動を進める手法である。

　パリンサーとブラウン（Palincsar & Brown, 1984）は，説明文の内容を理解させるために，熟達者が個人内でとるような読解方略の組合せ（a．要約：読んだ内容の要約，b．質問：読んだ内容に対する質問，c．明確化：読んだ内容についての意味の明確化，d．予測：読んだ内容の次の内容に関する予測）にそって，個人間で対話を行わせる教授をした。少人数のグループで対話をしながら，教師がモデリングやフィードバックをし，これらの方略を身につけさせた結果，読解成績の向上とその持続的な効果が，広範な年齢層の子どもたち（小学校1年生〜中学校1年生），あるいは学力不振の子どもたちや学習能力に障害のある子どもたちに対しても，広く確認されている。

>> 3．科学的リテラシー獲得モデル

　近年では，相互教授を用いた説明文の読解において研究成果を上げた理論的枠組みが，「科学的リテラシー」の獲得にも向けられるようになってきた。科学的リテラシーとは，「自然界及び人間の活動によって起こる自然界の変化について理解し意思決定するために，科学的知識を使用し課題を明確にし，証拠に基づく結論を導き出す能力（OECD/PISA, 2003）」と定義される。ヘレンコールら（Herrenkohl, Palincsar, DeWater, & Kawasaki, 1999）は，科学的なリテラシーを協同構築していくために，科学者が個人内で研究を進めていくプロセスでとる，a．指導枠組み，b．教授方略，c．参加構造を，理科授業において実践している。

■指導枠組み

　科学的リテラシーの獲得を促す教授方略（「GIsML: Guided Inquiry supporting Multiple Literacies（Palincsar, Collins, Marano, & Magnusson, 2000）」）では，探求，調査，説明，報告のサイクルを繰り返す（図7-2）。

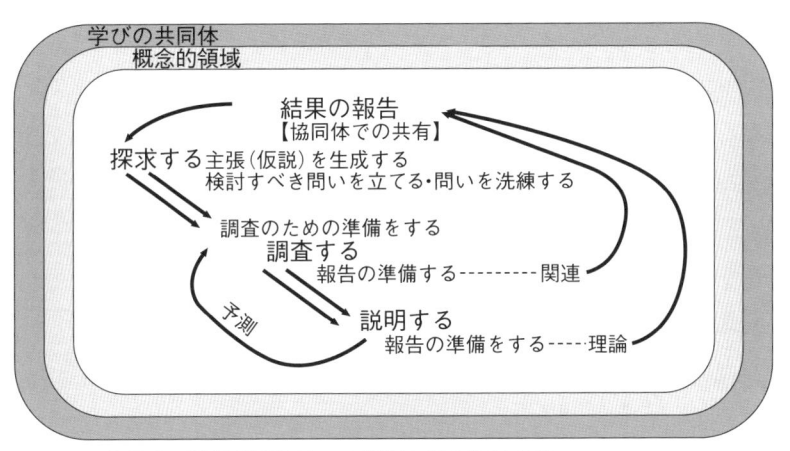

図7-2　科学的リテラシーの獲得を促す教授方略
　　　　（Palincsar, Collins, Marano, & Magnusson, 2000）

①探求：新しい課題や現象に直面したとき，小グループにおいて何度も実験・観察の経験を繰り返して慣れ親しみ，課題や現象に対する理解を深めたうえで，仮説を生成する。
②調査：小グループにおいて，仮説を検証するために必要な器具・用具が集められ，実験・観察のデータが収集，記録される。
③説明：課題や現象に対する調査結果を，科学的推論に基づきながら説明する。小グループの議論の過程で，互いの多様な考えを取り入れる。
④報告：小グループで得られたデータやアイデアを，学級全体の公の議論の場において，口頭，描画化，図式化などの多様な方法を用いて説明し，議論を再構築する。

■教授方略

　小グループの議論の場において，科学的な説明を協同構築していくために，以下の3つの教授方略にそって，議論を進める。
①予想の理論化：理論を構築するためには，まず予想を立てることから始め，次に実験・観察の経験と，そのデータに基づく科学的な議論を繰り返すことが必要である。
②発見の要約：同一の現象に対するメンバー間の発見が明らかにされる。メンバー相互の発見の観点や主張の矛盾点を議論し合い，自分よりもっともらしい考えが存在することを見いだすなかで，自分の考えの限界に気づく。
③証拠と予想・理論との調整：新しい理論は，既存の理論と新しいデータ（証拠）との相互作用から生成される。理論と証拠を調整するためには，結果の集積を描画化，図式化して再検討すると効果的である。

■参加者の構造

　「重要かつ決定的な認識上の役割が付与された小グループにおける参加者の構造」では，メンバーは役割を固定せず，毎時間ローテーションを繰り返す。
①リーダー役：教師役を任され，質問を生成し，3つの教授方略を用いて対話をリードする責任をもつ。

②聞き役：リーダー役の貢献をチェックする。
③レポーター役：グループの活動を要約し，学級全体に報告する。
④記録役：レポーター役が報告する情報を適切にまとめる。
⑤評価役：グループのメンバーが議論に行き詰まったときに，使用すべき有効な方略を示したり，やりとりのよい点や改善すべき点に対して即時にフィードバックを与えたりする。

　ヘレンコールらは，上記の科学的リテラシー獲得モデルの理論的枠組みに基づき，小学校4年生の「ものの釣り合い」の理科授業を10時間にわたって実施している。その結果，子どもたちは，自分自身および他者や課題に対して対話的に向き合い，科学的リテラシーを獲得していくプロセスでは，互いの理解状態をモニタリングしたり，実証的データと理論を調整したりする議論を，通常の授業よりもはるかに多く行った。議論のなかでは，「真正な質問（authentic question）」が多く産出された。この真正な質問とは，議論を通して相互のアイデアを反論し合ったり受け入れ合ったりする過程で自発的に生成される質問であり，いわゆる典型的な教師 - 生徒間の教室談話でみられるI-R-E系列（発問（initiation）- 応答（reply）- 評価（evaluation）：Nystrand, 1997）で組織される「テスト的な（検証のための）質問（test question）」とはまったく性質の異なるものである。

第2節 > 協同過程の分析

>> 1. 議論構造の分析

　議論の構造を可視化し，分析する際の基準として，近年，トゥールミン（Toulmin, 1958）の定式化した「アーギュメントの6つの要素」が採用されている（福澤，2002）。
①主張（claim）：結論として述べたいこと。

②データ (data)：主張の正しさを支える実証可能な根拠となる対象，または事実。
③論拠 (warrant)：データがなぜ主張の根拠となりうるか，を示す理由づけ。
④裏づけ (backing)：論拠の妥当性を支持するための一般的な法則や原理。
⑤限定語 (qualifier)：主張がどの程度の確率で真といえるか，という蓋然性の程度。
⑥反証 (rebuttal)：論拠の効力に関する保留条件，および適用範囲を特定するもの。

上記①～⑥の要素は，議論の構造を分析する際の基準になると同時に，学習者がこれらの要素を獲得することによって，個人内において，既有の知識と提示された新たな情報との間で効率的かつ合理的に吟味・検討を行い，議論を構造化することも可能となる。

>> 2．相互作用のある対話の分析

協同学習における議論の構造だけではなく，議論が行われているプロセスをとらえる分析には，「相互作用のある対話（トランザクティブディスカッション：transactive discussion）」に焦点を定め，その話し合いの方向性や状況などの分析を微視的に行う，という対話分析の手法がある。トランザクティブディスカッションとは，「自分自身の考えをより明確にしたり相手の考え方や推論の仕方に働きかけ，相手の思考を深めたりするような相互作用のある対話」と定義される（高垣・中島，2004）。

Berkowitz & Gibbs (1983) は，同性の2人組（大学生）の道徳的課題の話し合いにおけるトランザクティブディスカッションの対話分析を行った結果，2つの対話の方向性を見いだしている。一つは，「表象的トランザクション（representational transaction）」であり，もう一つは，「操作的トランザクション（operational transaction）」である。表7-1に示すように，「表象的トランザクション」は，話し合いのプロセスで，他者の考えを引き出したり，単

表7-1 トランザクティブディスカッション（Berkowitz & Gibbs, 1983）

	カテゴリー	分類基準
表象的トランザクション	1-(a) 課題の表示	話し合いのテーマや論点を提示する。
	1-(b) フィードバックの要請	提示された課題や発話内容に対して、コメントを求める。
	1-(c) 正当化の要請	主張内容に対して、正当化する理由を求める。
	1-(d) 主張	自分の意見や解釈を提示する。
	1-(e) 言いかえ	自己の主張や他者の主張と、同じ内容を繰り返して述べる。
操作的トランザクション	2-(a) 拡張	自己の主張や他者の主張に、別の内容をつけ加えて述べる。
	2-(b) 矛盾	他者の主張の矛盾点を、根拠を明らかにしながら指摘する。
	2-(c) 比較的批判	自己の主張が他者の示した主張と相いれない理由を述べながら、反論する。
	2-(d) 精緻化	自己の主張や他者の主張に、新たな根拠をつけ加えて説明し直す。
	2-(e) 統合	自己の主張や他者の主張を理解し、共通基盤の観点から説明し直す。

に表象したりする対話であり、正当化の要請、主張、言いかえなどに下位分類される。「操作的トランザクション」は、互いの考えを変形させたり認知的に操作したりする対話であり、拡張、比較的批判、精緻化、統合などに下位分類される。分析の視点としては、話し合いの過程において、「操作的トランザクション」の対話が、いつ、どこで、だれによって、どのように生成されたか、を把握することが重要であり、それらの対話のなかから、「相手の考え方や推論の仕方に働きかけ、相手の思考を深めたりするような相互作用」の様相が立ち表れてくる。

第3節 > 協同の授業研究

>> 1. 小学校4年生の理科単元「電池のはたらき」の事例

　高垣・田原（2005）は、小学校4年生の理科単元「電池のはたらき」を対象

表7-2　理科授業の7時間目における発話事例

時間	発話者(役割)	発話事例	TDの分類
5'13	H1 (記録役)	同じ量[の電流が]戻ってくるのに，電池が減るんだ…。	〈主張〉
5'18	T1 (聞き役)	えっ？　何それ。	〈正当化の要請〉
5'23	H2	電流の量は減らないのに，何で電池が減るんだろう？	〈主張〉
5'31	M1 (リーダー役)	そっか…。時間がたつと電池が減るから，電流の量も減るはずだよね。	〈精緻化〉
5'38	H3	何でだと思う？	〈フィードバックの要請〉
5'40	M2	えっ？わかんないよ。	〈主張〉
5'46	評価役1	電流の量は，モーターの前も後も0.8で変わらないってことは確かだよね。じゃあ，この結果を，「最もわかりやすく説明する考え」を考えてみよう。	〈課題の提示〉
5'58	Y1 (レポーター役)	モーターに入る[電流の]太さと，モーターから出る[電流の]太さを同じに直せばいいんじゃない？	〈主張〉
6'09	M3	でもさ，それじゃあ，[電池が]なくならないはずじゃん。おかしいよ。	〈矛盾〉
		[中略]	
		教師の師範実験：「自家製ポンプ装置」および「3DCGによる電池モデル」の提示	
14'05	M4	いまの実験の結果，わかりやすく説明しよう。	〈課題の提示〉
14'12	Y2	いまの実験，浄水場で見たポンプにそっくり。	〈主張〉
14'16	M5	((そう，)) 思い出した。	〈主張〉
14'21	Y3	浄水場のポンプは，検査をして通り過ぎて，清掃されてまた流れる…。水がぐるぐる回ってる感じがよくわかった。	〈精緻化〉
14'35	H4	水の流れが，電流の流れだよね。水はぐるぐる回り続けるから，電流の量は変わらないんだ。	〈統合〉
14'46	評価役2	それで，水の高さの差が，電圧ね。高いところから水が一気にジャーって落ちて，その勢いで，水車はくるくる回る…。わかった？	〈精緻化〉
14'58	Y4	これって，こないだ見た川みたい。	〈主張〉
15'04	T2	((そう，)) 滝の流れみたいに，上から一気に流れ落ちてるね。	〈拡張〉
15'10	H5	この水の高さが，電圧ってことだよね。	〈統合〉
15'18	評価役3	それで，電池は，エネルギーのもと。電池ってさあ，みんなのおもちゃとかゲームとか，いろんなものを動かしているよね。	〈統合〉
15'28	H6	でも，永遠に続くわけじゃないでしょ。	〈主張〉
	Y5	電池のエネルギー，なくなったら？	〈フィードバックの要請〉
15'38	M6	高いところからのほうが勢いあるよね。ダムとか浄水場とか，社会で勉強した…。電池のエネルギーがだんだんなくなってきて，高いところから落ちてくる勢いがなくなったら，電流は止まっちゃう。	〈統合〉
15'52	T3	そっか。電池がエネルギーがなくなると持ち上げられなくなるから，電流は流れなくなるんだ。	〈統合〉
16'08	M7	ぼくたちの図，書き直す？（前回の履歴を再生する）	〈課題の提示〉
	T4	じゃあ，さー，電流の矢印も，帰りの矢印も，同じ太さに直そう。（ペンタブレットを握る）	〈主張〉
16'20	H7	（みんなの顔を見回しながら）ねえ，発表のときさあ，いままで考えた図を全部ならべたら，どう？	〈フィードバックの要請〉
		[中略]	
40'03	Y6	〈クラス全体の話し合いにおける各グループの発表〉 最初，モーターのなかで十の電流と－の電流がぶつかってプロペラがまわる，と考えてました。あっ，ちょっと待って。（コンピュータ上に「衝突モデル」を提示する）検流計の実験で変わったところは，電流が十極から出て，モーターを通って電流が使われて，少し減って電池の一極に戻ってくる。「減衰モデル」を提示。だけど，電池モデルを見て変わったところは，電池のエネルギーが電流を持ち上げて電流は十極から出て，同じ量のままで一極まで戻って，ぐるぐる回る。それで，電池のエネルギーがなくなったら，電流は止まる。（「科学モデル」を提示）	〈統合〉

注）数字は発話番号，( )内は発話者の行為，[ ]内は分析者による補足，(( ))内はよく聞き取れない発話，{は発話の重複，…は短い沈黙，？は上昇音調を示す。

に，協同学習を促す学習環境として，前節で紹介した，科学的なリテラシーを協同構築していくための手だてとして，科学者が研究を進めていく過程でとるような，①指導枠組み，②教授方略，③参加者の構造を組み込んだ相互教授（Herrenkohl, Palincsar, DeWater, & Kawasaki, 1999）を実践した。これらの学習環境における協同学習のプロセスを，トランザクティブディスカッションの対話分析を用いて検討した結果を，表7-2に示す。

　授業（7時間目）の前半では，単純電気回路において「同じ量の電流が戻ってくるのなら，何で電池は減るの？（H2）」という認知的葛藤が，メンバーの間で引き起こされている。問題解決の方向に向かった情報が提示されない状況で，議論は行き詰まり，表象的トランザクションが繰り返されている（H1，T1，H2，H3，M2）。

　そこで，この場面において，教師が，問題解決の方向に向かった情報として，目に見えない電流と電圧のふるまいを具象化する「3DCGによる電池モデル」を提示している。続けて，評価役（本授業における評価役はTT加配教師）が，メンバーから生成された対話を「精緻化」したり（評価役2：「電流」と「電圧」のふるまいの因果関係を認識させる），「統合」したり（評価役3：「現実の世界」と「物理学の世界」を関連づけて理解を促す）という働きかけをして，思考の流れをガイダンスしている。そのような議論の流れのなかで，4人のメンバーは，「3DCGによる電池モデル」を思考の根拠としながら話し合いを展開し，以下に示す2つのタイプの「統合」が創出されている。①メンバー間で共通理解した理論と，新しいデータとの整合性を統合する（H4，T3）。②自己の理論（現実の世界）と，示されたデータ（物理学の世界）を関連づけて統合する（H5，M6）。

　さらに，参加者の構造における各メンバーの役割遂行を見ると，リーダー役は，議論のモニタリングを頻繁に行い，暫定的であってもメンバーを結論（共通認識）に導くように議論を進めている（M4，M6，M7）。記録役は，共通理解したアイデアを要約し，図式化することを提案している（H7）。その

資料に基づいて，レポーター役は，学級全体の場で発表する前にリハーサルを行い，グループで共有した情報の提示を明確に行っている（Y6）。

本章の最後に，「協同の学習環境」にあたって留意する点としては，複数の学習者と教師がそれぞれ独自の活動を展開しながらも，相互作用を通して影響を与えながら学習を深めていけるような手だてを設定することにある。また，「協同過程の分析」にあたって留意する点としては，授業過程における「認知的な営みと社会的な営み」の両側面のせめぎ合いの具体的な姿に目を向けながら，時々刻々と展開していく相互作用のダイナミズムを現時にとらえていくことにある。

・文献・

Berkowitz, M. W., & Gibbs, J. C.（1983）'Measuring the developmental features of moral discussion.' *"Merrill-Palmer Quarterly"*, 29, pp. 399-410

福澤一吉（2002）『議論のレッスン（生活人新書）』日本放送出版協会

Granott, N.（1993）'Patterns of interaction in the co-construction of knowledge : Separate minds, joint effort, and weird creatures.' In R. H. Wozniak & K. W. Fisher (Eds.), *"Development in Context : Acting and thinking in specific environments."*, Hillsdale, NJ : Lawrence Erlbaum. pp. 183-207

Hashweh, M. Z.（1986）'Toward an explanation of conceptual change.' *"European Journal of Science Education"*, 8（3）, pp. 229-249

Herrenkohl, L. R., Palincsar,, A. S., DeWater, L. S., & Kawasaki, K.（1999）'Developing scientific communities in classrooms : A sociocognitive approach.' *"The Journal of the Learning Sciences"*, 8（3-4）, pp. 451-493

国立教育政策研究所編（2004）『生きるための知識と技能2――OECD生徒の学習到達度調査／PISA2003年調査国際結果報告書』ぎょうせい

丸野俊一（1994）「子ども同士の相互作用による知識獲得に関する最近の動向」九州大学教育学部紀要（教育心理学部門），39（1・2），pp. 25-37

Nystrand, M.（1997）*"Opening dialogue : Understanding the dynamics of language and learning in the English classroom."* New York : Teacher College Press

Palincsar, A. S., & Brown, A. L.（1984）'Reciprocal teaching of comprehension-fostering and comprehension-monitoring activities.', *"Cognition and Instruction"*, 1（2）, pp. 117-175

Palincsar, A. S., Collins, K.M., Marano, N.L., & Magnusson, S. J.,（2000）'Investigating the engagement and learning of students with learning disabilities in guided inquiry science teaching.' *"Language, Speech, and Hearing Services in the Schools"*, 31（3）, pp. 240-251

高垣マユミ・中島朋紀（2004）「理科授業の協同学習における発話事例の解釈的分析」『教育心理学研究』52（4），pp. 472-484

高垣マユミ・田原裕登志（2005）「相互教授が小学生の電流概念の変容に及ぼす効果とそのプロセス」『教育心理学研究』53（4），pp. 551-564

Toulmin, S. E.（1958）*"The uses of argument."*, Cambridge, UK : Cambridge University Press

TOPIC7 理科における構成主義的学習者尺度

　多様な事象に自ら働きかけ，その経験から意味を作り出そうとするとき，子ども一人一人のなかに知識が構成される。構成主義の学習観は主体的で能動的な学習を想定している。また，他者の存在が知識の構築に寄与するという考え方は社会的構成主義と呼ばれ，ヴィゴツキーに端を発する。これに基づく授業は，教師からの一方的な知識伝達ではなく，教師と子ども，子ども同士の対話が重視され，共同で知識を構成する場ととらえられる。

　Nasir（2004）らは子どもたちがどれだけ構成主義にそった学習活動を展開しているかを測る，Constructivist Learner's Scale（CLS）を開発した。18項目は下記の3因子にまとめられ，各因子の平均値は第1因子；4.148，第2因子；3.735，第3因子；3.213となった。

　構成主義に基づく授業を行うには，対話の生まれる学級づくりが不可欠である。さらに，個がもっている素朴な疑問や誤概念を，学び合いによって，新しい概念の獲得へと導くには，コーディネーターとしての教師の役割が重要となる。

　この尺度は，日々の実践を振り返る一つの判断基準となるだろう。

	負荷量
第1因子：積極的参加	
18. 自分で実際に，触ったり，見たり，観察したり，実験したりすると，理科の学習は分かりやすくなる。	.709
26. 理科の問題を解決するときには，正しい方法は1つとは限らないと思う。	.636
7. 理科の授業では小さなグループで勉強するのが好きだ。	.604
17. 何のために活動するのか，その目的をはじめに知っていると理解しやすい。	.529
11. いろいろな実験や活動を通して学習するのが好きだ。	.518
25. これまでの勉強で分からなかったことの答えが，新しい勉強をしている時に見つかることがある。	.442
第2因子：共同	
20. 学習を深めるためには，クラスの仲間や先生との話し合いが必要である。	.627
22. 新しく勉強したことが，前に勉強したことと違っていた時，理解できるまで先生や友達とよく話し合う。	.608
6. 理科の勉強がよく分かるようになるためには，クラスの仲間と話し合うことが大切だ。	.514
23. 先生に期待しているのは，全てを話してくれるのではなく，どうしていいか分からなくなったときに，助言してくれることである。	.512
32. 理科の授業で先生が私の考えを聞いてくれて，分かってくれた時自信がわいてくる。	.467
8. 教室で先生が大切なことを話した時，ノートに書きとめる。	.445
第3因子：自己責任	
30. 理科の授業で学んだことを良く理解するために，教科書以外の本を読む。	.629
2. 他の友達が難しいというような問題に取り組むのが好きだ。	.617
21. 勉強するのは自分の責任だから，自分から進んで勉強している。	.586
24. 困ったことがあったとき，先生に聞くよりも，自分で解決方法を見つける方がよく理解できる。	.553
12. 理科の授業の時，恥ずかしいので，自分が困っていることを話せない。	.534
31. 理科の授業で興味を持ったことに関係した資料などを見つけるのが楽しい。	.503

・文献・

Nasir, M. & Kono, Y. (2004) Development and Validation of a Constructivist Learner Scale (CLS) for Elementary School Science Students. *Educational Technology Research*, 27, pp.1-7

第8章 発問の研究

第1節 > 発問とは

>> 1. 発問とは

■明治時代の教室で

　教師は，教室の中で，毎日子どもたちにたくさんの問いかけをしている。学制が始まったとき，1人の教師が大勢の子どもを指導する方法として「問答法」が紹介された。この教師の問いかけについては，昔から関心がもたれていた。しかし，豊田（1988）は明治10（1877）年に学事巡視をした文部官僚の西村茂樹（1828-1902）の第二大学区巡視の際の報告を紹介している（p.84）。

> ［単語問答］下等小学第八級生徒ノ学フ所ニシテ文部省製ノ単語図ヲ掲ケテ一々其性質功用ヲ教ヘ教師之ヲ問ヒテ生徒ヲシテ答ヘシム八級ノ生徒只教師ノ口真似ヲスルノミニテ心ニ会得スル所ナシ是ヲ学フニ半年ノ日月ヲ費シテ八級ヲ畢リテ七級ニ進ミ移リテ他ノ科目ヲ学フニ至レハ単語ノ問答ハ全ク忘却スル者十ノ七八ニ至ル○単語問答トイフコトハ欧米ノ小学校ノ教則ニ未タ見サル所ナリ「オブセクトレッスン」トイウ者差, 比単語問答ニ似タル者ナレトモ是ハ実物ヲ示シテ其性質功用ヲ教フル者ニシテ其実ハ同ジカラザルナリ

「10人中7〜8人はせっかく教わった単語を忘れる」と具体的な数字をあげ

ている。学制期の問答科の授業が本来のオブジェクトレッスン（実物示教）とは似て非なるものであることを見抜いていたのである。師範学校で「授業の死法ヲ教込ム」ことを教え込まれた彼らが教師となって授業をするとき，その授業が形式化する原因だと指摘しているという。

■**発問とは**

　外国の授業研究の本を開けば，「Question」という目次がでてくる。そのなかで，Question のタイプとか水準ということを問題にしている。それに対して日本では，「発問」という用語が問題にされる。授業研究会でも，「今日の授業には，質問があったが発問がなかった」といういわれ方がされる。そこで，落合（1986）は発問研究を進めるにあたり，次のように定義している。

　「文型に関係なく，文脈を考慮に入れて，子どもの思考や論理をゆさぶり発展させるねらいと内容をもった教師側からの言語的発言」

　この定義では，教師の問いを狭く限定している。発問は第1に文型に関係がないことになっている。英語の文法に慣れている人にとっては，「問い」はクエスチョンマークで終わることが常識である。しかし，例えば『はだかの王様』の授業で，「王様は馬鹿ですね」という教師の言葉（文字では抑揚／強弱のニュアンスがでないが）には，「王様は馬鹿なんでしょうか」「王様を馬鹿と言い切れますか」という意味合いが込められている。だから，クエスチョンマークがないから発問でないとはいえないというのである。

　そこで，第2の文脈が考慮されることになる。教師は授業のなかで必要な情報を伝えるだけでなく，子どもがすでにどんなことを知っているか，子どもの知っていることと教科書に書いてあることの間にどんなズレがあるのか，子どもは本当に理解しているのか，どれだけ興味や関心をもっているのか——こうしたことを確かめながら授業を進める。こうした文脈にそって，問いが発せられる。

第3は，斎藤喜博氏の「ゆさぶり」の概念を考慮に入れていることである。教師の発問は，授業の目標に向かっての追求過程のなかで発せられるし，子どものそのときの状態から発せられる。『はだかの王様』を読むと，子どもたちは「王様は馬鹿だ」という見方に傾きがちである。それでは，洋服職人の話を聞いているときの王様，洋服を仕立ててもらっているときの王様，裸で町を歩いているときの王様，子どもの声を聞いたときの王様，その時々の人間としての王様の心に迫れない。「思考を引き上げる」という思いが，教師に湧き出る。そこから，問いが発せられる。これにより子どもの心はゆさぶられ，授業に緊張関係が生まれる。

「発問」と「質問」を分けようとするのは，日本の授業実践という風土のなかから生まれた考えである。米英の研究者が，Question のタイプや水準を分ける作業をみれば，日本で「発問」と「質問」を分ける発想ととても似ている。どの国の教師も，授業を進めながら気づくことはほぼ同じであると推測される。違うのは，日本の授業実践家と呼ばれる人たちが，授業の流れにそって授業を流れるままに論じようとした点である。したがって落合（1986）のような研究者も，授業実践家の用語と理論の枠組みを使いながら仕事をした。そうでなければ小・中学校の教師に受け入れられないからである。

しかし，授業研究が Lesson Study として国際化していくなかで，今後は共通の用語を使っていくことが求められる。本章では，「発問」を用いるが，限定的な意味をもたせるわけではない。「問い」を発するという広い意味で用いる。

>> 2．なぜ発問するのか

教師は，どんな意図をもって子どもたちに発問するのか。Brown & Edmontson（1984）は，イギリスの教師たちにある1日に発した問いを5つ書き出してもらった。そして，それらが問われた理由を調べた（表8-1）。いちばん多い理由は，思考を深める（U:）であった。ついで，理解度のチェック

表8-1　発問の理由（Brown & Edmontson, 1984）

		N
U:	思考を助長する。アイデア，事象，手続き，価値を理解させる。	33
Ch:	理解度，知識，技術のチェック。	30
G:	課題に対する注意の喚起。教師が指導事項に近づくため，明白な点とあいまいな点を引き出すことによって，教師は指導事項に近づける。子どもにとっては"準備体操"の行為となる。	28
R:	いま学んだばかりの事項を復習したり，強化する。これまでの手順を思い出す。	23
M:	管理。着席させる。子どもが大声で叫ぶのを止めるため。警告するため。教師あるいは教科書に注意を引くため。	20
T:	子どもの答えを通して学級全体に明確に指導するため。	10
J:	だれにも答える機会を与えるため。	10
Bp:	ほかの子どもを元気づけるため賢い子どもに質問する。	4
D:	はにかみ屋の子どもを引き出こむため。	4
Pr:	きわどい答えをした子どもの知識を調べるため，それを答えた子どもやあるいはほかの子どもに再び質問を向けなおす。	3
O:	感情，見方，共感の表現を許すため。	3
¢:	分類できない，判読できない，つじつまの合わないもの	2

(Ch:)課題への注意の喚起（G:）とつづく。発問は，学びの形成だけでなく，J，Bp，Dのように，子どもの意欲を高め，授業に参与する機会を与えるためにも投げかけられる。1つの発問が，複数のねらいをもつことも珍しくない。

またこの表には表れていないが，教師は子どもの能力の高さや教材の種類に合わせて，異なる理由で問いを発していた。

発問の理由をさらに詳細に調べるには，授業 VTR を発問のところで停止して，どんな理由で問いを投げかけたのかを訪ねることが有効である。

第2節 > 発問の研究法

>> 1. 発問のタイプの研究

発問の研究には，発問の機能を基準に分類する「タイプ」の研究（Mills, 1996）や発問の難易度を基準に分類する「水準」の研究（Bloom, 1956），教師の発問から子どもが答えるまでの時間を基準した「間」の研究（Rowe,

1986）などがあげられる。

　本節では，授業記録から発問を抽出し，その出現数や出現率などを用いて授業を振り返る「タイプ」と「水準」の研究法に着目していきたい。

　Mills（1996）は，教師が子どもたちに投げかけた発問が，どのような機能をもっているかを基準として発問を分類する方法を考えた（表8-2）。特に，閉じた発問（closed-question）と開いた発問（open-question）の2つはいま現在も広く用いられている。閉じた発問は，子どもが1つだけの正しい答えを見つけることが求められており，開いた発問とは，子どもが正しい答えをいくつも見つけることが求められている。その例として，次の授業の一場面を見てみよう（小学校5年生算数科「台形の面積」）。

教　師：このジオボードに2つの台形があります。まず，この前考えたときに1つの点と点の間を何cmとして考えようって言ったっけ？
子ども：1cm。
教　師：1cmだね。数えてみると両方とも8cmだね。この2つの台形で同じ所はありますか？
子ども：長さとか，辺の長さとか。
子ども：形とか，角度とか，全部一緒。

※ジオボード：5行5列，合計25本のピンに複数の輪ゴムをかけて図形を完成させる学習用教材

　この場面では2つの発問が子どもたちに投げかけられている。Mills（1996）の分類に従えば，まず「この前考えたときに，1つの点と点の間を何cmとして考えようって言ったっけ？」は，求められる答えが「1cm」の1つのみなので，閉じた発問に分類される。一方で，「この2つの台形で同じ所はありますか？」は，求められる答えが「角度」や「辺の長さ」など，複数あげられるので，開いた発問に分類される。読者も，自身の授業や後述する授業記録にこの分類を

あてはめてみてほしい。

表8-2　発問タイプの分析基準(Mills, 1996)

タイプ	機能
閉じた（closed）	1つだけの正しい答えを見つける。
開いた（open）	正しい答えがいくつも見つけることが推奨される。
誘導（leading）	質問の内容とトーンにより，子どもをある特定の答えに誘導する。
狭い（narrow）	簡潔で明瞭な答えを推奨する。
論証的（discursive）	長くて，理由をはっきりと述べる答えを推奨する。
明瞭な（clear）	授業の流れにきちんとそった発問。
あいまいな（confused）	何を聞かれているのか意図がわかりにくい発問。文脈が不明瞭であったり，余分な言い回しや別の発問が入っているために。
みせかけの（pseude-question）	疑問型だが，答えを求めるのではなく，意見を述べたり命令したりする目的で。

>> 2．発問の水準の研究

　発問の機能によって分類する方法がある一方で，発問の難易度によって分類する方法もある。元来，Bloom（1956）は，作成した試験問題などが教育目標に準じて作成されたものか評価するため「教育目標の分類学（Bloom's Taxonomy of Educational Objectives）」を開発した（表8-3）。この教育目標の分類表は，第1段階である「知識」が，第2段階の「理解」に移行するために必要となるように各水準の段階がピラミッド型に設置されている。すなわち，「分析」や「総合」のような高い段階になるにつれ，より難度の高い学習活動が必要となる。発問研究においても，従来からこの教育目標の分類表を用いた難易度別の水準分類が行われている。

　それでは実際に，さきの「台形の面積」の授業記録にあった発問を教育目標の分類表を用いて分類してみよう。1つ目の発問である「この前考えたときに1つの点と点の間を何cmとして考えようって言ったっけ？」は，前時に行われた授業内容の確認が目的であるため，第1段階の「知識」に分類される。また，2つ目の発問である「この2つの台形で同じ所はありますか？」は，与え

られた教材・資料からの解釈が目的であるため，第2段階の「理解」に分類される。

このように，教育目標の分類学を用いた発問の分類を行うことで，教師が投げかけた発問の難易度を評価することができる。逆に言えば，あらかじめ子どもたちに合わせた発問の作成もできるため，この教育目標の分類学を用いた分類は，授業の計画をするときにも有効な手段と考えることができる。

表8-3　発問水準の分析基準

水準	内容
1．知識（Knowledge）	既習内容の再生と再認。
2．理解（Comprehension）	教材，資料から理解したことを明確化・言いかえ・編成・推測・説明する。
3．応用（Application）	1つの正しい答えをもつ問題を解くために，情報を利用する。
4．分析（Analysis）	クリティカルシンキング，理由・目的（主題）の明確化。特定の情報から推論する，根拠づけされているか結果を分析する。
5．総合（Synthesis）	拡散的でオリジナルな考え方，オリジナルな計画の編成・提案・デザイン・物語。
6．評価（Evaluation）	与えられた情報のメリットを判断する，意見を言う，基準の適用。

第3節 > 発問研究の実際

■発問の分類をする前に

発問の分類を行う前にやらなければならないことがいくつかあげられる。

第1は，発問を抽出するための授業記録の作成である。一般的には，教室の後ろに教師が中心に映るようにビデオカメラを設置し，その授業VTRから授業記録を作成する。より正確に行うために，教師自身がボイスレコーダーを持って授業を行い，授業VTRと合わせて授業記録を作成するのもよい。

第2に，発問の抽出である。授業記録からいざ発問を抽出するというときになって，「どの発言が発問なのだろう？」や「これは発問なのだろうか？」という疑問が浮かぶことがある。大体の文脈から判断できるものもあるが，「こ

の意見が賛成の人？　反対の人？」というような学級全体への確認は，「級可・級決」という発問とは異なったものと考える場合もある。また，第1節でも述べたように，広・狭義の定義がさまざまあるなかで，発問を判断するのはむずかしい。本節では，発問の抽出の際，Brown（1981）が開発した授業記録を1センテンスごとに分析するBrown's Interaction Analysis System（以下，BIAS）を用い，発問を「授業の内容や手続きに関するもので，子どもに答えさせることを意図しているもの」と定義し，抽出を行った。

　第3に，発問の抽出の一致率の確認である。通常，授業者に発問かどうか確認が取れる場合は，発問の抽出の一致率の確認を行わないことが多いが，授業者に確認が取れない場合は，3名以上の第3者で発問抽出の一致率を確認することがある。教育心理学の分野では，抽出の一致率が80％以上の場合，有効な抽出であったと認められている。

>> 1. 発問のタイプの研究

■対象授業

　小学校6年生国語科「暮らしの中の言葉（ことわざ）」の授業。暮らしのなかから生まれた「ことわざ」の由来や意味を，国語辞典を活用した学習活動を通じて理解することがねらいであった。

■方法

　授業を教室の後ろからビデオカメラで録画し，授業VTRから授業記録を作成した。授業記録の作成は，45分授業を調査者3名（いずれも教育学専攻の大学院生）によって15分ずつ分割して行った。その後，さらに授業記録を展開に合わせて4分割し，大学院の授業の中で学生に協力を依頼して，発問の抽出と分類（Mills, 1996による）を行った。発問の抽出と分類の双方で一致率は高かった。一致しない部分は，区切った展開ごとに学生同士で話し合いをさせ，カテゴリーを決定した（表8-4）。その後，発問の総数を数え，4分割した展開ごとに開いた発問の出現率を算出した。

表8-4 発問タイプの分析例

発言者		発言内容	備考
教師(T)	子ども(P)		
T		まず，立つ鳥あとを濁さずと言う言葉，知っている人？	級可
T		初めて聞いたよという人？	級可
	P	(子どもの挙手)	
T		じゃあ○○さんどんな意味だか知ってますか？	O(open)
T		まず立つ鳥って何だか知ってますか？小鳥？	C(closed)
	P	寒いほうにいる鳥。	
T		うん。いま○○君が言ってくれたように，立つ鳥というのは，渡り鳥とかが飛び立つ鳥，飛び立つ。鳥が起立するわけじゃくなくて，飛び立つっていう意味の立つなのね。	

なお，発問を抽出・分類をするときには，上記のように授業記録の発問の部分にマークしながら行うと効率がよい。

■結果と考察

まずは，図の左軸である発問の出現数から着目したい。この授業では，全部で91回の発問が投げかけられた。なかでも，展開1と展開2では，導入部やまとめの部分より多くの発問が投げかけられており，展開中の授業の活発さがうかがえた（図8-1）。いっぽうで，図の右軸である展開ごとの開いた発問の出現率を見てみると，導入部ではある程度同数の発問が投げかけられていたのに対し，授業が進むにつれ，開いた発問が投げかけられる回数が減り，まとめでは0回になった。これは，導入部では子どもたちが「ことわざ」に対して積極的な態度になるように開いた発問が多く投げかけられ，展開が進むにつれ，子どもたちが国語辞典を引く学習活動に入り，辞典を引く手続きや活動の確認をするような閉じた発問が多くなったためだと考えられた。

一般的に，閉じた発問より開いた発問のほうがより子どもたちの思考活動を促進すると言われている。このように考えると，この授業では開いた発問がやや少なかったと推測される。

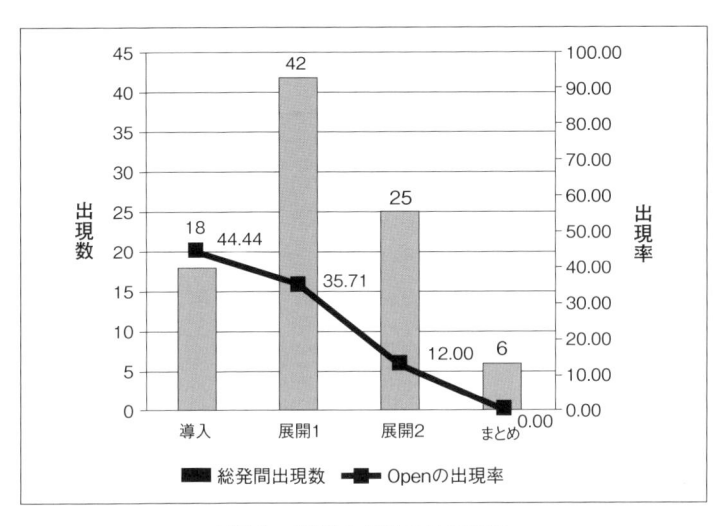

図8-1 発問の水準の分析結果

>> 2. 発問の水準の研究

■対象授業
・前項で分析対象とした小学校6年生国語科「暮らしの中のことば（ことわざ）」の授業

■結果と考察

　発問の水準を問題にするのは，深い水準の発問が子どもの理解を深めるのではないかと考えるからである。

　展開ごとに見ていくと，展開1で応用と分析の段階があるのみで，そのほかの展開では，知識と理解の段階が大半を占めている。これは，この授業が「ことわざ」の単元の導入的なものになっていることから，子どもたちの理解度を確認するような知識の発問や，国語辞典を引く手続きを尋ねるような教材・教具の利用を促す理解の発問が多くなったのだと考えられた。

　このように一つ一つの発問を分析単位として分類すると，ある程度授業の特性が見えてくる。しかし，この分析の結果から解釈して，開かれた発問や水準

の高い発問ばかりを安易に増やして授業を行うことは好ましくない。Wragg & Brown（2001）らは，無秩序な発問の配列は，逆に教室の混乱を招くと述べている。

表8-5　発問の水準の分析結果

水準	導入	展開1	展開2	まとめ	合計
知識	10	25	16	6	57
理解	8	12	9	0	29
応用	0	2	0	0	2
分析	0	3	0	0	3
総合	0	0	0	0	0
評価	0	0	0	0	0
合計	18	42	25	6	91

・文 献・

Bloom, B.S.（1956）"*Taxonomy of Educational Objectives, Handbook I : The Cognitive Domain.*" New York：David McKay.

ブラウン, G.（斉藤耕二・菊池章夫・河野義章訳）（1984）『授業の心理学』同文書院（Brown, G. A.（1981）"*Microteaching, A Program of Teaching Skills.*" London, Methuen.）

Brown, G. A. & Edmodson, R.（1984）'Asking question.' In Wragg, E. C.（ed.）"*Classroom Reaching Skills.*" London,：Routledge.

Wragg, E. C. & Brown, G.（2001）"*Questioning in the Primary School.* " London, Routledge.

Mills, K.（1996）"*Questions, Answers and Feedback in primary teaching.*" Center for research in elementary and primary education. University of Warwick.

落合幸子（1986）『発展発問の効果に関する教育心理学的研究』風間書房

豊田久亀（1988）『明治期発問論の研究──授業成立の原点を探る』ミネルヴァ書房

TOPIC 8　発問の待ち時間の研究

　Rowe（2003）は，300本にも及ぶ小学校の理科の授業VTRを分析した。そこからわかったことは，教師が問いを投げかけてから平均1秒以内に子どもは答えることを要求された。この時間は，待ち時間Ⅰと定義された。子どもが答えないとき，教師は同じ問いを繰り返したり，問いを言いかえたり，ほかの子どもを指名したりしている。子どもが答えたあとに，待ち時間Ⅱがとられる。それから，教師は子どもの答えに反応したり，別の問いを投げかけたりする。この待ち時間Ⅱの平均は，0.9秒であった。

　そこで，この待ち時間を長くすることによってどんな効果が現れるかを検討するために，12人の教師に対してマイクロティーチングの訓練が導入された。まず，ベースラインになるビデオが撮られた。その後，待ち時間とそれによる効果についての話し合いとビデオの撮影，待ち時間の計測を繰り返した。訓練により，待ち時間が3秒から5秒の範囲で長くなった。

　自分の教室へ戻った教師の授業が記録され，子どもの側に次のような変化がみられた。

①子どもの答えの長さ（語数）が増加。平均7から平均28に。特に，待ち時間Ⅱの影響が強い。
②指名されないのに自分から答える数が増加。待ち時間ⅠとⅡの両方が影響するが，待ち時間Ⅱの方が影響大である。平均が3から37へ。
③誤答数が減少。標準的なの学級では30％もみられる「わからない」や無答が減る。待ち時間Ⅰの影響が大。
④自信が増加。それは，わずかに抑揚をつけた応答に現れる。
⑤じっくり考えることの出現率の増加。平均が2から11へ。待ち時間ⅠとⅡの両方が影響。
⑥教師の一方的な語りかけが減少し，子ども同士が考えを比べることが増加。
⑦根拠をもとにした発言が増加。待ち時間ⅠとⅡの両方が影響。
⑧子どもからの質問の増加と子どもから提案される説明の増加。標準的な学級も待ち時間が延びた学級もともに，平均が4から18へ。
⑨学習が遅い子どもの授業への貢献が増加。
⑩子どもからの多様な動きが増加。教師の指名に応える，自分から求めて発言する，突発的な反応が増加。突発的な反応の平均が，4から9へ。

・文献・
Rowe, M. B., (2003) 'Wait-time and rewards as instructional variables, their influence on language, logic, and fate control : Part one-Wait-time.' *Journal of Research in Science Teaching* 40(Suppl), S19–S32.

第9章

授業タクティクスの研究

第1節 > 授業タクティクスとは

>> 1. 授業タクティクスとは

　団塊の世代の小学校教師が小学生だった時代も，教科書には，「向かい合った一組の辺が平行な四角形を台形といいます」という定義が長方形の枠のなかに記述されていた。「みなさん，教科書に台形の説明が書いてありますね。大事なことですから，忘れないように赤鉛筆で囲ってください」という教師の指示に従って，子どもたちは赤鉛筆を取り出した。

　定義を赤鉛筆で囲むという活動は，台形を学ぶためにどんな役割を果たすのか。近年一般的になった，カラー印刷の教科書では，はじめから赤で囲まれている。

　A教師の「台形」の授業には，次のような場面がある。

t： ふつう，台形，―ふつう，これは？

　じゃあさ―これは何？　―組だけ―，一組だけ平行なのは―，台形。
　はい，それでは一度やめます。
　はい，黒板の方を見ましょう。
　えっと，いまさ，このところ―勉強したばっかりだったん

だけれども，平行が一つ，一組のところが平行なものは台形ということで，こんな形でJこんなふうな形でJ―君，こんな形でも？　回してもこれは？
s：　台形。
t：　ね，で，これも，えっと，台形には違いありません。こういうふうにしてこんなふうにしても，逆向きで回転してもこれは，何形？
s：　台形。

　「台形の性質」を子どもたちに理解させるのに，教師は定義を示したり，台形の例と台形でない四角形の例を示したりする。台形と平行四辺形の似ているところと，違ったところを発見させたりもする。授業のなかで展開するこのような認知学習活動の系列を授業タクティクスという（第1章参照）。有効な授業タクティクスは，わかる授業の基礎になる。

>> 2．図形概念「台形」の授業タクティクスの研究

　小学校の算数科では，［いろいろな四角形］という単元のなかで，「台形」や「平行四辺形」が扱われる。この授業をデザインしようとする教師は，算数の教材研究や教科教育法の参考書を開く。これらは，算数教育の専門家あるいは算数の授業の研究者が執筆したものである。多くの教師は，教育心理学が台形の授業のデザインに関係するとは思わない。実際，わが国の教育心理学の教科書の多くは，授業方法の章は設けていても，授業デザインの章は見あたらない。

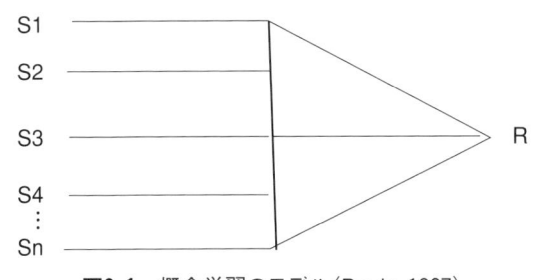

図9-1　概念学習のモデル（Davis, 1967）

しかし，心理学者は古くから概念の学習に関心を向けてきた。なぜなら，概念が学べるかどうかが，動物と人間の違いであるからである。図9－1は，心理学の概念学習のモデルである（Davis, 1967）。概念学習は個々の事例の共通性に対して，同じ反応をすることを学ぶことである。

本章では台形に焦点を当てているが，心理学の概念学習の研究からいえば，図形概念「台形」のための優れた授業タクティクスは，算数科の台形以外の図形概念の学習にも有効であり，図形以外の概念の学習にも有効である。さらに，ほかの教科でのさまざまな概念の学習に有効であると考えられる。例えば，理科では「昆虫」を学び，社会科では「小売業」について学ぶ。そのため，米国の教育心理学の教科書には，必ずといってよいほど「概念学習」の章が載っている。

概念の学習で子どもたちがつまずくのは，その概念とほかの概念とを明確に区別する外延をしっかりと把握することである。同時に，その概念に内包されるさまざまな事例を正事例として認めることである。例えば，「プリンのような形」とか「台のような形」という台形のイメージをつかんだ子どもは，変形した図を示されると，台形とは認めない。

第2節 授業タクティクスの分析方法

>> 1. 認知学習活動の収集

授業タクティクスのもとになる授業で用いられる認知学習活動の採集は，明治に学校が誕生してから今日まで使われてきた教科書，各小学校に保存されてきた授業研究会の報告書や授業記録，教育方法学・教育心理学等の学会の機関誌，商業雑誌を資源とする。

例えば，1941（昭和16）年の第5期国定教科書『初等科算数三』には，次のページに示す図9－2のような記載が見られる。ちなみに，「梯形」という用

第9章　授業タクティクスの研究

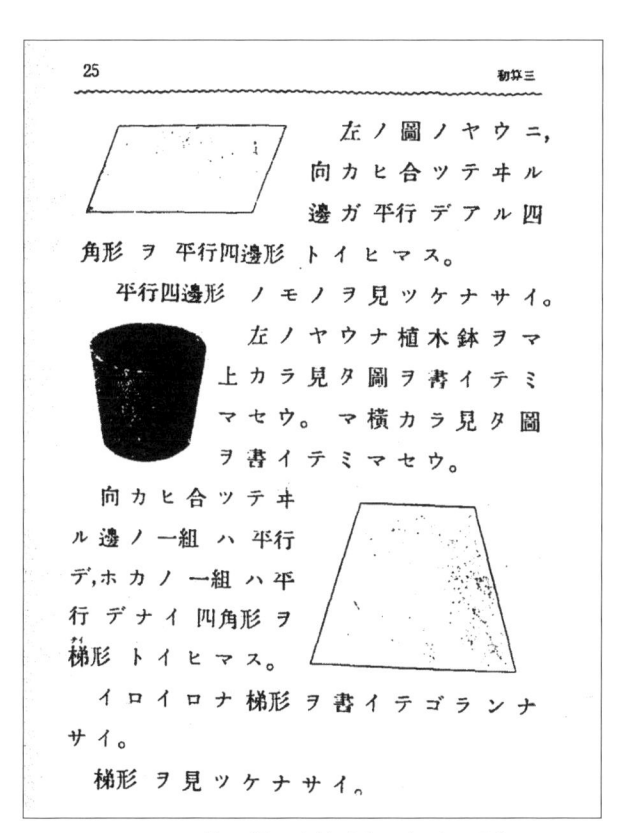

> 25　　　　　　　　　　　　　　　　初算三
>
> 左ノ圖ノヤウニ,向カヒ合ツテヰル邊ガ平行デアル四角形ヲ平行四邊形トイヒマス。
>
> 平行四邊形ノモノヲ見ツケナサイ。
>
> 左ノヤウナ植木鉢ヲ真上カラ見タ圖ヲ書イテミマセウ。マ横カラ見タ圖ヲ書イテミマセウ。
>
> 向カヒ合ツテヰル邊ノ一組ハ平行デ,ホカノ一組ハ平行デナイ四角形ヲ梯形トイヒマス。
>
> イロイロナ梯形ヲ書イテゴランナサイ。
>
> 梯形ヲ見ツケナサイ。

図9-2　第5期国定教科書の台形の記述

語は，昭和23年の学習指導要領から「台形」に変わった。これは「梯」という漢字が常用漢字になかったためである。明治期には「梯形」と教えられ，中国では現在も「梯形」という漢字が使われている。

　台形の部分だけみると，3つの部分に分けることができる。これを一つずつ，カードにして現代的な言い方に直せば次のようになる。

左の図のような植木鉢を横から見た図をかいてみましょう。
（図省略）

【カードA】

99

```
向かい合っている辺の一組は平行で、ほかの一組は平行でない四角形を台形とい
います。
```

【カードB】

```
いろいろな台形を描いてごらんなさい。
```

【カードC】

中村六三郎が，1873（明治6）年にアメリカのデブィス氏の原著を翻訳した『小學幾何用法喜之上』には，次のように記載されている（原文は縦書き）。

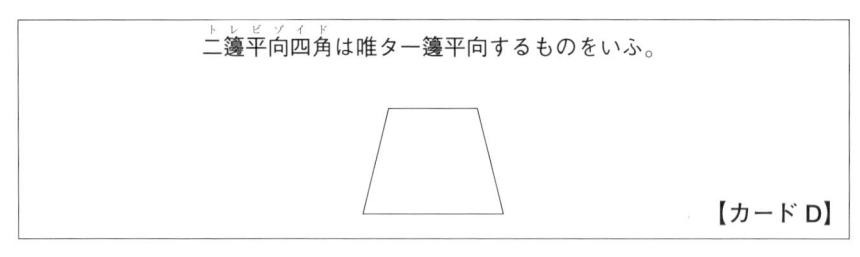

二簿平向四角は唯タ一簿平向するものをいふ。（トレビゾイド）

【カードD】

ここで，【カードB】と【カードD】は，同一の認知学習活動といえる。すなわち，子どもに台形の定義を与えるものであるが，添えられている図が台形の典型な形である，等脚台形である点にも注意したい。

また，台形の定義のほかに，「ほかの一組は平行でない」「唯タ一組」という記述がある。これも現在使われている教科書の記述とは異なっているが，どちらを採用すべきかを論ずるのは算数の教科教育の領域である。

≫ 2．概念の学習のため認知学習活動の分析基準の作成

これまで使われてきた教科書や報告書・学術雑誌などから認知学習活動を採集したら，これを分類してコード記号をつけた授業タクティクスの分析基準表を準備する。表9－1は，台形の概念を学ぶ際の授業タクティクス分析基準

第9章 授業タクティクスの研究

表9-1 台形の授業タクティクス分類基準（TOCL, 2007）

A 特徴	a1	典型事例から特徴を明らかにする	M 列挙	m1	下位概念を列挙
	a2	非典型事例から特徴を明らかにする		m2	上位概念を列挙
B 差異	b1	正事例の差異	N 正事例の判別／例証	n11	正事例の判別
	b2	他概念との差異		n21	正事例の同定
C 類似	c1	正事例の類似点		n22	正事例の例証
	c2	他の概念との類似点	O 負事例判別／例証	o1	負事例の判別
D 必要十分条件	d1	十分条件を明らかにする		o21	負事例の同定
	d2	必要条件を明らかに		o22	負事例の例証
	d3	必要十分な条件を明らかにする	Q イメージ	q1	イメージ
G 定義	g1	定義を示す		q12	投影
	g11	定義を示す作り出す		q2	似たもの探し
	g2	定義＋典型事例		q3	事例探し
	g3	定義＋非典型事例	R 典型	r	典型を提示
	g4	定義＋典型事例＋非典型事例	S 適切次元／不適切次元	s01	適切次元
				s1	適切次元の説明
	g5	同義語		s11	物的操作を使って適切次元を説明
H 記号・語法	h1	概念の記号		s13	適切次元を探す
	h2	概念の名称		s02	不適切次元
I 包含	i1	上位概念との包含関係		s2	不適切次元の説明
	i2	下位概念との包含関係		s21	物的操作を使って不適切次元を説明
J 分類	j1	上位概念・下位概念を分類		s23	不適切次元を探す
K 正事例	k1	既習の正事例		s4	他の概念の適切次元
	k2	正事例の例示	T トピック	t1	トピック提示
	k3	正事例の分類		t12	トピック＋事例
	k4	正事例の回転		t13	トピック＋学習目標
	k5	正事例の変形		t14	学習目標
	k6	正事例の生成		t21	終了
L 負事例	l1	負事例の例示		t22	終了＋トピック
	l2	負事例の分類		t23	終了＋まとめ
	l3	負事例の生成	U 作図	u1	作図法
				u2	作図実習
			X その他	x1	その他

（TOCL 2007）である。『2007』と開発した年号をつけてあるのは，将来バージョンアップの可能性が予想されるためである（河野，2007）。

第3節 > 授業タクティクス分析の実際

>> 1. A教師の例

　1998（平成10）年の学習指導要領の改訂で，図形概念の台形は第4学年の配当から第5学年の配当になった。第1節で紹介したA教師の授業を詳しく分析した結果を図9－3および表9－2に示した。A教師は，教職歴25年の女性教師である。低学年の担任が多く，5学年を担任したのは初めてである。学校は，東北のある県の農村地帯にあり，近年工業団地ができ保護者は兼業農家中心になってきた。1学年1学級の小規模校で，5年生は26人である。

　学校ではT社の教科書を採用しており，ほぼ教科書の記述にそって授業は展開しているが，授業のなかで教科書が開かれる場面はなかった。正味の授業時間は，2699秒（44分59秒）であった。

　この授業は，表9－2に示すように9つのブロックに分けられる。第1ブロックでは，既習事項の復習からスタートしている。ここでは垂直と平行の両方

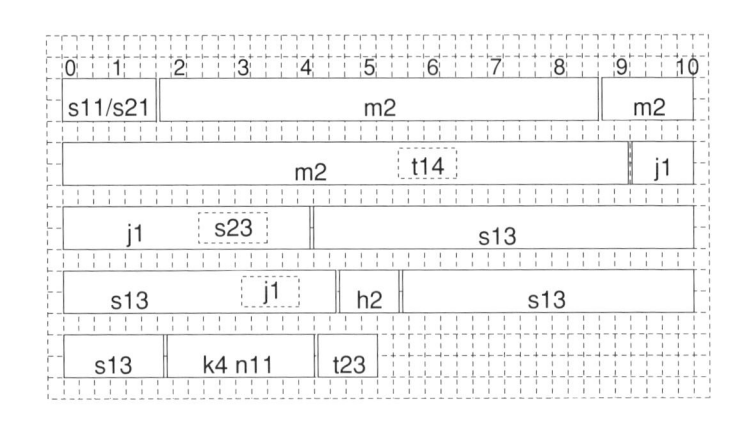

図9-3　A教師の台形の授業タクティクス分析の結果1

第 9 章　授業タクティクスの研究

表9-2-1　A 教師の「台形」の授業タクティクス（河野，2006a）

		発言	認知活動	時間
Ⅰ	1	ｔ：はい，先生見て〜ここ，はい。ここ，何？―。		a
Ⅱ	15	はい，それでは始めます。はい，お願いします。はい，それではね，昨日皆さんが切ってくれた形にね，先生ちょっと大きなのを作ってみたんですが，ちょっと見てください。今日は，この２枚の形，どの形組み合わせてもいいんだけど，重ねると中にどんな形が出てくるか。何形だと思う？		7'01"
Ⅲ	24	ｔ：で，今日はいろんな形の四角形をノートに写し取って，その四角形を，いいかい？四角形を線の並べ方―あとでいくつかの仲間，あの，四角に仲間分けをしてもらう。仲間分けに，仲間分けをします。ということで，あの，勉強していきたい―。―ノートに書いてみましょう。（板書をしながら）いろいろな四角形…		10'33"
Ⅳ	78	さて，じゃあそろそろたくさん出てきたところなんだけども，みなさんも，書くのも作るのもやめてください。で，これから，何かに目を付けて分けてもらうので，何に目を付けて―。		4'56"
Ⅴ	99	ｔ：同じ。同じにしていい。どうしてこれとこれが同じ？３つに分けた意味っていうのはなんだと思う？どうしてこれとこれが同じで，これとこれが―。		10'22"

表9-2-2　A教師の「台形」の授業タクティクス

	157	t：やっぱりこっちじゃできないんだねぇ，やめます，やめましょう。ここのところが平行かどうかっていうのはこうなって―。はい，そうするとこちらもこれと平行なところが―。平行だということで，平行が，全部平行だ。一組，二組，平行が二組ある。このように，な，3つのグループに分けることができました。			
Ⅴ					
Ⅵ	157	t：さ，そこで，この，あの，3つの四角形について，名前の付いているものがあります。特にこれ，何にもないものは特に名前はないんだけど，四角形なんだけども，平行が2つのところと，平行が1つのところには特別に名前が付いています。こっちは平行が2つ，あまり耳慣れないと思うんだけど，平行四辺形			0'55"
Ⅶ	168	t：と，いいます。それでは，あの，みんなが，あまり時間がないんだけど，自分が書いたノートに，それ台形なのか普通の四角形なのか平行四辺形なのか，わかりますか。			6'14"
Ⅷ	188	はい，それでは一度やめます。はい，黒板の方を見ましょう。えっと，今さ，このところ―勉強したばっかりだったんだけれども，平行が一つ，一組のところが平行なものは台形ということで，こんな形でも，こんな風な形でも，―君，こんな形でも？回してもこれは？			2'34"
Ⅸ	225	t：普通，平行がないので普通。今日の勉強は，はい，最後，黒板見て。―の辺の並び方に目をつけて，形を分けました，はい。で…			0'58"

の下位概念が扱われている。平行な辺は台形の適切次元であるが，垂直は，不適切次元である。したがって垂直の確認（s21）は不必要である。

>> 2. 授業タクティクス分析の課題

■過去の授業研究の遺産を次の時代の授業研究につなげる

この章では，算数の図形概念「台形」を例に取り上げ，授業タクティクスの手順を述べてきた。ここで示した分析基準（TOCL2007）を用いれば，明治以来の教科書のなかで台形のトピックがどのように扱われてきたか，内容分析が容易になる。例えば，P7の【カードA】はq12（投影）であり，【カードB】はg2（定義＋典型例）であり，【カードC】はu2（作図実習）とコード化される。簡便に教科書の1行を1単位とすれば，図9－2の国定教科書は，次のように表すことができる。

$$4(q12) + 5(g2) + 2(u2) + 1(q3)$$

（　）の前の数字は，教科書の行数を示している。学習指導要領の改訂前後の教科書や教科書会社ごとの比較も興味ある課題である。

もし，古い時代の授業を記録したプロトコルが手に入れば，それぞれの時代に，教師がどんな工夫をしながら授業に取り組んできたかも検討が可能である。今日は授業の映像記録を容易に作成したり配布したりできるようになったので，外国の教師の授業も分析することができる。河野（2006b）では，中国の小学校での台形の授業タクティクスの分析結果が報告されている。

■一事例の授業研究の可能性を求めて

最近では，研究を進めるにあたって倫理規定を守ることが義務づけられている。実験群と統制群という複数の授業の比較実験を行うことができない。これを解決するために，各教師にそれぞれの指導観に基づいて授業を実施してもらい，共通の事後テストを準備して，授業タクティクスの分析結果と事後テスト

の関連を検討するという手法が有効である（河野，2008）。また，ある教室の授業タクティクスを明確にすることにより，その学級内でその指導が有効な子どもとあまり有効でない子どもを見分ける研究も可能になる（河野，2005）。子どもによって，授業タクティクスを使い分ける必要もあるからである。

■教室の実践と教育心理学の研究をつなげる

　例えば，麻柄・伏見（1982）の焦点事例の研究は，典型事例の提示（r1）よりも，変形した正事例の提示（k5）の方が有効であることを示している。また，河野（2008）では授業の最後に個別学習の形で定義（g1）を再確認することが有効であることを示している。

　教室のなかでは，概念の学習だけでなく，子どもはさまざまなタイプの学習を行う（ガニエ，1982）。したがって，学習のタイプ別に有効な授業タクティクスを明らかにすることにより，教師集団の授業の力量を高まることが期待できる。漢字の読み書きから始まって，説明文の読解，文章題の解法，台形の求積などのような高度な認知学習活動を要する学習まで，これまでの膨大な教育心理学の研究成果を授業タクティクスの視点から再整理したい。

・文　献・

Davis, S. J. K.(1967)'Mathetics——a Functional approach.', In Uwniwin, D. & Leedham, J.,(Eds.)"Aspect of Educational Technology.", Methuen & Co, Ltd.

ロバート・M．ガニエ（金子訳）（1982）『学習の条件（3版）』学芸図書

河野義章（2005）「子どもたちは台形の授業で何を学んだか（2）」『日本心理学会第69回大会発表論文集』p.1261

河野義章（2006a）「概念学習のための授業タクティクス分析基準の開発——算数図形概念『台形』を例にして」『東京学芸大学紀要（総合教育科学系）』57，pp.103-114

河野義章（2006b）「中国の小学校における算数図形概念『台形』の授業タクティクス分析の一事例」『日本教育工学会第22回全国大会発表論文集』pp.407-408

河野義章（2007）「教材『台形』の授業タクティクスの分析と評価に関する総合的研究　平成16年度〜平成18年度科学研究費補助金研究成果報告書」（代表：河野義章）研究課題番号：基盤（C）16530568

河野義章（2008）「子どもたちは台形の授業で何を学んだか（3）」『日本教育心理学会第49回総会発表論文集』p.166

麻柄啓一・伏見陽児（1982）「図形概念の学習に及ぼす焦点事例の違いの効果」『教育心理学研究』30，pp.147-151

中村六三郎（訳）（1873）「小學校幾何用法巻之上」海後宗臣・仲新（編纂）（1962）『日本教科書体系　第10巻　算数（一）』pp.555-556　講談社

TOPIC 9 文章題に対する子どもたちの意識の変容

　子どもたちのなかには，文章題で得られた解が，現実の世界では，まったく意味をなさないと考えている子どもが少なくない。その子どもたちは，算数・数学をまるでおとぎ話のように，空想世界のものであると考えているのである。

　こうした実態を改善するためには，文章題に，（暗黙裡に）設定されている仮定が，適切であることを認識させるとともに，得られた解が現実的に妥当な解であることを感得させる必要がある。

　そこでまず，授業の準備段階において，以下のように，文章題をもとに，現実的なデータや文脈が埋め込まれた同じ構造の問題を作成する。

【追いつき算の問題】

　「弟が，2km離れた駅に向かって家を出発しました。それから10分たって，兄が自転車で同じ道を追いかけました。弟の歩く速さは毎分80m，兄の自転車の速さは毎分240mであるとすると，弟は出発してから何分後に兄に追いつかれるでしょうか」

【現実的なデータが埋め込まれた追いつき算の問題】

　「弟が，2km離れた駅に向かって家を出発しました。それから10分たって，兄が自転車で同じ道を追いかけました。弟は出発してから何分後に兄に追いつかれるでしょうか。以下の徒歩と自転車に関するデータをもとに予想しなさい」

距離(m)	0	55	98	144	190	231	277	341	398
時間(秒)	0	41	68	98	126	152	181	221	257
距離(m)	0	55	98	144	190	231	277	341	398
時間(秒)	0	20	30	40	50	60	70	83	97

　授業では，まず，文章題を提示し，その問題を解決させるとともに，（暗黙裡に）設定されている仮定を意識化させる。

　次に，現実的なデータが埋め込まれた問題を提示し，その問題を解決させる。その後，解法に対する検討，設定した仮定の意識化を経て，数学的結論の適切性や妥当性の吟味および2つの問題に対する仮定の評価を行う。

　実際，こうした授業を通して，次のような子どもたちの意識の変容がみられる。

　「いままでは本当にこうなるのか？　と疑いながら問題を解いてきたが，条件がよければ正しいことがわかった」

　「はじめ本当に問題の答えは合っているのかわからなかったけれど，実際の値を見るとほとんど一定だったので，仮定は合っていたとわかった」

・文 献・
清野辰彦(2004)「『仮定の意識化』を重視した数学的モデル化の授業──『一次関数とみる』見方に焦点をあてて」『日本数学教育学会誌　数学教育』86(1), pp.11-20

第10章

空間行動の研究

第1節 > 教師の空間行動とは

>> 1．小学校の教室

■パーソナル・スペース

　伝統的な4間×5間の教室だけでなく，近ごろではオープン化し，広々とした感じのする教室も多くなった。天井の高さについても規準が緩くなり，学習環境はよくなりつつある。

　しかし，教室の最前列に座ったときと最後列に座ったときでは，教室の見え方がまるで違う。これが，大学などの大教室になれば，同じ授業を受けていても，授業の印象ががらりと変わる。黒板の字さえよく見えないこともある。

　密接距離，個体距離，社会距離，公衆距離という4種類の対人距離はよく知られている。子どもが全員教卓の教師に向かって座っている伝統的な教室のなかでは，教師が黒板の前の教卓から子どもたちに話しかけたとき，座る位置によってこの4種類の違った位置が教師と子どもの間に同時に成立することになる。つまり，同じ授業を受けていても，座席の位置によって，教師と子どもの心理的関係にずれが生じてしまうのである。

■アクション・ゾーン

　教室の中央に，アクション・ゾーンと呼ばれる空間が存在することが知られている。西洋凧のような形をしている。Adams & Biddle（1970）は，このゾーンに座っている子どもたちは教師との相互作用が活発であることを見つけた。

逆に言えば，もし大学のように自由に座席を選ぶことができれば，授業に積極的に参与することを望まない者は，このアクション・ゾーンから外れた位置に席を占めるという着席行動をとることになる。

>> 2．机間指導

授業のなかで，教師がどの位置に立ち，どのように位置を変えていくか，これを教師の空間行動と呼ぶ。これは，非言語的コミュニケーションの近接学の領域の問題である。

教師と子どもの距離を調整するには，座席の配置をかえたり，机間指導をしたり，という方法がとられる。通常の教室では，子どもたちは自分の机から好き勝手に動き回ることは許されていない。教室を自由に動き回り，距離を統制できるのは教師である。机間指導によって，教師は子どもとの間のパーソナル・スペースを意識的に調整できるのである。

Reid（1980）は，教室内の教師の立ち位置をもとに，黒板を背負った（blackboard confined）教師と巡回者（itinerant）と呼ばれる教師を分けた。前者は教師の話が多くなるのに対して，後者は子どもの座席の間に位置することが多く，子どものアイデアを受容する機会が多く観察された。

第2節 > 空間行動研究の方法

>> 1．教師の移動位置を記録する

授業開始前に，教室内の机等の配置を描いた空間行動記録用紙を準備する。図10－1は，A教師の授業中の立ち位置をライブの授業観察において空間行動記録用紙に記入したものである。教師は教卓の①の位置から子どもたちに話しかけることから授業を始めた。教師が移動して新しい位置に止まるたびに②③④と記号を付けていった。この授業の記録は，109で終わっている。

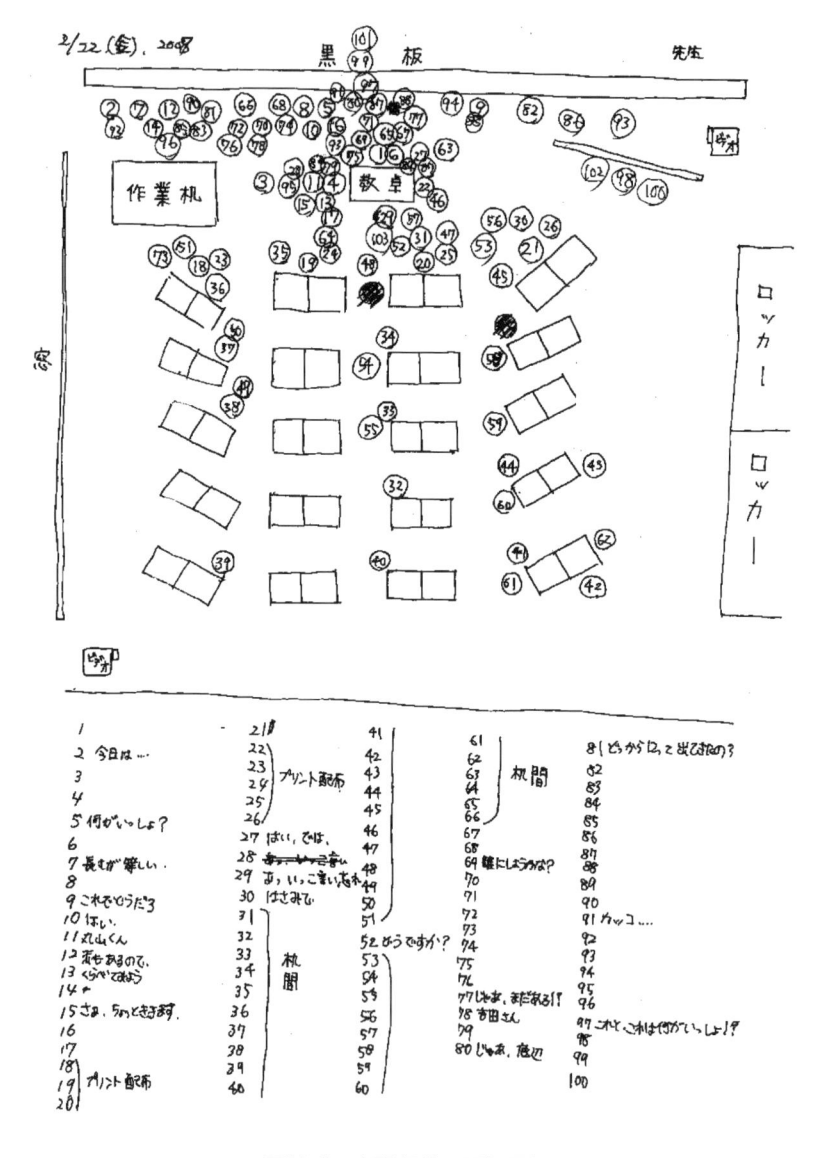

図10-1　空間行動の記録用紙

空間行動記録票はスペースが狭いので，記入される立ち位置は，正確な位置ではない。後述するように，教師の立ち位置は教室に設定する領域（図10-

第10章　空間行動の研究

4）ごとに集計するので，どの領域に入っているかをチェックできるように，おおよその位置を記入していく。2の観察者の記録を照合することにより，データの信頼性を高めることができる。またVTRの映像で確認することも可能である。

この方法よりもさらに記録の正確さを求めるためには，電子技術を利用した運動測定・解析システムの導入が必要になる。

空間行動記録票の下の部分には，おもな立ち位置へ移動した時刻やその位置での教師発話の頭の部分をメモしておく。これは複数の観察者のデータの照合やVTRによる確認のために備えることが目的である。

>> 2．停留時間の計測

次の仕事は，教師が各立ち位置にどれだけ留まったか停留時間を計測することである。次の手順による。表10−1には，最初の4分あまりの例を示す。
①停留位置を表計算ソフトに記入：この授業では①から⑪の位置に移動している。これを表計算ソフトの列に入力する。また，各停留位置の領域の記号もあわせて記入しておく。
②各停留位置への移動時刻を記入する：空間行動記録用紙をもとに，確定量位

表10-1　空間行動の集計用紙

順序	領域	移動時間	停留時間	備　考
1	B	0：00	0：52	起立
2	A	0：52	0：26	日付の板書
3	C	1：18	0：07	
4	C	1：25	1：11	ジオボード出す
5	A	2：36	0：57	
6	B	3：33	0：13	ジオボード黒板へ
7	A	3：46	0：17	台形を貼る
8	A	4：03	0：07	
9	A	4：10	0：26	
10	A	4：36	0：03	
11	C	4：39	1：19	ジオボード教卓へ

図10-2 あいさつの位置　　　　　　　**図10-3** 日付などの板書

置への移動時刻を記入する。

③停留時間を計算する：隣り合う停留位置への移動時刻を引き算して、停留した時間を求める。

④各領域ごとの停留時間を計算する：領域ごとの停留時間を合算して各領域に停留した合計時間を求める。

そこで、次の授業を例にして、この手順をたどってみよう。

図10－2のように、教師は①の位置（教卓）に立って授業の始まりのあいさつをした。そこで、表10－1の順序1の場所はBと記入されている。この位置から始まるので、移動時間は0：00になっている。

次に、教師は図10－3のように、黒板の左端に移動して、日付・授業回数・授業のタイトルを板書した。VTRから②に移動した時間は0：52であることを記録する。したがって、①の位置には、52秒停留していたことになる。厳密にいえば、①から②への移動時間が含まれているが、このやり方では移動時間は無視して、おおよその停留時間を算出することになる。

次の③は、子どもの側から見て教卓の左側に移動する。移動した時間は、1：18である。さきほどの手順に従って、停留時間は26秒になる。

図10－1を見ると、教卓の左側のゾーンにはぎっしりと数字の書き込みがある。それぞれの数字の書き込み位置の関係は正確ではない。同じ位置に教師が

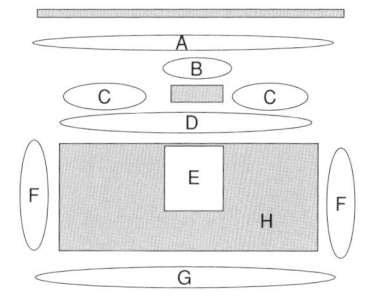

図10-4 教室のゾーン区分

表10-2 各ゾーンへの教師の移動回数(割合)

領域	回数	停留時間	%
A	45	1804	60.6
B	7	146	4.9
C	11	282	9.5
D	16	159	5.3
H	29	585	19.7
計	108	2976	100

立つと数字が重なってしまうため，少しずつずらしてある。

ここまで，教師の①②③の移動は，B→A→Cという領域の移動になる。表10－1の場所の欄には，この移動した領域を記入する。④は③と同じくCになっている。これは，同じ領域のなかで移動がなされたことを意味する。

VTRの記録が利用できる現在，図10－1のような記録は不必要に思われるかもしれないが，VTRの画面は狭く，机のどの列に教師が停留しているのか判別できないことがあるので，ぜひとも残すようにしたい。ただし，教室での観察記録は，抜け落ちやだぶりがあるので，VTRとの照合は欠かせない。

各位置での停留時間は，簡便的に後ろの位置から前の位置の差を求める。しかし，この計算法だと，①ある位置に移動して，②そこに停留して，③そこから動き出して，④次の意図に移動する，という一連の動きのなかで，②と③を合わせたものを計算していることになる。机間指導での教師の働きを研究するときには，②と③を分けて計測する必要がある。

第3節 > 教師の空間行動研究の実際

>> 1．A教師の空間行動

A教師の空間行動の分析結果は，表10－2のようになった。

■**領域別の停留時間**

　正味授業時間は，49分6秒（2796秒）である。そのうちの60.1％にあたる30分04秒（1804秒）を領域A（黒板の位置）で占めている。教師は，座席から発言する子どもの考えを板書する／黒板の位置で発言する子どもの考えを板書する／板書にもとづいて教室全体に問いかけたりしている。

　2番目に多いのは，領域Hである。20％の10分7秒（607秒）を占めている。この領域Hはいわゆる机間指導のための領域である。子どもたちは提示された2つの台形の面積のどちらが広いかを確かめる方法を考えることが要求された。この間，教師は子どもたちの様子をメモしながら机間指導を行った。

■**机間指導の様相**

　A教師の机間指導は3つのコースに分けられる。コース1は，㉙の位置で「どちらからやってもよい」「自分の求めやすいほうから」という説明したあと，㉚からスタートして，㊿の位置に立ったところで終わっている（図10-5）。5分17秒である。机が塗りつぶしてあるのはその机の子どもと対話があったことを示す。コース1の順路を眺めると，教室全体に目配りしようという意図が読み取れる。

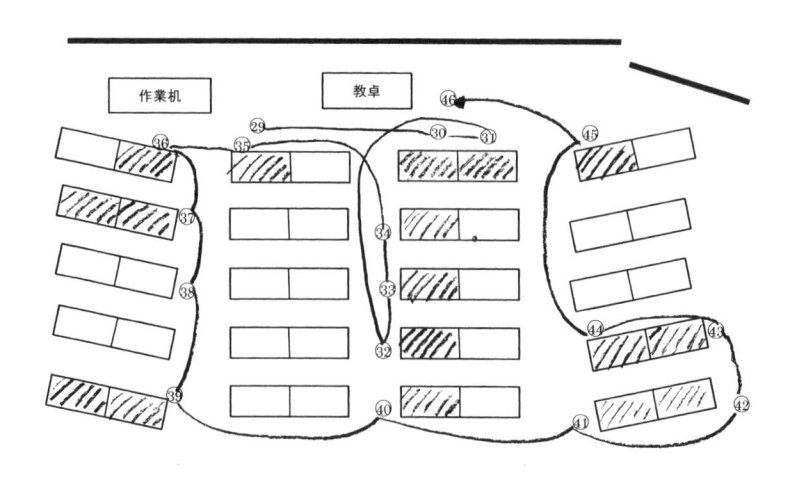

図10-5　机間指導コース1

コース2は、㊼から始まって㊾で終わる1分7秒である。教室の教師から見て右前の領域に焦点が当たっている。この領域は、コース1でもたどったところであり、最前列の子どもの様子が気になっている（図10-6）。

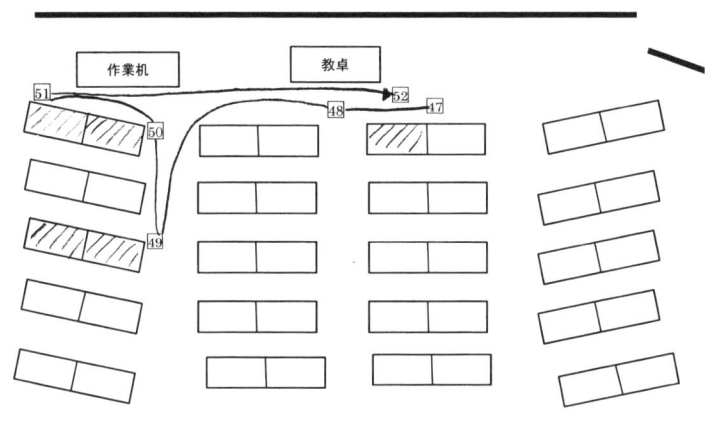

図10-6　机間指導コース2

コース3は、㊳から㊿までの2分37秒である。教師から見て左側の領域を重点的にたどっている。特に、左側の後ろ2列の子どもに目が届いている。

この3コースとは別に、㉛で6秒だけ領域Hに立ち入っている（図10-7）。

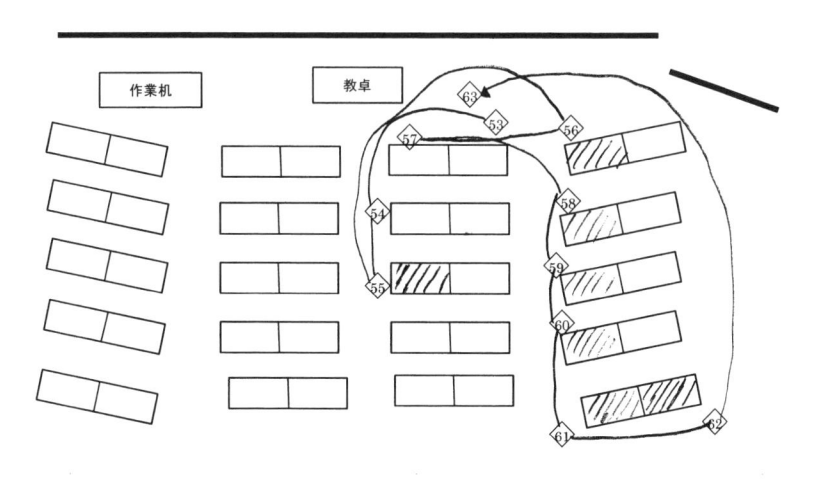

図10-7　机間指導コース3

なお，停留地点の番号があるのに，机が塗りつぶしてないところでは，別の席の子どもが立ち上がって教師の側によってきて話し合いがなされている。

　A教師の3つのコースを再度眺めると，中嶋（2007）の「机間巡視を前半と後半に分け，前半では全員が課題把握ができているかを見る，後半はがんばってほしい子に焦点を当てて声かけをする」という提言にそっているとわかる。

>> 2．空間行動研究の課題

　VTRの映像と教室の観察メモを併用することで，教師の教室内での空間高度はかなり正確に把握できるようになった。しかし，ここで示したデータは，外から眺めた教師の動きである。したがってさきにふれた中嶋（2007）の「日常の空白」を克服できていない。

　それぞれ停留位置で，教師は①子どもの活動を立ち位置で眺める，②かがみ込んでノートや作業の様子をのぞく，③質問を受けたり助言を与えたりしている。どんな言葉が交わされているのか，ボイスレコーダーの記録と照らし合わせた研究が期待される。

・文　献・

Adams, R. S., & Biddle, B. J.,(1970)*"Realities of teaching : Explorations with video tape."* New York : Holt, Rinehart, & Winston

中嶋弘行（2007）『机間指導のツボ——京都発！確かな教育実践のために12』京都市総合教育センター／カリキュラム開発支援センター

Reid, D. J.,(1980) 'Special involvement and teacher : pupil interaction patterns in school biology laboratories.' *"Educational Study."* 6，pp. 31-40

TOPIC10　教師は机間指導で何をするか

指導案のなかに「机間指導」という言葉が書き込まれる。では，教師は机間指導のなかで，何をしているのか。A（男），B（女），C（男），D（女）の4人の教師の授業をVTRに記録した。いずれも，算数の授業である。

（1）教師へのインタビュー：普段から，机間指導で気をつけていることは何か

・指示が伝わっているかどうかをみる。
・指導内容にもよるけれど，できない子どものところへ行く。
・出来具合を全体的にみるようにする。
・子どもの反応，考え，どれくらいの子どもができたかをみる。（B）
・進度の遅れている子どものところへ行くようにしている。（C）
・個別指導だと思うので，ただぐるぐる回るのではなく，行ったらほめてあげたりするようにしている。
・どの子どもがどういう解答をしているかをみて，意図的指名の足しにする。
・子どもたちの姿勢，健康状態をみる。（D）
・つまずき，つぶやきなどのこまかいところをみる。
・どういう考え方をしているかをみる。
・今日は話をしていないなというような子どものところに声をかけに行く。

下線部は次のように整理できる。

教師は，できない子ども，遅れている子ども，発言のない子を気にしている。解答，考え方，出来具合，つまずきを確かめ，それをもとに次に指名する子を決めようとしている。授業の盛り上がりの演出を考えている。賞賛も忘れていない。

（2）どんな働きかけをしているのか

観察結果の表から，次のことがわかる。

言葉かけと言葉かけのない場面がほぼ同率である。1人の子どもに対する働きかけは1回に満たないことが多い。できない子への働きかけが，特に多いわけでもない。タッチングが少ない。

	▲（回）	△（回）	▲＋△（回）／児童数（人）（1人に対する平均働きかけ回数）	■	□	できる子への働きかけ（▲＋△）（回）／できる子の数（人）（1人に対する平均働きかけ回数）	ふつうの子への働きかけ（回）／普通の子の数（人）（1人に対する平均働きかけ回数）	できない子への働きかけ（回）／できない子の数（人）（1人に対するたいする平均働きかけ回数）
A	27	6	33／37（0.89）	7	4	6／8（0.86）	14／21（0.61）	13／8（1.86）
B	12	22	34／36（0.94）	0	1	6／4（1.5）	25／28（0.89）	3／4（0.75）
C	22	26	48／41（1.17）	2	4	7／4（1.75）	35／33（1.06）	6／4（1.5）
D	1	8	9／42（0.22）	0	0	0／5（0）	9／33（0.21）	0／4（0）

▲：言葉かけをする　△：ノートなどをのぞき込んだり指でさしたりするが言葉かけはしない
■：頭や体にふれる　□：子どもの質問などに答える

・文献
中山千春　「教室内における教師の非言語的行動」　福島大学卒業論文（未発表）

第11章

視線の研究

第1節 > 視線計測とは

>> 1. 見ている点を探る技術

　人間の視野は約200度の範囲をもつが，われわれはそのすべての範囲でこの世界を明瞭に見ているわけではない。実際のところ，視野のなかで細部まではっきりと見ることができるのは視野の中心の周り約2度の範囲であり（この範囲で見ることを中心視という），中心から10度も離れると視力は大幅に低下する。すなわち，われわれは中心視という非常に狭い覗き穴をさまざまに移動させることを通じて，この世界の様子を見ているのである。このため，視野の中心が視野内のいずれの対象に向けられたかは，観察者が何に注意を向けたかの指標になり，また，それをいつ，どのように向けたかは，その対象にどのような処理や意味づけを行ったのかの手がかりを提供する。

　視野の中心をどこに向けたか，すなわち視線位置の情報は，眼球運動測定技術により調べることが可能である。この技術では，測定対象者に眼球運動測定用のセンサー，カメラなどを身につけてもらい，その信号を通じて眼球の動きを記録する。従来，授業場面で教師や子どもが何を見ているかについては，ビデオ映像に映る顔の向きを調べる手法（笹村，1997）や頭部に設置した小型カメラの映像を分析する手法（小池ら，1994），教師に授業映像を見ながら気づいたことを言語報告してもらうなどの方法（有馬，2008；Sabers et al., 1999）で検討されてきた。しかしながら，映像の分析による方法では視野内の何を見

ているかまでを詳細に調べることはできないし，言語報告による方法では，得られたデータが授業中の実際の様子を適切に反映している保証がない。注視行動は，本人も自覚せずに行われることが多いため，教師や子どもが授業中に何をどのように見ているかは，眼球運動測定技術による視線計測装置（アイカメラ）で調べることが最も適切である。本章では，こうした視線計測による授業研究法を紹介する。

≫ 2. 眼球運動の測定方法

眼球運動の測定方法には，眼球運動に伴う電位変化（眼電図，EOG）を目の周りに貼りつけた電極で記録する方法や，コンタクトレンズ上に置いたサーチコイルを通じて眼球運動を検出する方法などいくつかの方法があるが，ここでは近年の視線計測で最もよく使われる瞳孔／角膜反射法について説明する。

瞳孔／角膜反射法では，測定対象となる眼球に近赤外線の光を当てて，その角膜表面における反射像（第1プルキンエ・サンソン像，以下プルキンエ像と略す）を得る（図11-1左）。プルキンエ像は，眼球運動に伴う位置の変化が瞳孔の位置の変化に比べて小さいという性質をもっており，この性質を利用して，両者の位置関係から外界のなかの瞳孔中心が向けられた点を算出する。より具体的には，赤外線カメラで撮影した眼球表面の映像から瞳孔の中心とプルキンエ像を画像処理により抽出し，あらかじめ登録した視野内の特定位置を見た際

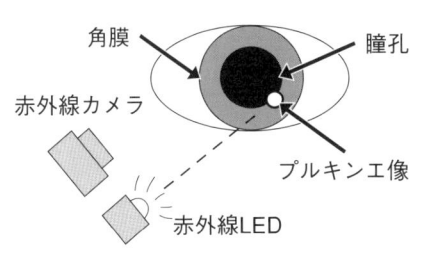

図11-1 左：瞳孔／角膜反射法による眼球運動測定の原理
右：視野映像に重畳された視線位置（プラスマーク）

の瞳孔中心とプルキンエ像の位置関係に関する情報をもとに（この作業をキャリブレーションという），視線位置を算出する。算出された視線位置は，観察者額部のカメラにより撮影された視野映像に重畳することで，観察者が視野のなかのどの対象に視線を向けたかを映像および座標データとして記録することができる（図11-1右）。

　視線計測は，これまで，ヒューマンインターフェイスの研究や読みの特性に関する心理学的研究，ドライバーやスポーツ選手の注視パターンの解析などに応用され，さまざまな成果を上げてきた（福田・渡辺，1996；Rayner，1998）。いっぽう，この技術を学校などの授業研究に応用した例は，これまでのところきわめて少ない。それは従来の眼球運動測定技術が，それなりの大きさの装置を必要とし，また計測のための準備にも時間を要するものであっため，それを教室に持ち込み，実際の授業場面での視線計測に活用することが困難であったためであろう。しかし，近年，視線計測のための装置は小型，軽量化が進み，またキャリブレーションなどの準備作業も短時間でできるようになってきた。例えば，図11-2の視線計測装置は，頭部に眼球撮影用赤外線カメラを装着し，装置そのものを計測対象者が身につけた状態で視線の記録を行うことが可能で

図11-2　小型・軽量化された視線計測装置
　　　　腰部にバッテリーで動作する測定装置が下げられている（写真提供ナックイメージテクノロジー社）

ある。装置の価格の問題で，だれもが気軽にというわけにはいかないが，今後，視線計測装置が授業研究の重要な方法の一つとして活用されるようになると予想される。

第2節 > 視線計測を用いた授業研究の例

>> 1．学級規模が教師の注視パターンに及ぼす影響

　以下は，実際の授業場面における教師の注視パターンの実態を視線計測装置により調べた研究の例である（関口・河野，2007）。この研究では，小学校の教師に視線計測装置を装着した状態で授業をしてもらい，授業中に教室の中でどの子どもをどの程度注視するのかを分析し，それを同一の教師が40人程度の学級規模で授業を行う場合（以下，通常人数授業）と，20人程度の少人数形式で行う場合とで比較した。

>> 2．視線計測の方法

　東京都内の小学校に勤務する40代のベテラン教師2名（M教師，S教師）を対象に，小学校4年生の算数（M教師），総合学習（S教師）の授業における注視のパターンを記録した。教師の視線データは，瞳孔／角膜反射方式の装着型視線計測装置（EMR-8B，NAC）を用いて記録した。この装置では，計測対象者に視野映像を記録する視野カメラと眼球撮影用カメラがついた帽子（カメラ部）をかぶってもらい，撮影した情報をケーブルを通じて記録部に送ることで，視線位置を視野映像に重畳した映像を作成する。作成した映像は，記録部の横においたマイクロホンで収音した教室内音声とともにデジタルビデオ記録装置で記録した。記録部は教室の右前方に据え置き，10mの長さのケーブルを用いることで教師が教室を自由に移動できるようにした（図11-3）。

　記録に先立ち，別室でカメラ部の装着と装置のキャリブレーションを行った。

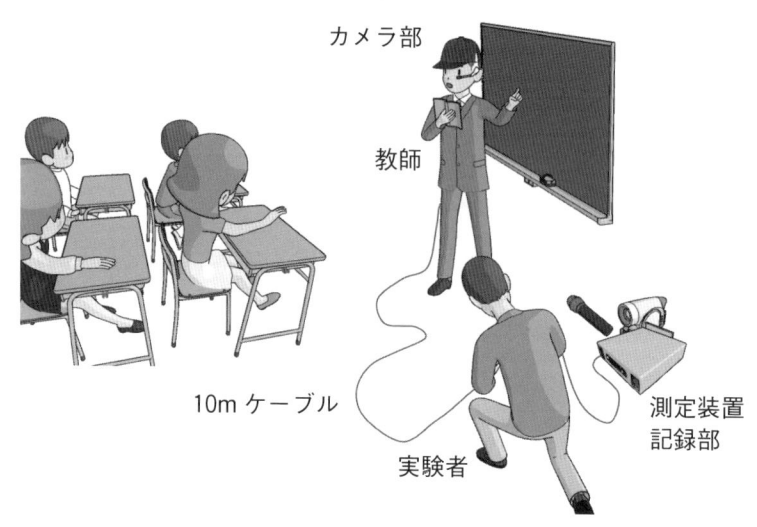

図11-3 教室における視線計測の様子

キャリブレーションは，約3m前方の壁9か所にレーザーポインタで光点を映し，それを順に注視することで行った。これらに要した時間は約5分であり，授業の合間の休み時間中に行った。記録の際には，机間指導などの際にケーブルが引っ張られ，カメラ部の装着位置がずれることを防ぐため，実験者が教師のあとについてケーブルの流れを調節した。

>> 3. 注視パターンの分析とその結果

図11-4は，頭部の動きが少ない3～4秒間における視線の動きを映像中の1カットに重ねたものである。この図からベテラン教師は，右，左，右，……のように特定領域への注視をただ繰り返すのではなく，視線を移動させるなかで小刻みに目をとめて，子ども一人一人の顔やノートを注視していることがわかる。このような数珠状の注視パターンは，両教諭ともに授業中のさまざまな場面でみられた。

さらに，教室のどの位置の子どもをどれくらい長く注視しているかを厳密に調べるために，視線位置に対するフレーム・バイ・フレーム分析（後述）を行

図11-4 授業中の教師の視線の動き
丸は注視点を示し、その大きさが注視時間を表す。線は視線の移動（サッカード）を表す。

った。M教師、S教師ともに、通常人数の授業2回、小人数の授業2回の冒頭1～5分間（授業内容の説明や前回の内容を確認する場面）における視線を分析した。前処理として、視線データから瞬目によるノイズを除去し、そのうえで、ビデオ映像の1フレーム（33.3ms）ごとに視野映像に重畳した視線位置から協力者が何を見ているかを視察で判断した。視線位置は、子どもおよび子どもの机の上を一つのカテゴリーとして、座席ごとに分類した。視線位置が教室内の掲示物やほかの記録者、机の脚、床などに位置していた場合は、「その他」に分類した。そして、同一カテゴリーに130ms以上連続して視線が向いていた場合、それへの「注視」があったとみなした。

図11-5，図11-6は，それぞれ通常人数授業，少人数授業における子どもへの注視時間の総注視時間に対する割合を，座席位置に合わせて示したものである。ブロックの高さは注視時間割合を表す。この図から，通常人数授業，少人数授業ともにそれぞれの子どもに対し均等に注視がなされるわけではなく，3〜4人程度の子どもが比較的長く注視されるのに対し，ほとんど注視されない子どもがいるという，注視時間の不均衡があることがわかる。また，こうした注視されない子どもは，教室の四隅ならびに教室後方に位置している傾向がみられる。

　また，通常人数授業（図11-5）と少人数授業（図11-6）とを比較すると，

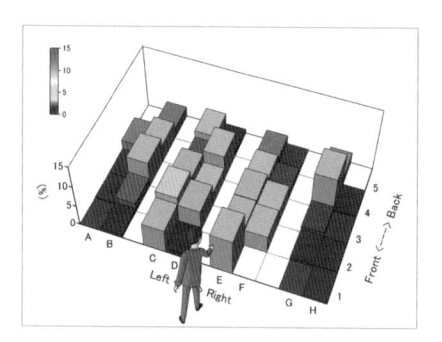

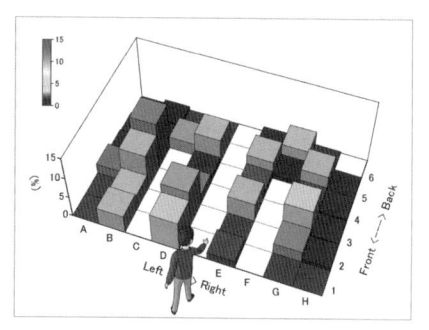

図11-5　通常人数授業における子どもへの注視時間割合（2回の授業の平均）

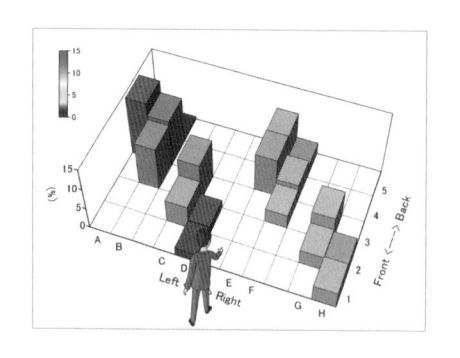

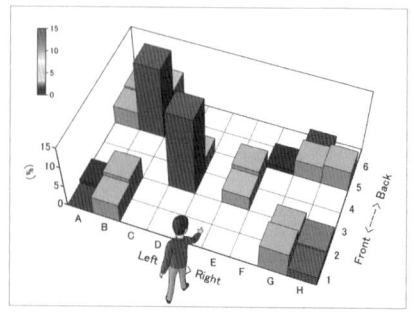

図11-6　少人数授業における子どもへの注視時間割合（2回の授業の平均）

少人数授業では個々の子どもへの注視時間割合は全体的に上昇していることがわかる。ただし，この場合も少人数になることで，より多くの子どもに均等に注視時間がさかれるようになるのではなく，依然として注視時間の不均衡が残っており，注視時間割合が3％未満の子どもが約30％いる。

総じて言うと，20名程度の少人数で授業を行う場合，40名程度の人数で授業を行う場合に比べ，教師がそれぞれの子どもへより多く目を向けるようになることが視線計測により裏づけられた。このため，少人数授業では，一人一人の子どもの様子に注意が及びやすく，通常人数授業に比べ，それぞれの子どもの理解の程度や授業外行動などに対する気づきが容易になると予想される。いっぽうで，少人数であっても全員が均等に注視されるわけではないことは注目すべきである。このこと自体は，注意すべき子どもを重点的に注視しているという意味でむしろ望ましい傾向ともいえるが，一人一人の子どもの様子をより詳しく見るという少人数授業のメリットが十分に発揮されるためには，注視に対する教師の能動性や座席配置への配慮が求められるといえる。

以上，教室における視線計測の研究例を示した。この研究は，計測対象となった教師の少なさや分析時間の短さから，結果の一般化可能性については限界があるが，「子どもをどれくらいよく見ているか？」という，これまで教師本人や授業観察者の主観でしか語られなかった問題が，視線計測により定量的に評価可能であることが伝わったであろう。

第3節 > 授業における視線計測にあたって

>> 1．計測における注意事項

次に，実際の授業における視線計測で留意すべき点をいくつかあげる。授業において教師や子どもの視線計測を行う場合，そのための装置を装着した状態で，授業を行ってもらうことになる。前述のように，視線計測装置は小型・軽

量化が進んでいるが，それでも普段とは異なる状態で授業を行うことになるため，計測対象者にはそれなりの負担を強いることになる。特にカメラ部と記録部がケーブルで結ばれているタイプの装置を使う場合，それにより机間指導などの動きが制限されることがあるので注意が必要である。また，視線計測のためには，装置の装着やキャリブレーションなどの作業が計測前に必要になるが，この作業のために授業時間が削られることがあってはならない。教室における視線計測では，計測が授業の妨げにならないための入念な配慮と準備が欠かせない。

また，授業における視線計測では，一回の計測がうまくいかなかったからといって，対象者に何度でもやり直しをお願いできるわけではない。したがって，計測を確実に行うために，計測のノウハウに習熟している必要がある。よくある失敗としては，対象者の前髪が目にかかっていたり，まつ毛が長かったりしたために，装置が瞳孔をうまく検出できず，記録エラーとなることがある。これを防ぐためには，前髪をヘアピンでとめたり，まつ毛をビューラーで処理するなどの工夫が効果的である。また，コンタクトレンズを装着した人の場合，それによりプルキンエ像が歪んだり，二重に映ったりして，視線位置の算出がおかしくなることがある。このため，できるだけ裸眼生活者を対象とするか，コンタクトレンズ使用者を対象とする場合にも，記録中，眼球像の様子を常にチェックし，それを踏まえた分析ができるようにしておくことが望ましい。視線計測のための装置は，付属のマニュアルを読めばだれでもひととおりの計測を行うことが可能だが，記録を失敗なく行うためには，機器の操作法だけでなく，視線計測の原理を十分に理解しておくことが重要である。

≫ 2．視線データの分析方法

最後に，視線データの具体的な分析方法とその注意点を述べる。視線計測の結果，視野カメラで撮影された映像に視線位置マークが重畳された映像と，その座標データが得られる。このとき，もし映像に映る注視対象の位置が変化し

ないならば，視線位置の座標データからそれが「何」におかれたかを分析ソフトウェアなどにより自動的に判定することができる。しかしながら，教室における視線計測では，対象者の頭部を一か所に固定した状態で計測することは不可能であるため，視野カメラに映る対象は常にその位置が変化する。この場合，数値データとして出力される視線の動きは頭部の動きに伴う動きを含むため，それによるサッカード距離，方向，注視時間などの情報は精度の悪いものとなっている。視野内の対象に対する注視回数や時間，注視対象の移動パターンなどについて意味のあるデータを得るためには，研究者自身が映像中におかれた視線位置を視察しながら，対象者が「何」を見たかを映像の1フレームごとにカテゴリー分けしていくしかない（フレーム・バイ・フレーム分析，詳しくは福田，2004）。ビデオ映像は1秒間に30フレームを含むため，わずか5分間の映像であっても9,000フレーム分の視線位置を手作業でカテゴリー分けすることになるため，これには膨大な時間と労力がかかる。したがって分析の際には，記録された映像をただやみくもに分析するのではなく，映像を見ながら仮説の検証に重要な部分や，予想外の傾向や特徴的な傾向を示す部分に焦点をしぼって分析をすることが望ましい。

第4節 > 教室における視線計測の可能性

　授業場面における教師や子どもの注視パターンを視線計測装置により調べた研究は，現在のところきわめて少ない。しかしながら，最初にふれたように近年，視線計測の技術は急速に発展し，以前に比べると身近な技術になってきた。視線計測は注視パターンの実態を明らかにするとともに，それを通じて計測対象者がどのような情報をどのように収集しているかという問題の検討に貢献するものである。例えば，授業中の子どもの発言の際にその子どもだけに目を向けるか，同時にほかの子どもの様子にも目を向けるかは，その教師が子どもに発言させることの何を重視しているかの手がかりとなる。そして，そうした注

視パターンが，教師の経験や個人の特性，授業の様態などとどのような関係にあるのかについて，今後，さまざまな興味深い検討が行われるようになるだろう。

なお，教室における視線計測により得られるデータ（利用可能なデータ）は，基本的に視野映像に重ねられた視線位置の情報のみである。したがって，装置を装着してもらってデータをとれば，自動的に宝のような結果が得られるというものではない。実際のところ，視線計測は「労多くして実りの少ない」研究手法であるという面は否定できない。しかしながら，実際の授業中に教師や子どもが何をどのように注目しているのかを調べる手法として，これ以上に詳細なデータが得られるものはない。そこからどのような意味のある結果を導くかは，膨大なデータのなかの何に注目するかについての研究者の仮説と，そのなかでさらに意味のある特徴を見いだしていくセンスが重要である。さまざまな背景，問題意識をもった研究者が視線計測という手段を利用することにより，授業についてこれまで明らかにされなかった興味深い側面が見いだされるようになることを期待する。

・文 献・

有馬道久（2008）「児童への注視行動を手掛かりにした授業中の教師の省察に関する分析」『日本教育心理学会第50回総会発表論文集』p.683
福田忠彦監修，福田忠彦研究室編（2004）『人間工学ガイド——感性を科学する方法』サイエンティスト社
福田忠彦・渡辺利夫（1996）『ヒューマンスケープ——視覚の世界を探る』日科技連出版社
小池敏英・堅田明義・中村真理・前迫孝憲・国分充・片桐和雄（1994）「授業における精神遅滞児の『顔向け』行動の定量化に関する研究——頭部小型カメラのワイヤレス・ビデオ映像を用いた検討」『東京学芸大学紀要（第1部門教育科学）』45, pp.311–320
Rayner, K.(1998) 'Eye Movements in Reading and Information Processing：20 Years of Research.' "*Psychological Bulletin.*", 124（3）, pp.372–422
Sabers, D. S., Cushing, K. S., & Berliner, D. C.(1991) 'Differences among teachers in a task characterized by simultaneity, multidimensionality, and immediacy.', "*American Educational Research Journal.*", 28（1）, pp.63–88
笹村泰昭（1997）「ビデオカメラによる授業記録と教師の視線分析」『苫小牧工業高等専門学校紀要』32, pp.79–82
関口貴裕・河野義章（2007）「学級規模が授業における教師の注視パターンにおよぼす影響——眼球運動計測による検討」『日本教育心理学会第49回総会発表論文集』p.682

TOPIC 11　授業中に教師が見ているもの・こと

　授業中，教師はどこを見ながら授業を進めているのだろうか。子どもに向ける視線は熟練教師と初任教師で異なるのだろうか。有馬（2008）は，CCDカメラを用いて教師の視点から授業を撮影する方法を提案した。この方法は，教室の後ろや横から撮影する従来の撮り方と異なり，教師の姿は画面にまったく映らず，教師の視点から見える子どもと教室の様子のみが録画される（図）。

　この撮影方法を用いて，同じ指導案をもとに行われた熟練教師と初任教師の授業中の視線の向け方を比較した。熟練教師は教職経験18年で研究主任を務める男性であり，初任教師は同じ小学校に勤める非常勤講師1年目の女性である。

　2人は3年生算数の単元「べつべつに，いっしょに」（全3時間）の第2時の指導案と教材および板書計画を共同で準備した。まず熟練教師が授業を行い，その翌々日に初任教師が別の学級で授業を行った。その様子を教師の右耳の上に装着したCCDカメラを通して録画した。

　ビデオ再生画面を10秒ごとに止め，教師の視線の向きをチェックした。カテゴリーとして，「広範囲」「1人か少数の子ども」「机間指導中の子ども」「黒板」「教卓の資料」「その他」の6つを設けた。表1に示すように，熟練教師，初任教師ともに，「1人か少数の子ども」を見る頻度が36～42％で最も多く，ついで「黒

表　視線の向き　　　　　　　　（　）内は％

視線の向き	熟練教師	初任教師
広範囲	50（18.3）	73（27.0）
1人か少数の子ども	98（36.0）	116（42.8）
机間指導中の子ども	15（5.5）	0（0.0）
黒板	90（33.0）	74（27.3）
教卓の資料	17（6.2）	3（1.1）
その他	3（1.1）	5（1.8）
計	273（100.0）	271（100.0）

板」（27～33％），そして，「広範囲」（18～27％）の順となった。ここまでは両教師に大きな違いはみられない。

　違いがみられたのは，「机間指導中の子ども」と「教卓の資料」の頻度であった。いずれも熟練教師の方が多かった。

　なぜ教師は，特定の子どもをよく見るのだろう。また，この初任教師はなぜ机間指導中に子どもを見なかったのだろう。今後は，視線を向ける前後に行われる教師の省察の内容についての検討が興味深い。

図　教師の視点から見た授業場面例

・文　献・
有馬道久（2008）「児童への注視行動を手掛かりにした授業中の教師の省察に関する分析」『日本教育心理学会第50回総会発表論文集』p.683

第12章 姿勢とジェスチャーの研究

　姿勢とジェスチャーは，非言語的行動の研究では身体動作のチャンネルに属する。教師はこの２つの非言語的手がかりを使って，一方では教師の権威を示し，他方では親和的態度を示す。教師の姿勢とジェスチャーに関する研究は多くないので，社会心理学・臨床心理学・心理言語学等の知見を援用することになるが，教師と子どもという対人関係の特質を考慮する必要がある。

第1節 > 教師の姿勢とジェスチャー

>> 1. 教師の姿勢

■姿勢と地位

　一対一あるいは一対多数の状況において，姿勢はしばしば地位と勢力を示すことが報告されている。Spiegel & Machotka（1974）は腕の位置の違う6人の成人集団の写真を男女の大学生に見せた。片手を外に伸ばした人物が，最も支配的で，活動の主導権をもち，顕示的で尊大と評価された。いっぽう，片手を後ろに隠した人物は控えめで，地位が低く見られ，両手を後ろに隠した人物はさらに控えめで，地位も低いと判断された。

　授業困難な教室の例が報告されているが，そこでの教師の姿勢を採集すると，リーダーとしての教師の地位をアピールできないような姿勢をとっている可能性があるのではないだろうか。

■熱心さと関心

　教室のなかで，教師はいきいきとして熱心に授業をしていることを伝えるこ

とができれば，子どもたちもそれに応えて熱心に授業に参与する。また，教師は，自分が子どもたちの行動や言葉に関心があることを印象づけることに成功しなければならない。

ネイル（1994）は，教師がしばしばクリケットの「ウィケット守備」の姿勢をとることを指摘している。体を前掲して両手を体の前にボールを受けとめるように差し出す「ウィケット守備」の姿勢をとるとき，教師は子どもの答えの適切な部分を繰り返したり，正しい反応が何であるかの手がかりを与えたりという言語的援助をしているという。これは，教師が，子どもに関心をもっていることを伝える効果がある。

■**教師の姿勢のイメージ**

では，教室のなかで教師のとる姿勢は，どんなイメージを与えるのか。河野（2013）では，大学生に5種類の姿勢を1枚ずつ提示してSD法による印象の判定をさせた。その結果，これらの姿勢は図12-1のように5つのグループに分かれた（それぞれの姿勢の番号は，次節の図12-2による）。図のなかの数字は，SD法のプロフィールの類似度を示すD-スコアーで，数字が小さいほど

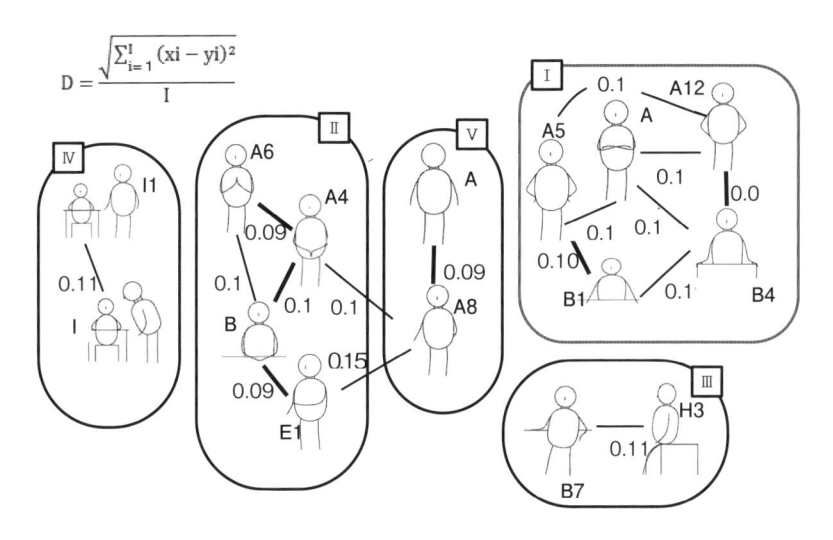

$$D = \frac{\sqrt{\sum_{i=1}^{I}(xi - yi)^2}}{I}$$

図12-1 教師の姿勢のイメージ （Kono，2013）

似ていることを示す。

　第Ⅰ群はA5（両手を腰に），A9（腕を組む），A12（腰の位置で両手を後ろに組む），B1（両手を机の上に広げてつく），B4（机の縁をつかむ）からなり，「力強い」印象を与える。第Ⅱ群はA4（体の前で手をあわせる），A6（両手を胸に），B3（両手を机の上にそろえてつく），E1（片方の腕をつかむ）からなり，「おだやかな」印象を与える。第Ⅲ群はB7（机に寄りかかる），H3（足を伸ばして机に座る）の2種類の姿勢からなり，「くつろいだ」印象を与える。第Ⅳ群のI1（机の側に立つ）とI2（机をのぞき込む）は，机間指導の途中で採集されたもので，子どもに「寄りそう」印象を与える。そして，第Ⅴ群のA1（直立），A8（片手を後ろ）の2種類の姿勢は，「中立」と命名される。このように，教室内の教師の姿勢が，子どもたちの抱く教師のイメージに影響を与える。

>> 2．教師のジェスチャー

■ジェスチャーをめぐる新しい考え

　これまで，ジェスチャーはあたりまえのように非言語的コミュニケーションの手がかりの一つとして扱われ研究されてきた。つまり，言語では「非ず」であり，言葉を補うものとして考えられてきた。

　これに対して，アニメ動画を用いてジェスチャーの出現経緯を研究したマクニールは，「ジェスチャーは非言語か」という問いかけをした（McNeill, 1985）。彼によれば，私たちが何かを説明しようというとき，ジェスチャーと言葉は時間的にも内容的にも同期関係にある，つまり重なり合っているという。このことは，ジェスチャーと言葉の「種（たね）」になるものが説明者の心のなかに育っていることを示すという。その種から一方ではしぐさを表すイメージとしてのジェスチャーが，もう一方ではしぐさを表す単語を探して言語化する過程が始まる。したがって，ジェスチャーは非言語ではなく，言語そのものであると考えられている（喜多，2002）。

■教師のジェスチャーの出現頻度

　河野（1991）は，マイクロティーチングの訓練に参加した大学生21名の各自の4分30秒の授業VTRを材料にして，ジェスチャーを採集した。その結果，最も多い者は16回，最も少ない者は1回であった。平均出現数は，7.05回であり，女子（7.39回）のほうが男子（6.50回）よりもやや多かったが，その差は有意とはいえなかった。

　青木（2001）は，保健師をめざす学生のマイクロティーチングの実習VTRを分析し，他者評価による共感性の高い者，聴衆不安の低い者はジェスチャーの回数が多くなることを見つけた。しかし，予想に反してソーシャルスキル尺度の高い者はジェスチャーの出現頻度が低かった。同じソーシャルスキル尺度を使った吉岡・堀毛（2007）では，これとは逆の結果になった。この原因として，McNeill（1985）の基準よりも広い範囲でジェスチャーをとらえて出現頻度を数えていることが考えられる。つまり，指名や板書もふくまれている。

■ジェスチャーは理解を促進するか

　では，ジェスチャーが伴うと話の内容は理解しやすくなるのか。大河原（1983）は，「美女と野獣」という物語を2通りのやり方で小学生に示した。その結果，身体動作なしの朗読群に比べて，数字動作や例示動作が加わった例示動作群のほうが，物語の内容をよく理解していた。

第2節 > 姿勢とジェスチャーの研究法

>> 1. 姿勢の研究法

■姿勢の分類基準

　図12-2は，教師の授業やマイクロティーチングの実習に参加した学生の授業VTRから集めた姿勢をもとに作成した分類基準である（Kono, 2013）。この基準は，TTP2013と命名した。2013年に作成した教師の姿勢の分類学(Taxonomy of Teacher's Posture）という意味である。

　A～Iまで9つの群に分けられ，それぞれの群に属する一つ一つの姿勢に分類のためのコード番号がついている。例えば，教育実習生の授業VTRによく見られる「資料を手にして」話す姿勢は，C1である。また，「片方の手首を握った」姿勢はE1になる。

■姿勢の採集と分類

　パソコンで授業を収めたDVDを再生するときに，時間を示すカウンターがついているので，手作業でも姿勢の採集ができるようになった。

①まず，10秒ごと（目的によって間隔を変える）に停止し，画面上の教師の姿勢を採集カードに記録する。カードには姿勢をかき写し，時間とどんな姿勢かのメモをつける。慣れてくれば，この採集カードの記録は省略できる。
②見終わったら，それぞれの採集カードに描かれた姿勢にTTP2013に従って分類コードをつける。この作業は2人以上で行い，一致率を調べておきたい。
③各姿勢の出現頻度および出現率を調べる。
④姿勢の種類数を調べる。
⑤姿勢の変化数を調べる（カードを並べたとき，前後で姿勢が違うケース）。

>> 2．ジェスチャーの研究法

■ジェスチャーの分類基準

　表12-1は，ジェスチャーの分類基準である（河野，1991）。大分類としてA～Fの6つの群に分かれている。それぞれの群のなかが，さらに2～4種類に分かれている。

　例えば，「今朝は，卵焼きを作りました」と言いながらフライパンで卵焼きを作る様子を動作で示せば，A1の「活動」に分類される。「今朝，卵焼きを作るのにフライパンを使いました」と言いながら丸くて柄のついたフライパンの形を示せば，A2の「象形」に分類される。

　身体動作の分類基準として，表象，例示的動作，調整動作の3種類がよく知

第12章　姿勢とジェスチャーの研究

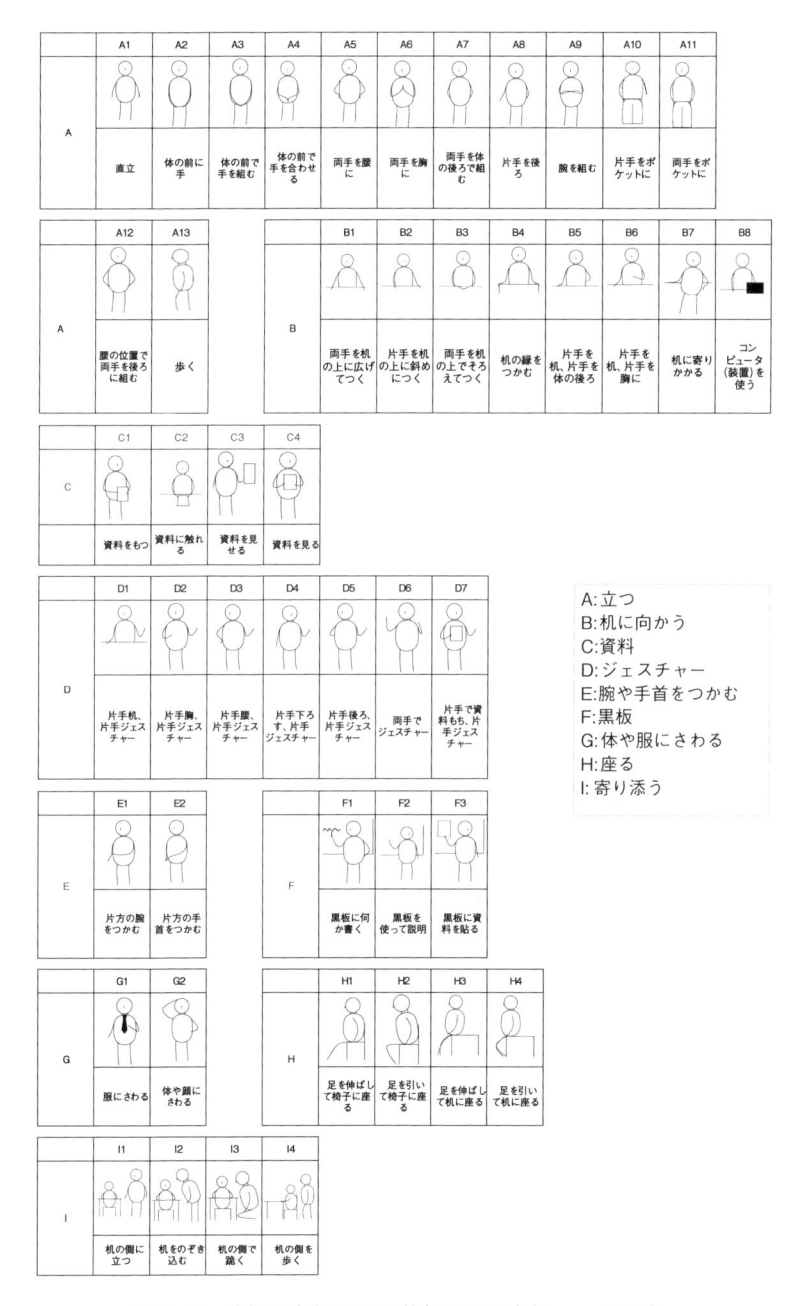

	A1	A2	A3	A4	A5	A6	A7	A8	A9	A10	A11
A	直立	体の前に手	体の前で手を組む	体の前で手を合わせる	両手を腰に	両手を胸に	両手を体の後ろで組む	片手を後ろ	腕を組む	片手をポケットに	両手をポケットに

	A12	A13		B1	B2	B3	B4	B5	B6	B7	B8
A	腰の位置で両手を後ろに組む	歩く	B	両手を机の上に広げてつく	片手を机の上に斜めにつく	両手を机の上でそろえてつく	机の縁をつかむ	片手を机、片手を体の後ろ	片手を机、片手を胸	机に寄りかかる	コンピュータ(装置)を使う

	C1	C2	C3	C4
C	資料をもつ	資料に触れる	資料を見せる	資料を見る

	D1	D2	D3	D4	D5	D6	D7
D	片手机、片手ジェスチャー	片手胸、片手ジェスチャー	片手腰、片手ジェスチャー	片手下ろす、片手ジェスチャー	片手後ろ、片手ジェスチャー	両手でジェスチャー	片手で資料もち、片手ジェスチャー

	E1	E2		F1	F2	F3
E	片方の腕をつかむ	片方の手首をつかむ	F	黒板に何か書く	黒板を使って説明	黒板に資料を貼る

	G1	G2		H1	H2	H3	H4
G	服にさわる	体や顔にさわる	H	足を伸ばして椅子に座る	足を引いて椅子に座る	足を伸ばして机に座る	足を引いて机に座る

	I1	I2	I3	I4
I	机の側に立つ	机をのぞき込む	机の側で跪く	机の側を歩く

A: 立つ
B: 机に向かう
C: 資料
D: ジェスチャー
E: 腕や手首をつかむ
F: 黒板
G: 体や服にさわる
H: 座る
I: 寄り添う

図12-2　教師の姿勢の分類学〔TTP2013〕(Kono, 2013)

表12-1　ジェスチャーの分類基準（河野, 1991）

A	模倣動作	（a1：活動　a2：象形）　人や物の動きや形を模倣する
B	指示動作	（b1：指示　b2：指名）　眼前にあるものあるいは人を指す
C	様態動作	（c1：様態　c2：状態）　人や物の様子をあらわす
D	数字動作	（d1：数字　d2：数え上げ）　数を示したり，数えたりする
E	強調動作	（e1：空間　e2：強調　e3：同意　e4：確認）　語句や文節を強めたり，聞き手に同調や確認を求めたりする
F	実演・資料説明動作	（f1：実演　f2：実物提示　f3：資料説明　f4：板書指示）実物や資料の提示やそれらを使った説明。板書の一部を指してしめす。

られている（Ekman & Frissen, 1969）。これに対して，表12-1ではB（指示）やF（実演／資料説明）が加わっている。教師が板書したり，黒板に書いた文字や絵を見せながら説明したりする光景はよくみられる。また，三角定規で平行線や角の二等分線の引き方を見せたりする。発言する子どものほうに手を向けて発言を促すことも多い。これらは，教室での授業という文脈のなかで頻繁にみられる独特の身体動作であるので，独立した群としてジェスチャーの分類基準のなかに含めている。

■ジェスチャーの採集と分類

　ジェスチャーの採集と分類は，次の手順で行う。姿勢の場合と違って①の発話記録をあらかじめ用意しておくと便利である。どのような発話のときにジェスチャーが出現したのかがチェックできるからである。

①VTRから，発話記録を作成する。

②VTRを再生しながら，ジェスチャーが出現した箇所をチェックする。

③図12-3のような「ジェスチャー採集カード」に，教師の発話内容，身体の

①「朝食べるものに，ガスも使われてて，電気も使われていますね。」

②右手の親指と人差し指を順番に折り曲げる。

③数えるしぐさ。［d2］

図12-3　ジェスチャー採集カードの例

動きの記述，ジェスチャーの分類コードを記入する。この例では，朝食の用意にガスや電気を使うことを話しながら，電気とガスのところで指を折って数えるしぐさになっている。これは数え上げ（e2）にコードされる。
④ジェスチャーの総出現数，種類別出現数，1分単位あたりの出現数を調べる。

第3節 姿勢とジェスチャー研究の実際

ここでは，マイクロティーチングに参加した大学院生Fさんの5分間の授業VTRを材料に，教師の姿勢とジェスチャーの研究の実際を紹介する。実習の目的は自分の話し方の特徴を知ることであった。6年生の社会科の授業で「厳島神社」ついて学ぶことを想定した，仲間同士の授業である。

1. 姿勢の研究の実際

■姿勢の採集と分類

表12-2を見ると8種類の姿勢が採集されている。教室に教卓や教師用の椅子の準備がなかったので，B群やH群の姿勢は観察されなかった。また，マイクロティーチングのVTRでしばしば観察されE群の「片方の腕をつかむ」「片方の手首をつかむ」やG群の身体接触動作はみられなかった。E群とG群の姿勢は，緊張や不安が高い場面で生じるものだが，大学院の学生であったために比較的落ち着いて授業ができたものと思われる。

黒板に書く（F1）と黒板を指して説明する（F2）を合わせると，30％と一番出現数が多い。マイクロティーチングの実習VTRのなかには，まったく黒板に文字などを書かないものもあるが，この学生は黒板を有効に活用できている。

次に多いのは，C1（資料を持つ）とD7（片手に資料，片手で身振り）がそれぞれ20％

表12-2 マイクロティーチングにおける姿勢の出現数

姿勢	出現数	出現率
A-1	4	13.33
C-1	6	20.00
D-2	3	10.00
D-3	1	3.33
D-4	1	3.33
D-7	6	20.00
F-1	8	26.67
F-2	1	3.33
計	30	100.00

0:30 	①「先生も，地元の神社でお祭りがあると神輿をかついだりする…。」 ②神輿をかつぐまねをする。 ③模倣動作—活動（A-1） （時間：0:30）
4:42 	①「神社の鳥居っていうのは，神様の入り口として神社の前にあるん…。」 ②鳥居をかたどった手を前に引く ③模倣動作—象形（A-2） （時間：4:42）
2:30 	①「何か不思議に思うところありますか？ おっ！はい，どうぞ。」 ②挙手をした子どもを手で指す ③指示動作—指名（B-2） （時間：2:30）
4:18 	①「この厳島神社っていうのは，広島県廿日市市にあるんだけど…。」 ②「厳島神社」のところで手を広げる ③強調動作—強調（E-2） （時間：4:18）
1:20 	①「この写真を見て，ここがどこだかわかりますか？」 ②両手に写真を持って子どもに呈示する ③実演・資料説明動作—実物提示（F-2） （時間：1:20）
2:06 	①「はい。ここは…，厳島神社といいます。」 ②黒板を指さして読む ③実演・資料説明動作—板書指示（F-4） （時間：2:06）

図12-4　採集されたジェスチャーの例

ずつである。このことから，この学生は資料を持って話を進めていることがわかる。一般に，教育実習生の授業VTRからはＣ１がたくさん採集される。

この授業では，これとは別に資料の写真を提示するために保持する場面があった。姿勢の分類では，Ｃ３（資料を見せる）にコードされている。これは板書と同様，内容の理解を子どもに促す積極的な授業スキルである。

■姿勢の変化数

姿勢の変化数は21回と記録された。種類数が８であることを考えると，この学生は，かなり頻繁に姿勢が変化したことを意味している。

>> 2．ジェスチャーの研究の実際

■採集されたジェスチャー

この授業で採集されたジェスチャーの「採集カード」の例を図12-4に示す。ジェスチャーが出現した時間を記入しておくと，整理に便利である。

採集されたジェスチャーの種類を整理したのが，表12-3である。全部で16回である。姿勢でもふれたように，この授業では内容の理解を子どもに促す積極的な授業スキルである板書と資料の提示が的確に行われていると評価できる。それと関連して，ジェスチャーでも実演・資料説明―板書（Ｆ２）と実演・資料説明―実物提示（Ｆ２）が，合わせて50％と高い割合を占めている。

次に多いのが，図12-4の４分18秒で採集された例のような強調動作―強調

表12-3　ジェスチャーの出現数

ジェスチャーのタイプ	出現数	出現率
模倣動作-活動（A-1）	1	6.25
指示動作-指名（B-2）	2	12.50
様態動作-様態（C-1）	1	6.25
強調動作-強調（E-2）	4	25.00
実演・資料説明-実物提示（F-2）	2	12.50
実演・資料説明-板書（F-4）	6	37.50
計	16	100.00

(E2)である。「この厳島神社」と話しながら，両手を広げている。両手を広げることは，厳島神社の形や機能を示すものではなく，ある特定の言葉や状況を話すときに，思わず力が入る強調のための動きである。この動きは意識しないで表出することが多い。

・文 献・

青木理恵（2001）「授業者のジェスチャーに関する研究」『平成12年度東京学芸大学心理学科卒業論文集』37

ブラウン，G.（斉藤耕二・菊池章夫・河野義章共訳）（1981）『授業の心理学』同文書院

Ekman, P., & Frissen, W. V., (1969) A repertoire of nonverbal behavior: Categories, origins, usage and coding. Somiotica, 1; pp. 49-98

喜多荘太郎（2002）『ジェスチャー　考えるからだ』金子書房

河野義章（1991）「教室の非言語的行動：授業者はいかなるジェスチャーを使うか」『日本教育心理学会総会発表論文集』pp. 583-584

河野義章（1992）「教師によって意識された姿勢のイメージ」『第34回日本教育心理学会発表論文集』p. 351

Kono, Y. (2013). 'Development of the encoding system of teachers' postures in classroom'. Social Psychology of the classroom International Conference 2013. handout. The University of Auckland, New Zealand.

河野義章・新野泰顕（2002）「教師の姿勢の分類基準（TP2002）の開発」『第18回日本教育工学会発表論文集』pp. 627-628

McNeill, D., (1985) 'So you think gestures are nonverbal?' "Psychological Review" 92, pp. 350-371

ネイル，S.（河野義章・和田実共訳）（1994）『教室における非言語的コミュニケーション』学芸図書

大河原清（1983）「教師の言語的行動に伴う身体動作が児童・生徒の学習に及ぼす影響」『日本教育工学雑誌』8，pp. 71-85

Spiegel, J. & Machotka, P., (1974) "Mesasge of the Body" New York,: Free Press

吉岡啓介・堀毛一也（2007）「説明場面におけるジェスチャー表出の個人差の規定因について」『日本パーソナリティ心理学会大会発表論文集』16, pp. 168-169

注：第12章の姿勢の研究は，3刷までは，河野・新野（2002）にもとづいて記述された。4刷ではKono（2013）にもとづいて図12-1，図12-2を変更した。

TOPIC12　AS表情トレーニングとその効果

　数年間にわたるパフォーマンス学の先行研究にもとづき，社会人55人（「佐藤綾子のパフォーマンス学講座Ⓡ」の受講生）に，顔の表情を含む「非言語コミュニケーションスキル訓練プログラム」にもとづいて，1年間（2時間×21回）のパフォーマンス・トレーニングを行った。

方法：トレーニング前の受講生の2分30秒（150秒）のスピーチ画像を，プロカメラマンが8台のビデオカメラで撮影し，1年後に同じ受講生に同じテーマでスピーチをさせて撮影し，トレーニング前後の表情測定を行った。測定には，0.1秒単位で表情筋の動きを測定するコーディングシートによるコーディング分析を採用した。

結果：①neutral（中立の表情，すなわち表情変化の少ない表情）においてはトレーニング前より後のほうが時間が短縮され，②smileにおいては事前より事後における発生の時間が長くなり，③eye close & unfocusedについては事前より事後の時間が短くなり，④まばたきについては事前より事後の回数が減少し，⑤頭部の動きに関しては事前より事後の回数が減少し，⑥アイコンタクトについては事前より事後の回数が増加した。アイコンタクトの時間については，全体時間から③のeye close & unfocusedの時間を引いた時間の長さとなるので，アイコンタクトの時間の長さが増加したことになる。

　よって，表情トレーニングは，所定の効果をもたらすことが確認された。各項目の時間および回数の結果と事前事後のt検定結果を下図に示す。

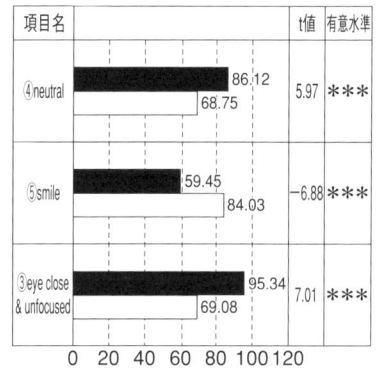

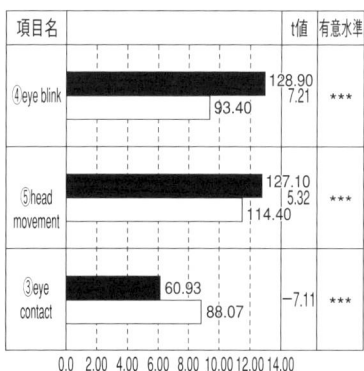

項目名		t値	有意水準
④neutral	86.12 / 68.75	5.97	***
⑤smile	59.45 / 84.03	-6.88	***
③eye close & unfocused	95.34 / 69.08	7.01	***

項目名		t値	有意水準
④eye blink	128.90 / 93.40	7.21	***
⑤head movement	127.10 / 114.40	5.32	***
③eye contact	60.93 / 88.07	-7.11	***

n＝30, 測定時間＝150秒, 単位＝回/150秒, ***$p<0.001$
■ トレーニング前　□ トレーニング後

・文献・

佐藤綾子（2003）『非言語的パフォーマンス――人間関係をつくる表情・しぐさ』東信堂

第13章 板書の研究

第1節 > 板書を研究する

>> 1. 板書の意義, 役割とは

■黒板の歴史

　保護者の参観日に, 1台のOHPを取り合った時代があった。現在では, パワーポイントのためのプロジェクターを取り合っている。先進的（？）な学校では電子黒板を使った授業の報告をしている。でも, 多くの教室では, いまもチョークと黒板が使われ続けている。

　17世紀の学校の風景はコメニウス（Comenius, J. A.）の『世界図絵』にみることができ, 壁（現在の位置と違うが）には, 黒板がかかっている。また, 小倉（1975）は, フランスのモンジュ（Monge, G.）のエコール・ポリテクニク（高等理科学校）での画法幾何学の授業を紹介しており, そこでは黒板・投影図・曲面模型などが用いられた。18世紀末から19世紀の初頭のことである。欧米の学校での黒板の使用で特筆すべきは, 英国における産業革命期のベルとランカスターによる助教法の学校であろう。少数の教師が大量の子どもを教える「安あがり教育術」では, 黒板や掛け図は効果的であった（柳, 2005）。

　わが国では, 江戸時代にも「塗板」「塗盤」「手板」「払い板」と呼ばれる小さな板が使われたとされるが, 本格的な導入は明治期の学校制度の始まりに伴い, 大学南校のアメリカ人教師のスコットにより持ち込まれた（清水, 2002）。一斉指導を支える用具として, 急速に広まった。すぐに国産化された背景には,

漆技術の背景があった。大正期には，黒板産業メーカーも生まれている。1952（昭和27）年には，JIS規格が制定され，塗り面が黒からグリーンに変わった。

■板書の効用

黒板の効用は，次のように整理できる。

①学習の流れを振り返ることができる：学級には，ゆっくり理解していく子どももいる。そこで，1時間の授業のなかで，学級で話し合ったことをいつでも振り返ることができるように板書をしていく。1時間の授業が終わったあとの黒板が，その1時間の学習の流れとなっていることが望ましい。

②話し合いを視覚化できる：授業のなかでは活発な話し合いがなされる。しかし，口頭の話し合いだけでは，形に残らず消えてしまう。しかし，教師が価値ある発言，素朴なつぶやきなどを，すかさず板書しておくことによって，あとの時間でいつでも引き出すことができる。

③思考の関連づけができる：子どものいろいろな考えを比較・検討していくことによって，焦点化したり分類したりできる。また，特に算数では具体から抽象へと思考を高めるこが大切になる。そこで，黒板を用いて，言葉，図，式を関連づけられることを理解させたり，説明させたりしていく。

>> 2.板書計画

■授業デザインと板書計画

教育実習の際，教育実習生は授業デザインのために「指導案」の書き方について，ていねいな指導を受ける。そこでは，必ず板書計画をつけるように求められる。しかし，毎日の授業となると，そうした整った指導案を準備する時間的な余裕はない。

そこで，簡便な授業デザインの手段として，教材研究のあとに「板書計画」をまとめることを勧めたい。それを手元に置くと，授業がぶれないで進む。

■板書計画の例

筆者は教材研究とともに，授業前に必ずB5ノート（1ページ）に板書計画

をつくってから授業を行うようにしている。そしてその板書計画のなかに，どこでどのような発問をしなければならないかを書き加えていく。

　黒板を図13-1のようにおおよそ3等分し，授業づくりを考えている。これはあくまで，板書の一つの例である。数と計算領域の授業では，うまくあてはまることもあるが，図形領域の板書は必ずしもこのようにはならない。子どもから多様な考えがあがった場合は，もちろん取り上げていかなければならない。問題場面が収まりきらない場合もあるかもしれない。しかし，大切なのは，このようにオーソドックスな形で板書をしておくことで，いつでも算数の授業では（おおよそ）このような位置に，このような内容が書かれているのだ，と子どもたちに理解させておくことができることなのである。

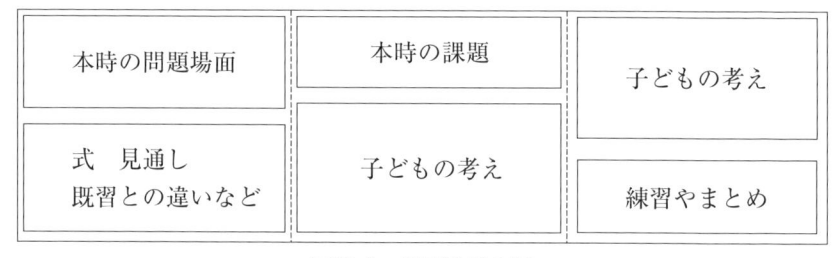

本時の問題場面	本時の課題	子どもの考え
式　見通し 既習との違いなど	子どもの考え	練習やまとめ

図13-1　板書計画の例

第2節 > 板書の研究法

>> 1. 板書の配慮事項

　小塚・川上（1979）は，板書の配慮事項として4点あげている。①どんなことを書いたらよいか（文字，語や句，文や文章，あるいは絵や図が適切かどうか），②どんなときに書くべきか（板書するタイミングが適切であるかどうか），③どの部分に書くべきか（板書する語句や文の占める位置，わりふりが適切であるかどうか），④どのように書くべきか（文字の大小，色分け，記号づけが適切であるかどうか）

>> **2．板書の研究の視点**

　この4点は，板書の評価観点でもあり，教育実習生や新任教員には，これをめあてに板書の練習をすることを勧める。同時にこれらは，板書研究の視点でもある。

■**板書にかける時間とタイミング**

　小学校の45分の授業時間のなかには，おもに次のような活動がある。①問題場面を知り，本時の課題を明らかにする，②自力解決を行う，③板書をもとにして，それぞれの考えを比較検討する，④板書をもとに授業のまとめをする。

　この研究では，実際の授業のどのタイミングで，どのくらいの時間を板書にあてているのかを計測する。手順としては，授業を録画し，教師の発言・子どもの発言のプロトコルを作成した。そして再び録画した映像を見ながら板書している時間のみをストップウォッチで計測していき，板書の内容とそれにかかる時間を調べる。

■**板書の文字の大きさ，文字数，文字の色**

　教室の前と後ろでは，黒板の見え方が違ってくる。子どもが教室で落ち着きがないと思っていたら，視力が弱くて黒板が見えにくかったという場合もある。授業が終わったあとに，黒板の文字のおおよその大きさについても調べる。文字数や文字の色も問題になる。

　清水・安（1976）は，ひらがな，英字，数字，漢字を材料に，距離と文字の大きさ・色による識別可能性を調べている。白チョークで5cm角の文字が書かれた場合，視力0.6の者は12～13mよりも前でないと文字が見えないことがわかった。また，漢字は平仮名よりも1.3倍大きく書く必要がある。色については，白・黄・赤・茶・青の順で白が最も見やすかった。

■**思考の流れ/思考の深まり**

　かつて，黒板には教師が伝えたい内容が書かれた。子どもたちは，それを頭のなかにしまい込んだり，ノートに写したりした。つまり，黒板は外部記憶装

置としての機能を果たしていた。

しかし，教師と子どもたちが協同して学び合う授業が大切にされるようになると，黒板は授業のなかでの思考の流れや思考の深まりをまとめたり，振り返ったりするための精緻化の道具としてみなされるようになった。

例えば，松尾・丸野（2008）は，記録した小学校の板書に，「内容伝達」「ポイントの強調」「発言のつながりを図示」の記号をつける作業をした。その結果，低学年の１学期では，個々の発言内容を全体が正しく共有・理解することが主目的で，中学年になると発言のつながりが視覚化され始める，高学年では子どもの発言のつながりを書き残すことが増加し，異なる考えを出し合うことで，一つの考えが徐々に精緻化されながら協同思考がされる過程が視覚化されていた。

第3節 > 板書研究の実際

>> 1. 板書にかける時間の実際

■検証授業について

ここでは，教師Ａ氏の授業をもとに検証していく。第5学年「平行四辺形と三角形の面積」の9～10時間目である。台形の求積方法を考える場面である。本時の問題場面では，下のように上底，下底，高さが等しい台形の面積を比べる場面を設定した。便宜上，2つの台形をそれぞれ赤と緑とした。

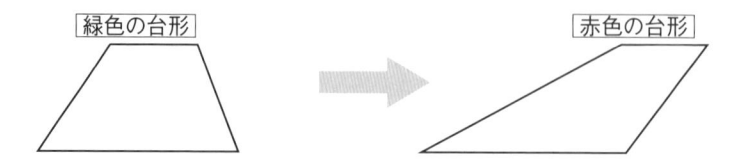

|緑色の台形| → |赤色の台形|

■授業の実際と板書の時間

①日付，授業の回数を書く場面

第13章　板書の研究

T：はい，2月の22日。79回でいいんだっけ？75。今日はこんなことを学習していきたいと思います。読めますか？

まず初めに，日付と授業の回数，そして問題場面にかかわる言葉を板書した。これにかかる板書の時間は22秒であった。

②問題場面を把握する場面

T：高さが変わっていない？　高さとはどこのことですか？

C：一番上の辺と下の辺をつなぐ，直角線なので……ここです。

T：ここのことですね。これが高さなのですね。こちらの台形も高さは，何cmでしょうか（学級全体に問う）。5cmですね。

ここでは，黒板に貼った台形の図にそれぞれの図形の高さを確認しながら，マジックで高さ，長さを書き入れた。赤と緑の両方の台形に高さを書き入れるのに14秒かかった（ここでは板書ではなく，紙にマジックで書き入れた）。

③集団解決の場面（子どもの考えを取り上げる場面）A

ある子どもが「台形を2つの三角形に切って，求積する」という考えを発表したあとに，さらに2つの三角形の底辺と高さを確認した場面である。そのあと，式を発表し考えをまとめている。

C：ここが底辺の4cmで，ここの高さが5cmでした。あと，こっちの底辺が8cmで，高さが両方とも5cmだからその三角形を求めると……4×5÷2+……。

T：ちょっと待って，書いておくね。

（中略）

2つの三角形に分け，それぞれの底辺と高さを板に貼ってあるプリントに書き入れた（これ

ここでの板書
$4 \times 5 \div 2 = 10$
$8 \times 5 \div 2 = 20$
$10 + 20 = 30$

に17秒かかっている)。また，子どもの意見を聞きながら，右上のように板書をするのに38秒かかった。

④集団解決の場面(子どもの考えを取り上げる場面) B

ここでは，台形を2つ合わせて平行四辺形にし，求積している子どもの考えを取り上げた。

C：前やったみたいに，平行四辺形にして求めました。

T：ここからどうやって求めるんですか。

C：ここの下が8＋4で……。

T：じゃあ書いておくね。

C：高さは5cmというのは同じなので，12×5です。

T：で÷2。

（以下略）

T：2つの式を1つの式に表すことはできるでしょうか。

C：できます。(8＋4)×5÷2＝30です。

T：これで，1つの式に表せましたね。

板書（50秒）
8＋4＝12
12×5÷2＝30

板書（15秒）
(8＋4)×5÷2＝30

このあと，赤い台形についても，同じ考え方（倍積変形）が適用できることを確かめた。掲示物に図をかき入れる時間は21秒，式を板書する時間は計29秒かかった。

⑤集団解決の場面(子どもの考えを取り上げる場面) C

T：大きな三角形が作れると聞こえたけれど，本当に作れそうですか。

C：ここが8cmで，ここが4cmだから，合わせて12cmで……

（以下略）

C：ここが8cmで，ここが4cmだから，8＋4で12。12×5÷2＝30

T：答えは，30cm²でいいですか。

ここでは，提示された図に，補助線をかき入れるのに，16秒かかり，

　（8＋4）×5÷2＝30

と板書するのに，17秒かかった。

　この考えは，初めに赤い台形で考え方を発表されたので，次に緑の台形でも考えを適用できるかを問うた。その際には，提示された図への書き入れ，また式の板書に計49秒かかっている。

⑥まとめの場面

T：今日の台形の面積の求め方を振り返ってみましょう。同じ考えで求められましたね。式を見てみましょう。

C：似ている式があります。

T：それはどれですか。

C：これとこれです。（図を示しながら）

T：（8＋4）×5÷2ですね。もともと8や4は，台形のどんな長さだったでしょうか？

C：8（cm）は底の辺です。

T：台形の底の辺を下底といいます。

C：すると，4（cm）は上底です。そして，5（cm）は高さです。

T：言葉の式でまとめますよ。

C：（下底＋上底）×高さ÷2です。

　⑥の場面は，今日の学習で子どもが考えた式の共通点を探し出し，最後に言葉の式にまとめている場面である。この際，授業ではこの公式としておさえていった（ちなみに公式にする際には，下底と上底の順序を入れかえた）。言葉の式でまとめ，板書する時間は21秒であった。

■板書にかかる時間のまとめ

　教師は問題場面，子どもの考え，まとめを板書していた。また，本時のように子どもの考えを図にも表したい場合には，あらかじめ用意しておいた提示物

も活用する。その図に書き入れる時間も，今回は板書の時間に含めている。おおよそ45分間の授業の中で，板書の回数は計21回，間は359秒間，およそ6分間であった。

>> 2．板書の文字の大きさ，文字数，文字の色についての実際

■文字の色について

数，式，図など，子どもが発表した考えはほとんどは白チョークで板書している。考え（台形の面積を求めた式）と考えを結びつけるとき，（授業では，同じ式を矢印で結んでいる）また，その式を四角で囲むときは赤色のチョークを使用した。

黄色いチョークでは，子どもの考えを補足する際に使用している。具体的には，12×5という式は，どこの面積を求める式であるのか（倍積した平行四辺形であった）ということである。それ以外の色は使用していない。

■文字数について

この授業では，文字数は103文字であった。そのほとんどは，数と記号（加減乗除），単位であった。これには，日付や回数も含まれている。

■文字の大きさについて

文字の大きさは，統一されてはいないが，おおよそ6cm×6cmの正方形に入るくらいの大きさであった。

第4節 > 板書研究の実際についての考察

>> 1．板書にかける時間について

学習場面ごとの板書時間を表13-1に整理した。およそ6分間の板書時間であった。45分間のうち6分間は，授業のおよそ13％にあたる。板書は，その多くは集団解決のなかで行っていることがわかる。集団解決の時間はおよそ22分

間であり，その23％にあたる約5分間板書をしている。板書の役割のなかには，子どもの考えを共有化したり，比検討をしやすくしたりする役割があるが，練り上げの場面でその多くが費やされていることから，その重要性がわかる。

また，板書をした時間は6分間だったが，それをもとに教師が子どもの考えを補足説明したり，補助発問をしたりすることで，考えを高めていった。子どもは板書を見ながら，ノートをとっていた。このように，練り上げの場面は，子どもにとっても教師にとっても板書が重用視されなければならない。

表13-1　子どもの活動場面

子どもの活動場面	回数(回)	場面の時間（秒）	板書の時間（秒）	場面における板書の割合（％）
1 問題を知り，課題をつかむ	4	545	40	約7
2 自力解決を行う	0	671	0	0
3 集団解決（練り上げ）を行う	16	1323	298	約23
4 まとめを行う	1	226	21	約9
合計	21	2765	359	約13

>> 2．板書の文字の大きさ，文字数，文字の色についての考察

いっぽう，板書は子どもの考えを交通整理する場所であると言われるように，子どもにとって，理解しやすいことが，理想的な板書である。特に練り上げの場面ではその重要性は言うまでもない。この授業の板書では，2つの台形の面積を比較するという課題であったが，黒板では赤緑の2つの台形の求積方法を整理しきれなかったという反省があげられる。文字の数などは適切な数があるというわけではない。子どもの思考がより整理できるよう，必要な数や式，図をさらに加えていく必要があったと考える。

>> 3．用具としての黒板の効果

　山崎・端・米田（1976）は，小学校の理科の教室で，黒板・OHP・VTRの効果を比較している。また，近年では電子黒板の有効性が論じられている。

　黒板は子どもの目の前で，一文字ずつ書き加えられていく。この速さがノートテイキングや思考の流れに影響すると予測される。OHPのトランスペアレンシーは一度に多くの情報を提示できるし，透明性の特徴をいかして情報を重ね合わせながら提示することができる。パワーポイントのソフトは，流動画像をも取り込んだマルチメディア教材として利用できる。電子黒板は，昔なら消されてあとに残らない前の黒板を振り返ることができる。

　しかし，認知の形成や情報の保持にどんな影響を与えるのかを問題にするならば，それらの用具によってどんな文字や図表がどんな順序で提示されたのか，教師や子どもたちはどんな発言をしたのかが問題にされる必要がある。板書の研究は，物理的研究だけでなく，教材研究をからめた認知的研究へと進むことが期待される。そのためには，書くことだけが問題でなく，書いたものを材料に思考を広めたり深めたりすることが問題にされる。こうなると単なる「板書」ではなく広い意味で「黒板」の機能を志向した研究になると予想される。

・文　献・

松尾剛・丸野俊一（2008）「学び合う授業を支える板書行為」『日本教育心理学会第50回総会発表論文集』p.180
小倉金之助（1975）『小倉金之助著作集』8，勁草書房，p.216
小塚芳夫・川上繁（1979）『授業を活発にする板書とノート指導』光村教育図書
清水康敬・安隆模(1976)「板書文字の適切な大きさに関する研究」『日本教育工学雑誌』1（4），pp.169-176，1231
清水康敬（2002）「黒板」『現代教育大事典（新版）』ぎょうせい
埼玉県算数数学教育研究会「基礎・基本の確実な定着を図る算数指導」『算数教育研究協議会用テキスト』第35集
山崎豊・端義二・米田昭二郎（1976）「理科学習における教育機器の効果に関する研究——黒板・OHP・VTRの対比」『金沢大学教育学部紀要』25，pp.55-63
柳治男（2005）『〈学級〉の歴史学』講談社選書メチエ

TOPIC13　板書記録を子どもに配布する

　授業終了後，板書をデジタルカメラで撮影する。その板書記録は，学級の掲示スペースに貼り重ねられたり，子どもに配布され，ノートに貼られたりしていく。
　このような行為には，教師のどのような願いがあるのか。また，子どもにとっては，どのような意味があるのだろうか。
　教師の願いには，まず，学級の子どもたちと，私という教師でつくる学びを大切にしていきたいというものがある。「この学級だから」という個性的な足跡が板書に表現され，それは学びの物語になる。そして，「私たちは，この学習の最初では，このようなことを考えていたのだ。そしていまでは……」と，板書記録を繰りながら，学びのつながり，変容を自覚しようとする子どもの姿になる。
　また，板書記録を見て，次の時間の準備をして臨む子どもを期待する。例えば，「次の時間では，僕の考えがみんなに納得してもらえるように，もっと調べ，考えて臨むぞ！」という姿である。

　さらには，「板書を写さなければ……」という子どものとらわれを解き，「板書を写すのではなく，目の前の話し合いに集中し意見を出そう。そのために，自分の考えや，よいと思った友達の考えを，ノートにメモしていこう」というように，学習やノートづくりへの構えをつくることもねらっている。
　教師にとっても，板書記録は自身の授業を振り返り，次の授業への挑戦を支えるものとなる。「この子の本当に言いたいことを板書でキャッチできていたのか？」「授業の展開，本時の成果，次時への課題等が，子どもにとって，わかりやすく記されているのか？」「どこをどうすれば，よい板書になったのか？」
　板書配付の根底にあるものは，「板書は，子どもにとっての教材なのだ」という板書観である。そして，子どもの見通しと教師の見通しを共有化していくことによって，子どもが主体的に学んでいく姿を支えていこうとしているのである。

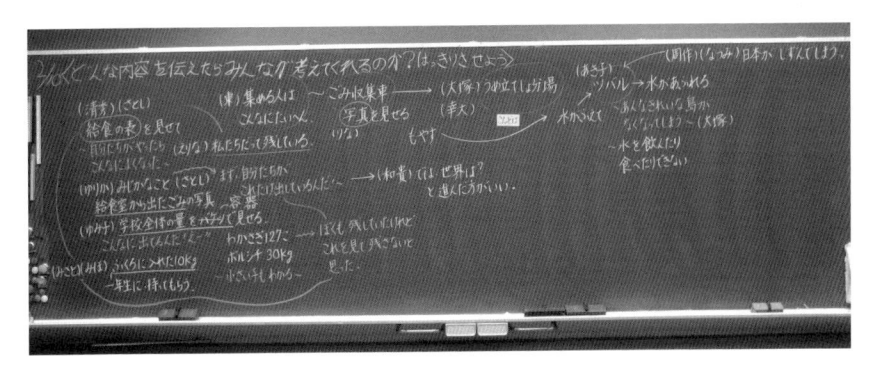

第14章

学習者の課題従事の研究

第1節 > 学習者の課題従事を研究する

>> 1.「課題従事行動」と「課題非従事行動」

　小学校の授業時間は1単位時間45分間，中学校や高等学校になると50分，大学では90分が標準的である。ところで，学習者は授業時間中，すべての時間，学習活動に従事しているだろうか。授業のはじめのあいさつから終わりのあいさつまで，100％学習に参与しているだろうか。「授業者の説明を聞いている」「板書をノートに写している」「与えられた問題を解いている」「課題についてほかの学習者と話し合っている」などの行動は，「課題従事行動 on task behavior」といわれる。いっぽうで，「よそ見をしている」「隣の席の子どもと授業とは関係のないおしゃべりをしている」「ノートに落書きをしている」「手遊びをしている」「寝ている」「授業妨害行為をしている」などの行動は，「課題非従事行動 off task behavior」といわれる。課題従事行動を研究することは，学習者や授業の理解を促進する可能性がある。

>> 2.課題従事行動を研究する意義

　学習者の課題従事行動を研究する意義は，どこにあるのだろうか。第一には，授業が効果的に行われているのかについて，客観的な評価の一つになる。授業参観をしていて，「よい授業だなあ」と感じる授業がある。あるいは「あの先生はいつもよい授業をする」と感じさせる教師がいる。こうした評価は，多く

の場合「直感的」に行われる。直感的であることも重要なのだが，研究を行う場合は，やはり科学的，客観的な指標が必要である。この指標の一つとして，課題従事行動を測定することが考えられる。学習者が静かに授業者の話に集中している授業も，課題について学習者同士がにぎやかに，活発に意見交換をしている授業も，よい授業だと評価されるだろう。両者の共通点は，「学習者が課題に従事している」という点である。学習者の課題従事行動を測定し，非従事行動との割合を示すことで，授業を客観的に評価する重要な指標となる。

　学習者の課題従事行動を研究する第二の意義として，個々の学習者の発達，成長，変化を客観的に示す指標となる可能性である。同じ授業のなかでも，課題従事行動の割合が高い子どもと，低い子どもとがいる。なかには，多くの子どもがほとんどの時間課題に従事しているようなよい授業のなかで，まったくといっていいほど課題に従事していない（手遊び，授業妨害行動などをしている）子どももいる。こういった子どもを支援していくためには，その子どもが抱えている問題をきちんと理解する必要がある。本人から話を聞いたり，保護者から情報を集めたり，必要であれば専門家による心理検査も実施すべきであろう。加えて，授業中の行動観察が重要である。課題の従事度は，現在平均的にどの程度なのか。特に非従事の割合が高まるのはどのような授業（教科，時間帯，授業形式など）なのか。反対に，比較的授業従事の割合が高まるのはどのような授業なのか。こういった情報を参考に支援計画を立て，支援を行っていく。支援が有効に機能しているのかについて評価する際にも，課題従事行動を測定していくことが重要になる。

第2節 > 行動観察の準備

>> 1. 観察・記録する行動を決定する

　授業において学習者の課題従事行動を研究する場合は，本番の行動観察を実

施する前に，どういった行動を記録するかについて決めておく必要がある。もし，条件の整った実験室で特定の子どもの行動をずっとビデオで録画できるような状態であれば，事前に記録する行動をそれほど厳密に決める必要はないのかもしれない。なぜなら，録画終了後，細かに再生しながら映像記録を文章や数値などにしていけばよいからである。

しかし，授業中の学習者の課題従事行動を研究する場合は，このような恵まれた条件はまず期待できない。自然な授業の場面で，特定の子どもの様子をビデオで録画することは非常に困難である。倫理的にむずかしい場合が多いし，本人（保護者）から了解を得たとしても，カメラを向けられることによって緊張や社会的望ましさが発生し，普段の自然な学習者の行動ではなくなるからである。したがって，基本的にはビデオ録画に頼らず，記録者がリアルタイムで行動観察を行い，記録用紙に筆記で記録していくことになる。そのためには，研究の目的に合わせて，どのような行動をどのような細かさで観察・記録しなければならないかを事前に決定しておかなければならない。

>> 2. 観察する行動カテゴリーを決定する

行動の文章記述をリアルタイムの観察で行うのは，記録に時間がかかりすぎて支障をきたすことも少なくない。したがって，先行研究や予備観察をもとに，行動カテゴリーを事前に作成し，ライブ観察の際にはそれらのカテゴリーのどこに分類される行動かを判定し，記録用紙にはカテゴリー名を記述（あるいはカテゴリーをチェック）するという方法がとられることが多い。授業中の課題従事研究において，最も簡単なカテゴリーは，「課題従事（オン・タスク）」と「課題非従事（オフ・タスク）」という2つのみの分類である。リヒテンバーガーら（2008）では，「課題に取り組んでいる（オン・タスク）」「1人で課題以外のことをしている（受動オフ・タスク）」「他児の妨害になることをしている（妨害オフ・タスク）」という3つのカテゴリーを設けている。三浦（1994）では，子どもの行動を＜個別行動＞（作業中，作業と傾聴，傾聴，無活動，不道

徳，妨害，非該当，確認不能），＜相互交渉（対教師）＞（指導，品行，自発，反抗，社交），＜相互交渉（対仲間）＞（学習，社交会話，否定，強要，確認不能）という細かなカテゴリーに分類している。

　カテゴリーの数は，少なければ少ないほど観察や記録としてはすばやくできる。しかし，あまり大ざっぱなカテゴリーだと，分析の段階になって「もっと細かなカテゴリーに分けて観察・記録しておけばよかった」と後悔することもあり，あとの祭りである。いっぽうで，カテゴリーの数が多くなればなるほど，それぞれの定義を覚えていなければならず，記録も大変になる。記録する際には，カテゴリーが記号化（数値化）されたものを記録用紙に書き込むか，カテゴリーの欄にチェックを付けることになる。もしカテゴリー数が15や20になってしまうと，記号を書き入れる場合にもかなりの熟達が必要となる（観察した行動がどのカテゴリーに分類されるのかを瞬時に判断し，それにふさわしい記号を記録用紙に記入しなければならない）し，チェック方式にすると記録用紙に大きなものが必要になる。

　また，カテゴリーに含まれる行動の定義や範囲をきちんと決めて，確認しておかなければならない。同じ行動が記録者によって異なるカテゴリーに分類されては，信頼性が低いことになる。予備観察などを行い，また複数の記録者で話し合ったり，練習により一致率を高めたりしておく必要がある。

>> 3．観察・記録方法を決定する

■エピソード（逸話）記録法

　一般的に授業観察を行うときに用いられる方法である。授業時間中に起きた，特筆すべき出来事や学習者の行動について文章記述していく方法である。「○時△分，A児が手遊びを始めた」「○時△分，B児が挙手をした」「○時△分，C児が教師に『これはどうするんですか』と質問した」などを記録用紙に書いていく。すべての行動を記録することは時間的に不可能であり，質的な現象の記述には向いているが，量的な分析には使用しにくい。

■事象見本法

　事象見本法（イベント・サンプリング法）とは，焦点を絞った特定の行動のみに着目し，その行動がどのような状況で起こり，どのような経過をとり，どのような結果をもたらすか，その行動の頻度や持続時間を観察する方法である。例えば，グループ学習中の子どもから教師への質問行動に焦点を当て，どのような状況で質問行動が起こるか，どのような質問をするか，質問時間は何秒ぐらいか，質問が終わったあとにどのような行動をとるのか，また1授業時間単位のなかで学級全体では何回の質問行動が起こるのかなどを記録していく。量的な分析が中心的な目的となる場合は，特定の行動の頻度（学習者個人や学級全体）のみをカウントする場合もある。

　開始と終了がはっきりしている行動，持続時間がそれほど長くない行動，生起頻度が多すぎない行動（質問，挙手，妨害行動）などを観察・記録する場合は，事象見本法が適している。開始と終了がはっきりせず，持続時間が長い行動（教師の話を聞くなど）の場合，頻度などを記録しにくい場合がある。

■時間見本法

　時間見本法（タイム・サンプリング法）とは，任意の時間間隔で区切られた観察単位中に観察対象となる行動の生起を観察・記録する方法である。授業中の行動観察をするとき，すべての時間中観察を実施し，生起するすべての行動を観察・記録することは困難であり効率的でもない。そこで，あらかじめ決めた時間の間だけ，あらかじめ決めた頻度で観察する方法が時間見本法である。

　時間見本法にはいくつかの手法がある。

自由記述法：一定の観察単位に観察した行動を続く一定時間内に文章で自由記述し，それを繰り返すものである。例えば，授業中に特定の子どもの行動を20秒間観察し，その間の行動を次の40秒間で記述する（「教師の板書をノートに写し，その後筆箱の絵を眺める」など）。そしてまた次の20秒間を観察し，40秒間の記録を行う。45分間の授業で，観察単位は45回である。一般的には，観察時間の20秒の間に複数の行動が生じた場合は，すべて記録する。

自由記述法は，文章記述のため記録に時間がかかることが難点である。

1/0サンプリング法：チェックすべき行動カテゴリーを決めておき，各観察単位中にカテゴリーにあてはまる行動があったか否かを，続く記録時間中にチェックするものである。例えば，「課題従事行動」「単独課題非従事行動」「妨害課題非従事行動」という3つの行動カテゴリーについて観察するとしよう。観察時間は10秒で，次の10秒が記録時間であり，毎分（60秒）で3回の観察単位があるので，45分間での授業での観察単位は135回である。最初の10秒間の観察時間中に，「練習問題を解いていた」「隣の子どもにちょっかいをかけ，邪魔をした」という2つの行動があった場合は，次の10秒で「課題従事行動」「妨害課題非従事行動」の2つのカテゴリーにチェックが付く。記録時間が10秒ではむずかしい場合は，20秒にするなど伸ばしてもよい（そのかわり観察単位の数は減る）。

ポイントサンプリング法：観察時間を特定の時間の瞬間に限定し，その瞬間に生起していた行動のみを次の記録時間にチェックする方法である。例えば，授業中の毎分の0秒，20秒，40秒ジャストに生じていた行動を，次の観察時間までに記録する。観察ポイントは時刻でもよいし（8時50分からの授業の場合，観察ポイントは8時50分00秒，8時50分20秒，8時50分40秒，8時51分00秒……），経過時間でもよい（授業開始より0分00秒，0分20秒，0分40秒，1分00秒……）。この場合も45分間の観察単位は135回となる。観察ポイントの瞬間に複数の行動が観察された場合は，両方のカテゴリーにチェックするか，重要度の高い行動のみにチェックする方法があり，観察に入る前に方針を決めておく。

時間見本法の場合，一つの授業中に複数の学習者を同時に観察対象とすることができる。例えば，A児，B児，C児を対象として授業中の行動を観察，記録する場合を考えてみよう。1人の学習者を観察・記録する場合と違って，観察・記録時間に加えて，記録者の場所や視線を移動する時間を設ける必要がある。例えば1/0サンプリングの場合，観察時間を10秒，記録および移動時間を

50秒として，観察対象をA児→B児→C児→A児→B児→C児……とローテーションしていく。それぞれの子どもは，3分に1回（10秒）観察されることになる。45分間での全体の観察単位は45回，子どもごとには15回ずつになる。

時間見本法は，授業中の学習者の課題従事行動を数量的に表すためには，最も適した観察・記録法であるといえる。実施の際には，経過時間などを音声で録音したICレコーダーの音をイヤホンで聞きながら観察・記録するなどの工夫も必要である。時間見本法によって得られたデータは，授業ごとの比較，授業者ごとの比較，授業時間内での前半と後半の比較など，さまざまな統計的分析に用いることが可能である。時間見本法については，中澤・大野木・南（1997）にも詳しく解説されている。

第3節 > 学習者の課題従事研究の例

ここでは，松尾（2007）で取り組んだ，「学級規模が児童の課題従事行動に与える影響について」の研究例を紹介する。この研究は，国立大学法人の附属小学校がいわゆる「標準法」に従って40人で1学級編成になっている現状を改革する可能性を探るための予備調査の一環として実施されたものである。

>> 1. 問題と目的

子どもの授業中の課題従事行動の割合を高める方法として，少人数学級での指導，あるいは少人数授業が考えられる。学級規模を小さくすることにより，授業者がきめ細やかな指導をすることが可能になり，その結果，子どもの課題従事行動を増加させる可能性がある。このことは，学力向上と問題行動予防の両方に意味があると考えられる。

本研究の目的は，40人程度の通常形態の授業と20人程度の少人数の授業との間で，子どもの課題従事行動にどのような差があるかを検討することである。

>> 2. 方法

■観察対象
　東京都内の区立小学校（以下 A 校）4 年生 1 学級の子ども 3 名，国立大学附属小学校（以下 B 校）4 年生 1 学級の子ども 3 名を観察対象とした。6 名の子どもはいずれも男子であり，学力，行動面で標準的な子どもを学級担任が抽出した。観察のしやすさを考えて，黒板に向かっていちばん右の列に座席がある，あるいは最後尾に座席がある子どもを抽出した。

■観察日時
A 校：X 年 1 月 24 日（通常授業），29 日（通常授業），30 日（少人数），31 日（少人数），2 月 5 日（少人数）の 5 回観察を行った。
B 校：X 年 2 月 19 日（通常授業），21 日（通常授業），26 日（少人数），3 月 12 日（少人数）の 4 回観察を行った。
　両校を合計すると授業観察回数は 9 回（通常授業 4 回，少人数授業 5 回）であった。両校とも通常授業の場合は，40 人程度で，少人数の場合はその約半数（20 名程度）で授業を行った。

■観察者
　心理学を専門とする大学教員 1 名（筆者）と教育学部学生 2 名が分担して 9 回の授業の観察を行った。毎回の観察者は 1 名である。観察者は予備観察を行い，観察・記録の練習を行った。

■子どもの行動カテゴリー
　三浦（1994）と予備観察をもとに，図 14-1 のような行動カテゴリーを作成した。

	分類	定義	例
1	能動的課題従事	教師の指示に従い課題を行っている	挙手，発言，問題を解く，ノートテイク
2	傾聴（受動的課題従事）	教師の教示，他児の発表を見聞きしている	教師の発言を聞く，他児の発表を聞く
3	異課題従事	教師の指示でない学習行動をしている	勝手に教科書を見る，ほかの課題をしている
4	課題終了・待機	課題が終了し，待機している	課題が終わり，何もせずに待っている
5	無活動	行うべき課題を行わずに，何もしていない	課題があるのに，何もしていない
6	積極的課題非従事	行うべき課題を行わずほかのことをしている	手遊び，私語，落書き

図14-1 授業中の子どもの行動カテゴリー

>> 3．観察・記録手続き

　授業中の子どもの行動を時間見本法により観察・記録した。3名の子どもについて，1分ごとのポイントサンプリング法により行動を観察し，表14-1のどのカテゴリーに分類できるかについて，数字を記録用紙に書き込んだ（判断に迷う場合は，備考欄に具体的な行動を記録した）。つまり，A児は授業開始後1：00，4：00，7：00……に何をしていたかを観察し，同様にB児は2：00，5：00，8：00……，C児は3：00，6：00，9：00……のポイントを観察する。一人の子どもは3分ごとに1回観察されることになる。

表14-1 記録用紙

観察単位	A児 氏名（　　　　）			B児 氏名（　　　　）			C児 氏名（　　　　）		
	経過時間	番号	備考	経過時間	番号	備考	経過時間	番号	備考
1	0:01:00			0:02:00			0:03:00		
2	0:04:00			0:05:00			0:06:00		
3	0:07:00			0:08:00			0:09:00		
4	0:10:00			0:11:00			0:12:00		
5	0:13:00			0:14:00			0:15:00		

（15分00秒までを記載。「番号」の欄に行動カテゴリーの該当番号を記録する）

>> 4. 結果

　授業形態による子どもの行動の差を検討するために，授業形態（通常・少人数）と行動カテゴリー（6分類）によるクロス集計表を作成し，χ2乗分析を行った。χ2乗の値は1％水準で有意であり，残差分析の結果，「能動的課題従事」が通常授業よりも少人数授業で有意に多く（p＜.01），「積極的課題非従事」は通常授業よりも少人数授業で有意に少ないことが示された（p＜.01）。クロス集計表を表14-2に示した。また，出現頻度の少なかった「異課題従事」

表14-2　授業形態と行動カテゴリーのクロス集計表

行動カテゴリー		授業形態		合計
		通常	少人数	
能動的課題従事	度数	64	84	148
	％	36.0％	49.7％	42.7％
	残差	－2.6	2.6	＊＊
傾　聴	度数	50	57	107
	％	28.1％	33.7％	30.8％
	残差	－1.1	1.1	
異課題従事	度数	4	5	9
	％	2.2％	3.0％	2.6％
	残差	－0.4	0.4	
課題終了・待機	度数	4	3	7
	％	2.2％	1.8％	2.0％
	残差	0.3	－0.3	
無活動	度数	1	2	3
	％	0.6％	1.2％	0.9％
	残差	－0.6	0.6	
積極的課題非従事	度数	55	18	73
	％	30.9％	10.7％	21.0％
	残差	4.6	－4.6	＊＊
合　計	度数	178	169	347
	％	100.0％	100.0％	100.0％

＊＊残差の有意水準（p＜.01）

「課題終了・待機」「無活動」を削除した3つの行動カテゴリーについてグラフ化したものを図14-2に示した。

>> 5. 考察

分析の結果，少人数の授業は通常形態の授業よりも，子どもが授業に能動的に従事する割合を増やし，私語・よそ見・落書きなどの非従事行動を減らす可能性が示された。今後の課題として，さまざまな学年の子どもを観察対象にし，観察データをさらに増やし，本研究で示された少人数授業の効果が一般化できるかを検証する研究が必要である。

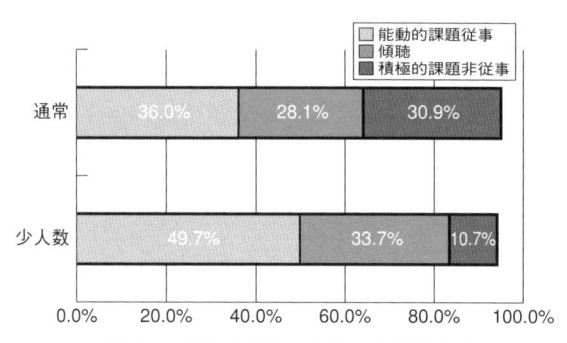

図14-2 授業形態による子どもの行動の差

・文 献・

三浦香苗（1994）「算数授業時の児童の行動——性および学力水準による相違」『教育心理学研究』42, pp. 174-184

松尾直博（2007）「学級規模が児童の課題従事行動に与える影響」東京学芸大学附属竹早小学校・東京学芸大学教育心理学教室『教職員配置に関する調査研究委託事業 小学校における学級規模が児童の認知領域・情緒的領域に及ぼす影響に関する総合的研究』

中澤潤・大野木裕明・南博文（1997）『心理学マニュアル 観察法』北大路書房

リヒテンバーガー・マザー・カウフマン＆カウフマン（2008）『エッセンシャルズ 心理アセスメントレポートの書き方』日本文化科学社

・用語解説・

残差分析：残差分析とは，「2条件×3値以上」の集計表においてχ^2検定の結果が有意であった場合に，どのセルが，この有意性に貢献したのかを判定する方法である。つまり，全体のχ^2検定（p.223参照）の結果が有意であったが，はたしてどのセルの間に有意な差があったかを検討する方法である。

TOPIC14　小学校教師の経験と訓育行動

授業中の小学校の教師の言動には、「台形の面積は○○で求めます」のように授業内容を伝える働きをもつ陶冶と「おしゃべりをやめましょう」など学習環境を整えルールを指導する働きをもつ訓育がある。具体的な授業場面での訓育行動を測定する質問紙を作成し、学生と教師の比較から経験と訓育行動の関係を検討した。

対象は、教育学部の学生65名（1～4年生）と教師38名（経験年数1～33年）。小学校低学年の担任として授業中の4場面に対し、どんな対応をするか12の選択肢から選択した。4つの場面は、①内気、②授業に集中できていない、③言い返してきた、④おしゃべり、である。場面と対応の例を以下に示す。

例）【場面2】

「『授業に集中できていないBくん』

Bくんはいつも集中が途切れぎみです。周りの子どもに目立って迷惑をかけてしまうことはほとんどないのですが、1人で消しゴムで遊んでいたり、教科書の関係ないページを読んでいたりする様子が多くみられます。今日も国語の授業中、みんなで教科書の話を音読しているとき、何やら落書きをして遊んでいる様子が目に入りました」

【対応】

4つのカテゴリーを作成。直接的注意（「落書きをやめなさい」など）、受容的態度（「上手にかけたね、さぁ、国語に戻ろうね」など）、考えさせる対応（「いまは絵をかく時間なのかなぁ」）、非積極的指導（「特に指示せず進行する」など）、その他。

図は、場面2の結果である。学生に「受容的態度」が多く、教師に「考えさせる対応」が多く選択された。また全体的に「受容的態度」「考えさせる対応」が多かった。経験差が表れるとともに、質問紙の設定が低学年であることや調査形式の影響、受容的態度の必要性が授業等を通じ学生にも浸透してきているのではないかと推測された。

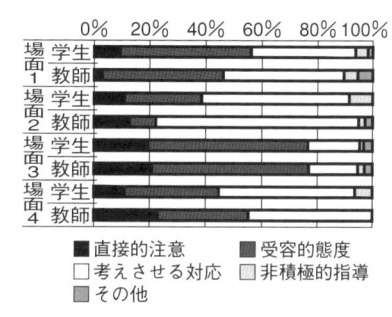

図　経験と訓育行動の関係

・文献・

菊地めぐみ（2007）「小学校教師の訓育行動と強迫的ビリーフの関係」『東京学芸大学教育心理学講座平成18（2007）年度卒業論文集』1

第15章 ノートテイキングの研究

第1節 > ノートテイキングとは何か

>> 1. これまでのノートテイキング研究

■ノートテイキングのスキル

齋藤（2008）はノートテイキングを学習者がノートに授業内容をまとめる行為として，学習者がどのようなノートテイクをしたときに，より学習が向上するのかを，ノート中に使用される下線等を使った文字の強調，図や表の使用に注目した検討を行っている。齋藤はパソコンを利用してパワーポイントを見せる授業を行い，その授業でとったノートと確認テストの成績の分析を行った。

ノートの分析から学習内容の理解に有効であると考えられる6つの方略（①箇条書き，②文字の強調——太さ・大きさ，③図表，④下線，⑤囲み，⑥矢印）を抽出し，その方略の使用頻度とノートの量と確認テストの成績を検討した。結果，ノートテイキングにおいて方略を多く使用した者のほうが学習内容の理解も高かった。齋藤の研究はノートにどのような学習方略が使われているのかを分析し，その方略を多く使ったノートテイキングをした者が学習内容をよく理解しているというものであった。

■新しい授業とノートテイキング

齋藤の研究はノートテイキング研究の多くがそうであるように，特定の授業の学習内容がどれだけ理解されたか，ノートの記述と，テストの結果によって検討していくというものであったが，小林（2000）は異なる研究手法を提起し

ている。小林は，従来のノートテイキング研究が対象としてきた授業の前提について批判を加えた。従来の研究の暗黙の前提は，教授者が学習者に既成の知識を伝達し，学習者がそれを教授者の意図どおりに頭のなかで理解し，保持しえたことをもって，その知識を獲得したと見なしていた。それゆえ，学習者の知識の生成や伝達された知識に対してもった疑問や批判が積極的な評価の対象とならないことを問題とし，ノートテイキングやノート見直しが学習者の発言にどう影響を与えるかを検討した。分析にはエスノグラフィーの手法を利用し，ノート分析だけでなく授業記録の分析も行っている。これらの検討から小林はノートテイキング研究の新たな視点として，①行為の連鎖のなかでとらえること，②教授学習場面のあり方と学習者の参加のあり方をとらえること，③対話的側面に注目することを提起している。小林の研究は，ノートの記述やノートに書くという行為の意味は，どのような授業のなかで書かれるのかという授業の性格との関係において分析されなければならないというものであった。

　ノートテイキング研究はノートテイクの符号化機能（教授された知識の理解や記憶を推進する）や貯蔵機能（教授内容をノートに書きとめておくことによって効果的な復習を可能にする）などの諸機能について，具体的にはどのような学習方略が有効か定量的に検討し，一定の成果を上げてきた。

>> 2．これまでのノート指導論

　教育心理学や教育工学が取り組んできたノートテイキングの検討対象は，主として大学生だった。ノートテイキングのスタイルが，ある意味完成している学習者である。しかし，ノートテイキングがどのように身につけられるのかについては十分検討されてきていない。授業の現場ではノートテイキングについて，どのような取組みがなされてきたのだろうか。

■きれいなノート
　教育実践の立場のノートの取り方の考えを紹介しよう。多くの実践書ではノートテイキングという用語よりもノート指導という語が用いられる。実践現場

のノート指導の姿を知るために，実践書などからいくつか紹介する。

　教育現場のノート指導の"いま"を知るために，インターネットの検索エンジンで「ノート指導」と入れて検索してみた。ほとんどが小学校におけるノート指導について書かれたものであった。これらのページには共通点がみられ，タイトルをつける，（算数では）問題番号をつける，ページ番号を打つなど，形式を整えてきれいに書くということが強調されている。これはノートの貯蔵機能を重視した考え方で，書く事自体に意味があるというよりも，復習のために有効に活用できるノートを書くということに重点が置かれている。またこれらのなかには，算数の計算指導が事例にあげられているものがあるが，筆算等の手順を正確に覚え適用するためには，見やすく書く技術も必要となる。

■ノートの機能

　では，きれいに書かせる指導が長く支配的に続けられてきたかと言えば，そうではない。国語教育を研究していた小学校教師，石田（1964）によれば，彼が教師になりたてのころ，彼の勤務校では出来のよいノートを表彰する「ノート展」が行われていたという。ノート展の審査のポイントは「ノートづらの美しさと，それを構成する文字の正確さであった」という。そのようなノートに書かれたことは，板書事項の丸写しと，新出漢字と言葉の意味であった。ノート評価の基準を外形的な美しさに置き，内容的なものや，書く過程の大切さを忘れていたことに問題を感じた石田は，授業の足跡としてのノートに着目し，書いていく過程を重視したノート指導に取り組み，6つのノートの機能をふまえたノート指導に取り組んでいった。その6つの機能とは，①書くことによって考える，②書くことによって確かめる，③書くことによって覚える，④練習や応用に役立てる，⑤記録する，⑥たずねたり伝えたりする，であった。

　石田の主張ではノートテイキングの符号化機能にも目配りがされており，書くことによって考え・確かめ・わかるという点にも着目されていた。強調しておきたいのは，教授されたことをもとに，自分なりに表現し，コミュニケーションするということに注目されていた点である。

このような着眼は石田以前にも東井（1957）にもみられる。東井は，ノートには4つの機能があるとして①練習的機能，②備忘録的機能，③整理的機能，④探究的機能をあげ，特に整理的機能や探究的機能は考える力を育てるために有効だととらえていた。また小林（1990）は東井の指摘した探究的機能に注目し，きれいさや見やすさなどの表面的なよさを求められ，ノートを書くことに萎縮する子どもの存在に問題を感じ，表面的なまとまりよりも個性的な表現の場とすることを重視した。子どもが主体的に表現しながら探究し，探究を支えるものとしてノートが位置づけられるようノート指導の活性化を提起している。

　小林の主張と通底する主張は，それから18年たった香川県小学校社会科教育研究会（2008）の実践にもみられる。ここでは「自分ノート」と名づけられた社会科ノートを，備忘録的なノートから自己表現のノートへと転換させている。

■**データをふまえた実践と研究を**

　これらから，実践現場でのノート指導は，形式を整えて見やすくきれいなノートを書くことを重点として指導する立場と，書くことによって，整理・思考・自己表現することを重点として指導する立場が，長く併存してきたことがわかる。併存しているという事実が興味深い。双方とも長期間にわたって，どちらか一方の優位が確定し，他方が顧みられなくなるということではないのである。この背景には子ども観や授業観の違いもあると考えられるが，教師の教職経験の年数の問題や，そのときどきの教育実践の重点の問題もあり，一方が他方よりも格段に優位に立つということがなかったためだろう。その原因は，教師の多くが教室の中で事実をデータとして残してこなかったためではないか。

第2節 ＞ ノートテイキング分析の諸前提

≫ 1．ノートはどのように書かれているか

　授業で書かれたノートを目の前にして，その授業の実態を明らかにしたり，

学習者である子どもの学習を読み取っていくためにはどのような事柄を前提として踏まえておくべきなのだろうか。これまで見てきたノートテイキングの研究やノート指導の実践研究から次の3点が必要であろう。
　①学習者に対するノート指導がどのように行われてきたか。
　②どのようなタイプの授業において書かれたものか。
　③ノートテイキングは授業とどのように関連しているか

>> 2.ノート指導はどのように行われてきたか

　1時間の授業で書かれたノートだけでなく，それ以前のノートや，ほかの子どものノートとの比較から読み取れる部分もあるが，授業者である教師がどのように指導してきたのか，インタビューなどを行う必要がある。また，子どもの成長に従って，以前に指導を受けた教師の影響も表れてくる。この場合には子どもへのインタビューも必要となる。また，これらを行う前提として前節で取り上げたようなノート指導論についても目配りをしておく必要がある。それはインタビューした教師が必ずしも各自のノート指導論——子どもの発達に合わせたノート指導の系統にあたるようなものである——をもっているとは限らないからである。例えば，小学校で一般的によく行われるノート指導は，板書を写すことを基本にしている。教師が授業中に書いた板書を，随時，または教師の指示した時間に書き写すのである。また，小学校では子どもの能力を考えて，1時間には1面の板書でまとめることがよしとされている。そういった考えに立つ教師は，授業中に黒板を消して新たに書き直すという事はしない。あらかじめ，板書のプランをもって1面にまとまるように書いていく。こういった事情を踏まえておくことが必要である。

>> 3.どのようなタイプの授業において書かれたものか

　さきに小林（2000）の研究を取り上げたが，そこで示されたのは授業者が知識を伝達して，それを理解し，保持，表現するタイプの講義型の授業と，演習

形式のように，授業に参加するものが，あるトピックをめぐり，資料等の読み取りから，意見を出し合っていくタイプの授業ではノートテイキングが異なってくるというものであった。前者のような講義中心――小学校ではあまりみることはできないが――の授業では，授業者が板書したことを写すほかにも，教師の話のなかで強調されたことや子どもが重要だととらえたことがノートテイキングされていく。それはその学習内容を理解し，保持してテスト等で再現することを目的とする場合が多い。後者のようなタイプの授業では，新たな知を創造するために，コミュニケーションを行う材料を記録したり，それをもとにした自分の考えのスケッチなどがノートテイキングされていくだろう。

>> 4．授業とノートはどのように関連しているか

　ノートテイキングを分析する際に，もう一つ考えておきたいことが，授業のなかのどこで，どのように行われたノートテイキングかということである。

　ノートテイキングは教師の指示によって行われることも多い。さきに小学校のノート指導が，板書を写すことから始まると述べたが，分析対象としたノートが，教師の指示によって書かれたのか，自発的に書かれたかによって分析は異なる。加えて板書をそのまま写しているか，子ども独自の書き込みがあるかによっても分析が異なる。授業のなかではそれらが混在することも多い。

　算数の授業で問題を解く場面で書かれたノートを例にしよう。まずは教師が問題を提示したあとに，自力解決の時間に子どもが書いた記述がある。また教師が机間指導にやってきて助言したあとに書き加えたり書き直したりする場合がある。また，ほかの子どもが解答例を発表したあとに書き加えたり書き直したりすることもある。書き直しと言ったが，子どもの試行錯誤の跡を残すために，消しゴムを使わぬように指導する教師もいるが，そうでない教師もいる。そうでないの教師の教室では，いったん書かれたことがノートからは消えてしまうこともあるのだ。手にしたノートが授業の時系列のなかでどのように書かれたものかを考える必要があるだろう。

第3節 ＞ ノートテイキング分析の実際

≫ 1.ノートテイキング分析の実際

次に示すのは，2006年1月27日に，東京学芸大学附属世田谷小学校の筆者の学級で行われた5年生の社会科授業の際のA児とB児2人のノートである（ノート中A～Hは子どもの名前）。この授業は，スーパーで買った野菜の包装に，生産農家の方の顔写真が印刷されていたこと（子どもたちはラベルの謎と呼んでいた）を疑問に思った子どもたちが，ラベルの謎を核に，日本の農業のあり方をめぐって追究していった問題解決学習であった。本時は，その終末にあたり，それまで調べてきたことをもとに作成した新聞を読み合って，意見を出し合い，ラベルの謎に対して結論が出れば出そうという授業であった。

この学級では授業の板書が教師によって配布されるため，ほとんどの場合板書を写す必要がなかった。子どもたちは板書を参考にしながら，自分の観点で教師やほかの子どもの発言をノートテイキングしていくことが暗黙に求められていた。また，授業の終末には学習感想を書くことが求められているので，その感想を書くために必要なことを書いているという意味合いもある。ここでは

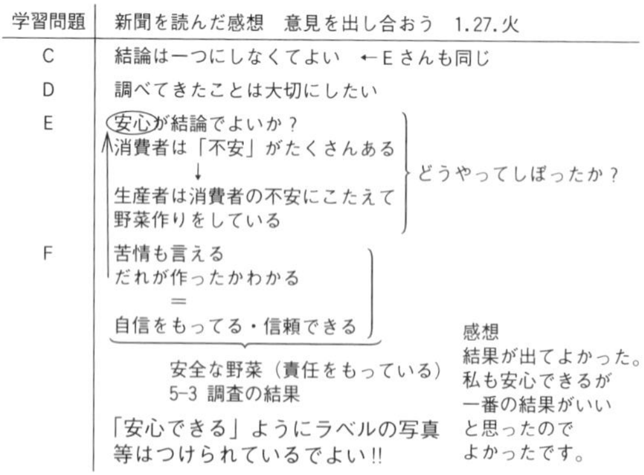

図15-1　A児のノート

紹介しなかったノートに「これは賛成」などとアンダーラインを引いて注記したノートもみられた。また，教師の板書は意見を箇条書きにするのではなくB児のノートにみられるような図示を基本としていた。

■A児のノート

A児は，授業の際に出された意見のなかから，自分の観点で注目に値するととらえたであろう意見を，時系列にそってノートテイキングをしていった。ただし，単純な箇条書きでなく，この日の話し合いの結論となった「安全」という言葉は丸で囲まれていたり，矢印や括弧を使って意見の関係性を表現している。結論となる「安全」の根拠として「だれが作ったかわかる」という意見を重視し，その結論を導き出したE児の意見とF児の意見を関連づけている。そして，その授業の感想に，発言をしなかったA児は，話し合いの結論が自分の考えと一致してよかったと表現している（図15-1）。

■B児のノート

B児は，話し合いの中で出された意見を関係図を作って表現しようと考えたため，普段は縦に使うノートを横に使っている。B児はA児とは異なり，F児やG児，H児の意見も取り上げている。なかでもF児の意見「苦情が言える」，E児の意見から「安全」を大きく書き，強調している。学級での話し合いで，多くの子どもに支持された「ラベルに写真が印刷されている根拠」は，消費者が安心できるためにというものであった。G児の意見としてそれを記述しているものの，B児は「安全」というキーワードが重要だととらえていたようである。授業の終末に書かれた学習感想には，これまで追究してきた事柄がどのように関連しているかわかりやすかったことが述べられているが，A児のように結論の内容にはふれられていない。話し合い自体には一定程度満足しているようだが，結論には十分納得していない様子がうかがえる（図15-2）。

2人のノートから，この日の授業での話し合いを2人は大筋で同じように受け取っていることがわかる。ただし，その為に注目した意見やその受け取り方は微妙に異なっている。A児はE児やF児の意見から安心できるようにラベ

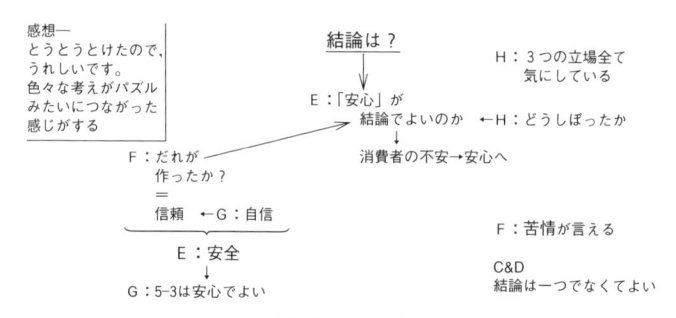

```
感想―                        結論は？
とうとうとけたので,              ↓
うれしいです。                E：「安心」が         H：3つの立場全て
色々な考えがパズル            結論でよいのか          気にしている
みたいにつながった          →             ←H：どうしぼったか
感じがする          F：だれが           消費者の不安→安心へ
                    作ったか？
                    ＝
                    信頼  ←G：自信         F：苦情が言える
                    ↓
                    E：安全                C&D
                    ↓                    結論は一つでなくてよい
                    G：5-3は安心でよい
```

図15-2　B児のノート

ルの写真がつけられていることに納得し，B児はラベルをむしろ安全性の象徴ととらえていることがわかった。

>> 2. ノートテイキング研究の課題

　これまでノートテイキング研究は，すでに書かれたノートを対象としてきた。しかし，ノートはわれわれが目にするまでの間に書き直されたり，書き加えたりされることがある。書き直し，書き加え自体は価値あることだが，どのように行われたかは，授業後のノートを見るだけではわからないこともあった。

　授業の展開に合わせ，リアルタイムに行われるノートテイキングの分析が可能となると，子どもの学習についてより詳細な事情がわかるようになるだろう。現在，ビデオカメラと電子ペン，コンピュータ等のICT機器を利用して，子どもの学習の進展をリアルタイムに記録する方法がある。リアルタイムなノートテイキング研究ができれば，この研究を授業改善に役立てられるだろう。

・文献・

小林敬一（2000）「協同作成の場におけるノートテイキング・ノート見直し」『教育心理学研究』48，pp. 154-164

齋藤ひろみ（2008）「ノートテイキングにおける方略――使用の効果に関する検討」『日本教育工学会論文誌』31，pp. 197-200

石田佐久馬（1964）『発問・板書・ノート』東洋館出版社

東井義雄（1957）『村を育てる学力』明治図書

小林宏己（1990）『小学校社会科課題研究「学習ノート」のつくり方活し方――社会認識力の育成』東洋館出版社

安野功監修，香川県小学校社会科教育研究会（2008）『「社会科ノート」による思考力の育成』東洋館出版社

TOPIC15 構成的学習者はどんなノートをとるのか

　構成主義の授業はディスカッションや実験など「活動」の時間を重視し、「活動」によって子どもの既有知識から新知識を構成させる形態である。そこで、どのようなノートをとっている子どもがより積極的にディスカッションや実験に取り組むのかを調べた。

　小学校5年生80名にトピック7で紹介されているConstructivist Learner's Scale（CLS）を実施して構成的学習ができる（実験やディスカッションに積極的に参加する）かどうかを測り、ノートは同じ子どもの80冊を用いた。授業教科は「活動」の多い理科で調査した。ノート内容を意味単位（単語・単文）ごとに番号を付け、①自分の考え、②先生が黒板に書いたこと、③友だちの考え、④教科書・参考書、⑤黒板に書かれた友だちの意見、⑥落書き、の6つに分けた。そして、ノート総行数を100%とし、「自分の考え」が書かれている割合を出した。

　結果、CLS得点とノートの総行数に負の相関（$r=-.298$, $p<.01$,）がみられた。また、CLS得点と子どもの「自分の考え」を記入する行数の割合に強い正の相関（$r=.296$, $p<.01$）がみられた（図1）。

　つまり、CLSの高い（構成的学習ができる）子どもは、ノートに先生が黒板に書いた友人の意見を書き写すよりも、「自分の考え」を書くことを重視し、そのため、ノートの総行数は少なくなると考えられる。

　構成主義の授業は活動が中心である。教師が指示する以外で黒板全部を記録すると、活動時間中もノートのために時間を割くことになる。高CLSの子どもは活動時間にノートを取らず、活動に参加し、知識の再構成に集中していると考える。

　また、総行数に対して、「自分の考え」を書く割合が多いのは、CLSの高い子どもは黒板書き写すのではなく、「自分の考え」を整理して書くことで自分の既有知識を確認し、新しい知識との不確かな部分を気づいたり、ディスカッションで変わった知識を確認したりするための道具としてノートを使用していると推察できる。

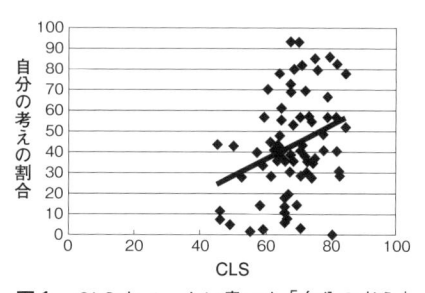

図1　CLSとノートに書いた「自分の考え」

・文献・
中島ちさと（2003）「子どもたちは理科の授業でどんなノートをとったか」『東京学芸大学教育心理学専修卒業論文』

第16章 学習スキル教育の研究

第1節 > 学習スキル教育の意義

>> 1. 学習スキルの低下

　定時制高校などで,「勉強の苦手な生徒たち」を観察していると,「そもそも勉強のやり方を知らないのだな」と実感することが多い。漢字テストをやるからと学習時間を与えても,ワークブックの空欄にうんうん言いながら書き込んでいき,正解を確認もせずに,「できた」とワークを閉じる。「正しい漢字を覚えるんだから,解答を見ていいんだよ」と言うと,答えをジーッと見ているだけ。テストに向けて何を覚えるか,どうやったら覚えられるか,覚えたつもりだが大丈夫か……,などの考えは働かないようにみえる。

　中堅の高校でそこそこの点数を取っているような生徒たちでも,大学受験になると,急に成績が伸びなくなるケースは多い。藤澤（2002）は,テストの直前だけ丸暗記してあとは忘れてしまうような「ごまかし勉強」が,1990年代以降急増したと指摘しているが,成績の伸びない受験生は,まさに「ごまかし勉強」でずっとやってきたため,本当の学習の仕方がわからないようにみえる。

　市川（2004）は,いまの子どもたちの学ぶ意欲や学習スキルの低下は,テレビやゲームなど享楽的な娯楽が勉強よりもはるかに強い力で子どもたちを引きつけているせいだと分析している。そのため,勉強は「ただ時間をかけて,形式的にやったことにして,もっと楽しい次のことへいってしまう。学習方法の工夫ということをあまりしない。少し工夫するだけでずいぶん効果が違うとい

うことを，どこかで実感する手だても必要」として，学習スキル教育の重要性を唱え，「学習法の改善をめざした授業」の実施を提言している。

そこで，本章では「学習スキル教育」の可能性について検討してみたい。

2. 学習スキルとは

■学習スキルと学習方略

河野（2004）は，学習スキルを「学習活動をうまく進める基礎的技能」と定義し，「予習・復習の仕方，授業中の話の聞き方，ノートのとり方，試験の準備，テストの受け方，レポートの書き方，発表の仕方など」の例をあげている。技能としての学習スキルは，心理学の重要なトピックとして昔から研究が行われてきた。しかし，人間の内的な情報処理過程を重視する認知心理学が研究の主流になるにつれ，学習心理学の分野でも，「学習者の積極的役割を認め，表に現れない学習者の知的操作を強調するので，『認知的方略』とか『学習方略』といった言葉が用いられるようになった」（辰野，1997）。その結果，現在では，「学習方略」というキーワードでさまざまな研究が行われている。

しかし，教師や生徒にとっては，「学習スキル」という言葉のほうが一般的である。進藤（2005）が「学習に役立つ手続き的知識や学習方略が学習スキルの正体」と言っているように，現在使われている「学習スキル」という言葉は，「学習方略」の考え方を前提にしており，その意味を含んでいる。学習方略研究の蓄積によって，「学習スキル」は単なる技能ではなく，学習者が主体的に対象とかかわって情報処理を行ったり，方略意識をもって学習を進めたりする過程を重視した，より深い広がりをもつ言葉になったといえるであろう。

その意味でここでは「学習スキル」という言葉を使うが，研究の引用や個別のスキルについて，必要に応じて「学習方略」を用いる。

■学習スキルの分類

市川（2004）は，学校の授業を，習得サイクルと探究サイクルのリンクによって成り立つものととらえている。両者は，本来，どの授業にも含まれるプロ

表16-1 学習方略のタイプ(ワインステインら)の分類(辰野, 1997)

カテゴリー	具体的方法
①リハーサル方略	逐語的に反復する,模写する,下線を引く,明暗をつけるなど
②精緻化方略	イメージあるいは文をつくる,言いかえる,要約する,質問する,ノートをとる,類推する,記憶術を用いるなど
③体制化方略	グループに分ける,順々に並べる,図表をつくる,概括する,階層化する,記憶術を用いるなど
④理解監視方略	理解の失敗を自己監視する,自問する,一貫性をチェックする,再読する,言いかえるなど
⑤情緒的(動機づけ)方略	不安を処理する,注意散漫を減らす,積極的信念を持つ(自己効力感・結果期待),生産的環境をつくる,時間を管理するなど

セスだが,従来の授業は習得サイクルに力点を置き過ぎたとの反省から,探究サイクルの重要性を強調したのが,「総合学習」の提唱である。

総合学習を視野に入れた,調べる,話し合う,まとめる,発表するといった学習のスキルもさまざまに提案されている(上條,2005)が,その範囲は多岐にわたるので,ここでは習得的な学習を中心に考察することにしたい。

習得的な学習の場面で使われるスキルだけでも,さまざまなものがあると思われるが,その分類の一例として,ワインステイン(Weinstein)らのカテゴリーを辰野(1997)が整理したものを,表16-1にあげておく。

>> 3.学習観と学習スキル

学習スキルと密接に関連するのが,「学習観」である。どのような学習スキルを用いるかは,学習についての考え方(学習観)に基づいて決まる。勉強は丸暗記だという学習観をもつ生徒は,英単語を繰り返し書いて覚えようとするが,理解して覚えるものだという学習観をもつ生徒は,接頭辞・接尾辞に注目したり,例文とともに覚えようとしたりするであろう。

市川(2004)は,認知心理学的にみて効果的と考えられる学習観を,①失敗に対する柔軟性,②思考過程の重視,③方略志向,④意味理解志向という4つのカテゴリーにまとめ,測定尺度のかたちで示している(「学習観を測定する

ための質問項目」）。これらの学習観は、さきにあげた「ごまかし勉強」（藤澤，2002）と対照的な学習態度であり、真に使える学力をつけるための基礎となる。

　望ましい学習観に基づくスキルを教えることで、学習の効果を上げるとともに、こうした学習観の重要性に気づかせ、その結果、学習観自体を改善していくことが、学習スキル教育の重要な役割といえる。

第2節 > 学習スキル教育の実際

>> 1. ある都立高校での取組み

　都立のＡ高校で行われている学習スキル教育について紹介し、その成果を研究材料としてみたい。

　東京都は1997年ごろから都立高校改革を進め、高校のタイプ別特色化を図ってきた。その一つとして生まれたのが、不登校経験者や高校中退者を対象とした三部制の昼夜間定時制高校「チャレンジスクール」である。その一つとして2007年度に開校したＡ高校では、生徒の登校継続を妨げる要因として、人間関係のつまずきと学習のつまずきがあると分析し、それらの問題に対処していく方法を学ぶ科目として、「コーピング」（対処法）という学校設定科目（2単位1年次必修）をおいている。その内容は、人間関係スキルを学ぶ「コーピング・リレーションタイム」と、教科学習を支える学習スキルを学ぶ「コーピング・メソッドタイム」である。ここでは、「メソッドタイム」の概要を紹介する。

>> 2. 生徒の現状

　生徒は、8割以上が小・中学校時代に不登校の経験をもつ。不登校でない生徒も、学力に不安を抱えて、Ａ高校に入学してきている。

　入学直後に行った学習スキルに関するアンケート調査の結果を見ると、「英

語の文がわかるようになりたい」などの学習成果への願望・意欲は高いが，「読めない漢字は，人に聞くか辞書などで調べる」「ノートは見やすいように書く」などの「行動レベル」の学習スキルはやや下がり，「授業中，先生がほかの人に質問しているときは，自分も一緒に考える」「漢字は，部首に分解して覚える」などの「認知レベル」のスキルは，ほとんど身についていない。

　また，別に実施した学習習慣に関する質問の回答を見ても，毎日学習する習慣をもっている生徒は1割程度しかいない。定期試験の学習については，まったく「学習しない」と答える生徒が12％おり，「学習するが計画通りに進まない」か，「なりゆきまかせで学習する」生徒は，7割を越えている。

　こうした調査から浮かび上がるのは，「学習意欲はないわけではないが，学習の仕方がわからず，習慣も身についていない」生徒像である。彼らの意欲を生かすために，適切な方法を教え，工夫の大切さに気づかせる意義はあろう。

≫ 3．コーピング・メソッドタイムの内容

■メソッドタイムのプログラムと授業の実際

　村山（2003）は，さまざまな学習方略を中学・高校生に教えても，短期に役立つと認知される学習方略は用いるが，長期的に役立つ方略はあまり用いられないと報告している。長い目で見て役立つスキルを生徒たちに身につけさせるのはむずかしい。家庭学習の習慣に乏しいというA高校の生徒たちに，学習スキルを教えるには，その配列に工夫が必要である。

　そこで，まずは「ノートのスキル」「小テスト向けの記憶のスキル」など，授業のなかですぐ役立ち，効果の実感できるスキルを教えて，「スキル意識」にめざめさせ，学習の習慣化を図りながら，望ましい学習観につながるより高度なスキルを教えていく，という展開を基本として，学習プログラムを構成した。その学習単元と，根拠とする学習心理学のトピックを一覧にして，図16-1に示す。

　授業は，学級担任が実施する。A高校は1年次生徒15名に担任1名の少人数

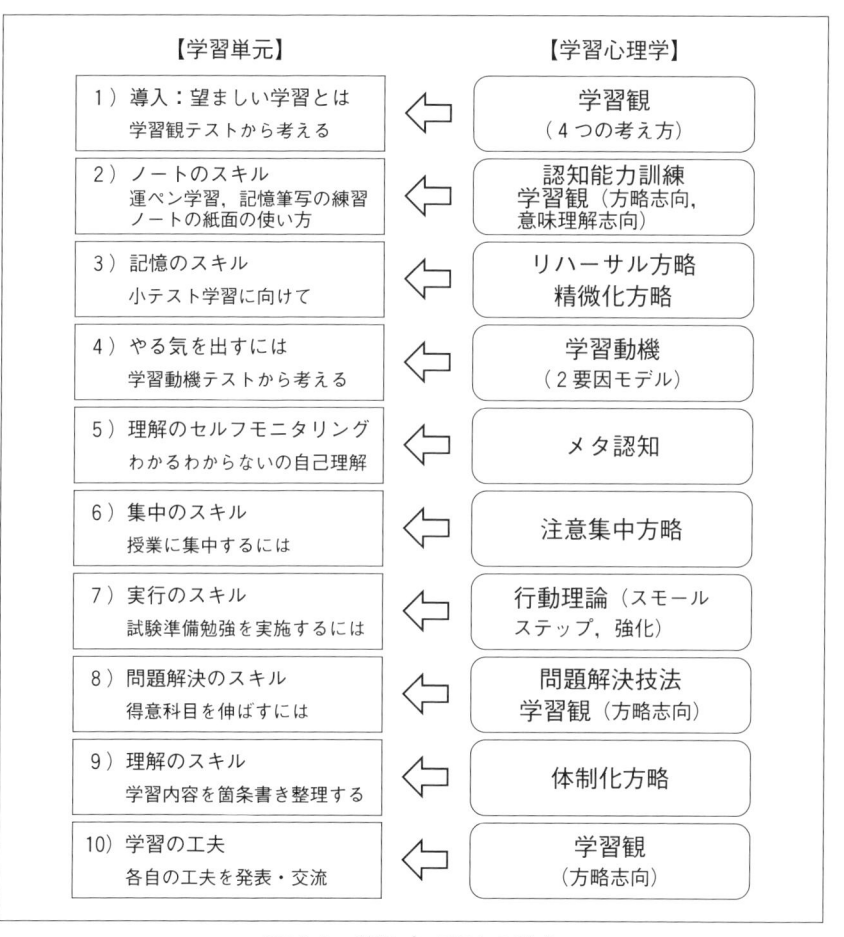

【学習単元】	【学習心理学】
1）導入：望ましい学習とは 　　学習観テストから考える	学習観 （4つの考え方）
2）ノートのスキル 　　運ペン学習、記憶筆写の練習 　　ノートの紙面の使い方	認知能力訓練 学習観（方略志向, 意味理解志向）
3）記憶のスキル 　　小テスト学習に向けて	リハーサル方略 精緻化方略
4）やる気を出すには 　　学習動機テストから考える	学習動機 （2要因モデル）
5）理解のセルフモニタリング 　　わかるわからないの自己理解	メタ認知
6）集中のスキル 　　授業に集中するには	注意集中方略
7）実行のスキル 　　試験準備勉強を実施するには	行動理論（スモール ステップ，強化）
8）問題解決のスキル 　　得意科目を伸ばすには	問題解決技法 学習観（方略志向）
9）理解のスキル 　　学習内容を箇条書き整理する	体制化方略
10）学習の工夫 　　各自の工夫を発表・交流	学習観 （方略志向）

図16-1　学習プログラムの構成

制だが，コーピングの授業は2～3学級合同で行われ，生徒30～45人に対して，担任教諭2～3名のTT（Team Teaching）となる。

■ワークシート

　授業の内容はすべてワークシートにまとめてある。教員は説明を読み上げ，生徒に指示してワークに順に取り組ませることで授業を進行させることができる。

　ワークシートの基本構成は，次のようなサンドイッチ形式になっている。

①導入ワーク：テーマに関連した簡単なワークに取り組む。
　→テーマとなる課題についての意識・意欲を喚起する。
②スキルを考える：課題をうまく達成するコツを考える。
　→「学習心理学からのアドバイス」を読んでさらに考える。
③スキルの練習：学んだスキルを使って，さらにワークに取り組む。
　→体験を振り返り，応用の仕方を考える。

　この構成で作られたワークシートの例を，図16-2と図16-3に示す。この例は板書を写す速度を速くするために，「内容を理解・記憶して写す」というスキルを理解し，練習する内容である。記憶材料を教員が短時間視覚提示し，記憶したのちに書かせるという練習を繰り返し，事前事後で黒板速写しの時間を計り，向上を確かめる。実際，約9割の生徒に速度の改善がみられた。

第3節 学習スキル教育の検討

>> 1．メソッドタイムの結果と考察①

　A高校の開校当初は，「コーピング・メソッドタイム」の授業内容については試行錯誤が続き，夏休みまでの議論と教材づくりを経て，ここで紹介してきたプログラムで本格的に授業を実施したのは，9月からである。

　図16-1のうち，2）ノートのスキルの一部，3）記憶のスキルの一部，6）集中のスキル，8）問題解決のスキルを除いたプログラムで実施した。

　その初年度の実践の成果を検討したい。

　さきに紹介した市川（1998）の質問紙を，学校の実態に合わせて改訂し，4月入学直後と年度末の3月に実施した。その平均値を示したのが，表16-2である。

　これによると，「①失敗柔軟性」，「②過程重視」，「③方略志向」において，有意な変化はないが，「④理解志向」の面では学習観の改善がみられる。

メソッド3　　年　月　日　　　　　部　組　番　　　　　No.1

ノートのスキル②　黒板は、内容を理解・記憶して写そう

前回、ノートの字を速く、見やすく書く練習をしました。**鉛筆の持ち方**や**運ペンの練習**を心がけて、スムーズに字を書けるといいですね。
でも、字を速く書ければ、それで十分でしょうか？
今日はさらに一歩進んで、**黒板を速く写すための文字の見方を**練習します。

◆**ワーク1**　黒板の速写しにチャレンジ
　　先生が黒板に書いた文字を、「よーい、スタート」で、一斉に次の欄に写します。
　　きれいに速く書きます。先生が時間を言っていくので、書き終わった時間を記録しよう。

〈日本史〉
_____
_____

　　　　　　　　　　　　　　　　　　　　記録＿＿＿分＿＿＿秒

◆**内容を理解し、記憶して写そう**
　　さあ、今の速写で、黒板を何度見直しましたか？
　　一字一句見て写していたら、どうしても時間がかかります。
　　ある程度のまとまりを頭に入れて、一度に書ければ、ずっと効率がよくなるはずです。

　　今日の学習のねらいは、黒板の字を、きれいに速く写せるようになることです。
　　そのために、書かれた**内容を記憶して書く練習**をしていきます。

◆**ワーク2**　記憶して書こう
　　今度は、書き写すのではなく、記憶して書く練習です。
　　これから10秒間、文を見せるので、見て記憶し、「はいどうぞ」の合図があったら、解答欄に書きます。文字、配置も同じように書きましょう。
　　次に、同じ文をまた5秒見せるので、直すべき所を記憶して、「はいどうぞ」の合図で、訂正・追加します。
　　※科目名の後にあるのは、見せる文の前の文です。傍線部から後の文を見せます。つながりを考えよう。

```
1〈国語〉明治の俳人 正岡子規は、俳句の革新運動に取り組んだ。
  子規の代表的な句：


2〈家庭科〉①二つ穴ボタンつけのポイント：ボタンと布の間に、糸を3〜4回かたく巻く。
  ②ミシン縫いのポイント：


```

　　　　まだ、後半戦があります。その前に、ちょっと考えてみよう。
◆**このワークのコツは？**　自分の頭の中を探ってみて、下の余白に
　　　　　　　　　　　　　書いてみよう。気づいたことを、互いに出し合ってみよう。

図16-2　ワークシートの例①

メソッド3　年　月　日　　　　　部　組　番　　　　No.2

学習心理学からのアドバイス

① まず、全体の意味を理解する。
② 細かい情報は、全体の中に位置づけて憶える。
③ 全体的な見た目の配置も、イメージ的に意識するとよい。

◆**ワーク3**　記憶して書こう（後半戦）

後半戦も、同じ手順でやります。解答欄に書いてある「前の文」をよく頭に入れて、見せられた文の意味を理解します。文の見た目のイメージも意識するようにしましょう。

3〈理科〉惑星＝恒星のまわりを回る星　　衛星＝惑星のまわりを回る星

　例えば　地球＝

　　　　　月　＝

4〈数学〉平方根：二乗すると、aになる数をaの平方根と言い、$\pm\sqrt{a}$　で表す。

　つまり、

◆**ワーク4**　もう一度、黒板速写にチャレンジ

今までトレーニングした力を応用して、また、黒板の字を写してみましょう。
今回も、「スタート」の合図で、きれいに速く書き、タイムキーパーの先生の声を聞いて、書き終わった時間を記録しよう。

〈日本史〉

記録＿＿分＿＿秒

今回練習した筆写のコツは、ふだんの授業の中で意識してやってみてね。続けていると、一度にたくさん憶えて書けるようになるわよ。授業内容もよくわかるようになるから、一石二鳥ね！

字数は最初とほぼ同じ。
記録は伸びましたか？
　はい（　　秒短縮）
　いいえ

◆**まとめ**　さてあなたは、この練習を、今後どの授業でやってみようと思いますか。
あの授業のあの場面でやってみよう、という今の考えを書いておこう。授業の感想も書こう。

このシートのみ提出します

図16-3　ワークシートの例②

むろん，これがメソッドタイム単独の効果とは断定できないが，メソッドタイムをベースにしたＡ高校の学習指導の取組みが全体として機能した結果とみることはできよう。生徒たちが，日々の学習のなかで「わかった」という実感を少しずつ得て，理解して学ぶことの大切さに気づきつつあることがうかがえる。

>> 2. メソッドタイムの結果と考察②

年度末のまとめの単元では，生徒たち自身の学習の工夫を書かせた。それを見ると，各自なりの力に応じて，さまざまな工夫をしていることがわかる。

不得意な数学で，授業前にノートを見直すようにしたら，スムーズに授業に入れるようになったという生徒は，既有知識の活性化を使っているといえる。

理科のノートにイラストをつけながら勉強するという生徒は，イメージ化・図解化による理解のスキルを活用している。

教科書を読んだあと，内容のあらすじを自問するという生徒は，セルフモニタリングの方法を身につけているようだ。

音楽を聞きながら勉強する子は多いが，「勉強に集中すると音楽が聞こえなくなる」と報告している生徒は，選択的注意の働きについての気づきがある。

こうした工夫は，勉強の得意な生徒からすれば，あたりまえのことばかりかもしれないが，不登校や学力不振に悩んできた生徒たちが，自分なりに工夫をしながら学習に取り組み始めている姿は，たしかにみてとれる。

表16-2 学習観尺度値の変化

	①失敗柔軟性	②過程重視	③方略志向	④理解志向
Pre（4月）	17.94 (3.26)	17.07 (3.89)	15.95 (3.78)	16.81 (3.19)
Post(翌3月)	18.44 (3.51)	16.60 (4.03)	15.83 (4.38)	17.75 (3.41)
差	0.50	-0.47	-0.12	0.94
分散分析結果	―	―	―	＊

N＝101（ ）内 SD ＊：P≦0.05

>> 3．今後の課題と展望

　藤澤（2002）は、「現在の日本の学校では、学習方略が系統的に教育されるようにはなっていませんので、各人が試行錯誤で学習方略を習得していかねばならず、学習方略活用の度合いには個人差があります」と指摘し、いくつかの学習方略を紹介しているが、そうした方略を体系的に教えることについてはふれていない。

　市川（2004）は、小・中・高校の現場で学習スキルを教えるデモンストレーション授業を自ら行い、学校の課外授業で「学習法講座」を開くことを提案している。研究者からのそうした提案は教育の現場にも少しずつ広がりつつあることがうかがわれるが、継続的な実施はなかなか、むずかしい現状がある。

　ここで紹介したA高校での試みはまだ始まったばかりだが、学校ぐるみで年間通して学習スキルの授業を行う仕組みが整っており、体系的な学習スキル教育のモデルケースとして、これからの展開が注目されている。

　今後とも、生徒の実態に合わせて、そのニーズに応える改訂を続けていくとともに、専門的な視座からの検討を重ね、プログラムとしての体系を整えていくことが課題となろう。

・文　献・
藤澤伸介（2002）『ごまかし勉強（上）学力低下を助長するシステム』新曜社
市川伸一編著（1998）『認知カウンセリングから見た学習方法の相談と指導』ブレーン出版
市川伸一（2004）『学ぶ意欲とスキルを育てる』小学館
上條晴夫（2005）『これから必要な学習スキル　ゲームで身につく学習スキル　（中学校）』図書文化, pp.12-13
河野義章（2004）『学業発達　教育カウンセラー標準テキスト中級編』図書文化
村山航（2003）「学習方略の使用と短期的・長期的な有効性の認知との関係」『教育心理学研究』51, pp.130-140
進藤聡彦（2005）『学習スキルって何だろう　ゲームで身につく学習スキル（中学校）』図書文化, pp.8-11
辰野千壽（1997）『学習方略の心理学　賢い学習者の育て方』図書文化

TOPIC16　小学生の算数学習方略に関する研究

　学習方略の使用は，効果的な学習をするうえで欠かせない。では，学習に対して抱く心情によって，使用する学習方略は変わるのであろうか。

　中野（2008）は小学生の算数学習に対する心情と使用する学習方略の関係を調べた。

　まず，算数学習方略尺度と算数学習に対する心情尺度を作成した。算数学習方略尺度は中学生用の数学学習方略尺度や一般学習方略尺度を参考に作成した。「思考整理」「復習・まとめ」「つまずき対応」「友人への援助要請」「問題解決の工夫」の5因子からなる全27項目である。算数学習に対する心情尺度は，数学不安尺度を参考に作成した。算数学習場面，算数授業場面，算数テスト場面のそれぞれの状況における心情に関する項目からなる。対象が小学生であることから，項目に用いる表現をポジティブなものとした。「挑戦」「動機づけ」「授業不安」の3因子を含む全14項目の尺度である。

　次に，作成した2尺度を用いて算数学習方略と算数学習に対する心情との関係を調べた。対象は小学5・6年生237名である。

　算数の心情得点を平均値で2群に分け，それぞれ心情得点高群と低群とした。心情得点高群（算数学習に対してポジティブな群）のほうが，より多くの算数学習方略を使用していることが明らかになった。

　さらに，心情得点の高低群それぞれについて，学習方略についての尺度得点を算出し，平均値の差の検定を行った。表に示すように，「友人への援助要請」を除くすべての因子について，1％水準で有意な差がみられた。したがって心情得点の低群（ポジティブな群）のほうが，高群よりも「思考整理」「復習・まとめ」「つまずき対応」「問題解決の工夫」といった方略の使用得点が高いことが示された。

表　学習方略尺度因子別の平均点の差

方略尺度因子	心情得点	平均	標準偏差	t値(df)
①思考整理	低	3.27	0.71	9.98**
	高	4.14	0.61	(234)
②復習・まとめ	低	2.84	0.63	6.47**
	高	3.36	0.61	(233)
③つまずき対応	低	2.84	0.78	7.73**
	高	3.56	0.72	(233)
④友人への援助要請	低	3.31	1.14	0.304
	高	3.26	1.1	(235)
⑤問題解決の工夫	低	2.71	0.9	5.00**
	高	3.29	0.9	(235)

**p<.01

・文献・

中野紗耶香（2008）「小学生の算数学習方略に関する研究」『東京学芸大学卒業論文集』，pp.19-20

第17章 ものづくり過程の研究

第1節 > 動作パフォーマンス

>> 1. ものづくり

　ものづくり（絵画の制作をも含めて）の学習は，小学校の図工科や中学校の美術科，技術・家庭科，さらに工業科高等学校の諸教科で行われている。

　平成20年春に公示された中学校学習指導要領の技術分野の目標は，次のとおりである（文部科学省，2008）。

　「ものづくりなどの実践的・体験的な学習活動を通して，材料と加工，エネルギー変換，生物育成及び情報に関する基礎的・基本的な知識及び技術を習得するとともに，技術と社会や環境とのかかわりについて理解を深め，技術を適切に評価し活用する能力と態度を育てる」

　その指導内容は，①生活や産業の中で利用されている技術について，②材料と加工法について，③材料と加工に関する技術を利用した製作品の設計・製作について，となっている。

　これまでも，資源の乏しいわが国では，技術立国をめざしてきた。大手企業だけでなく，中小の企業が世界に誇る技術力を保持し，世界マーケットで高いシェアを誇ってきた。しかし，近年，若者たちがこうしたものづくりに関心をもたなくなってきている。

　このような社会的な背景から，ものづくりはわが国の製造業の精神性や歴史を表す言葉として注目され，わが国の産業の振興を図ること，ものづくりへの

関心を高めることを目的に，ものづくり基盤技術振興基本法（1999）が制定された。

働くことへ関心の研究をみると，幼いころから多くものづくりをしたと意識する子どもほど働くことへの関心が高いことがわかっている（土井，2001）。

>> 2．ものづくりの過程の研究

■完成された作品の研究

ものづくりの学習における評価は，従来，出来上がった完成作品の出来ばえや作業の合理性，作業の速さをとおしてなされてきた（原・佐々木，1972）。技術科の場合，設計図や仕様書からずれていれば，工業製品としては不良品になる。

完成度の高い作品を作る子どもの研究をみると，短時間で完成し，要素作業に順次性があり，失敗したときは時間をかけ修正するとの指摘がある（鈴木，2004）。

■ものづくりの過程の研究

近ごろでは，家庭用のVTRが普及している。また，その映像をパソコン上で容易に加工できるようになった。そこで，出来上がった作品の評価でなく，ものをつくり上げる過程を研究するのが容易になった。そこで，学習者の意識と動作と作品，また言語と動作などパフォーマンスから何が読み取れるかに関心がもたれるようになった。動作や言語に学習者の学びの情報が含まれているからである。学習者の学びの情報が多様に含まれている，動作や言語を分析する手だてを知っておくことは極めて有効となるであろう。また，教師が学びの情報を的確につかみ，分析できる力は，授業をリフレクションしたり，授業を構成したりする力量をつけることとなるであろう。

土井（2004）は，見本の模型を示して，それを組み立てる「作業段取り」の過程と実際の組み立て作業を記録した。その結果，作業学習のなかに作業段取りを取り入れることにより，作業処理時間や作業エラーに効果がみられた。

第2節 › 生徒の意識と動作から何が読み取れるか
──事例1

　第一の事例は，器用意識を抱いている人は，ものづくりの作品の質がよいか，を明らかにすることを目的にしたパフォーマンス分析である。

　対象の生徒は中学校1年生の76名である。意識をみるための質問紙の項目は，「器用と思う」をはじめ，他11項目（表17-1）である。回答は5件法である。机上には，ペーパークラフト飛行機（Dewar, 1998）の部品用紙（切り抜く線がかかれたもの1枚），組み立て説明書（1枚），はさみ（1本），のり（1個），A3用紙（1枚），クリアファイル（1枚）などの材料および用具一組を机上に配置した。

　構成部品は，胴体，主翼，尾翼，機首のおもり，垂直尾翼，垂直尾翼留め，フラップからなる（図17-1，図17-2）。

図17-1　完成 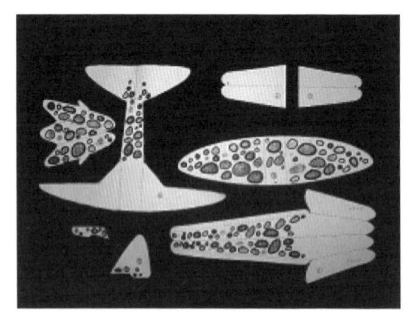　　　　　　　図17-2　部品図

　生徒に完成した飛行機の試技的飛行を見せたあとの指示は次のとおり。
①すべての部品を切り終えたあと，組立てを始めること。
②部品の切り出しの際，黒い線の上をはみださないように切ること。
③切る順番は，自由。
④一つの部品は，一度，はさみを入れたら，戻ったり，同じところを二度切っ

たり，別の場所から切り始めたりしないこと。
⑤誤って部品用紙を指定と異なる位置で切りはなした場合，セロハンテープで貼り付けること。
⑥他の人の作業を見たり，相談したりしないこと。⑦作業はできるだけ速く，正確に完成すること。

図17-3のように配置した1台のビデオカメラで6人を一組として収録した。

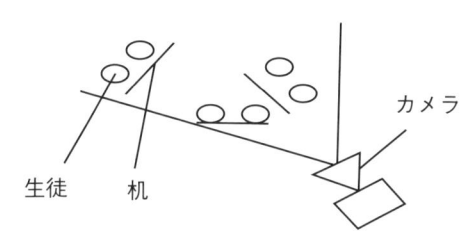

図17-3 生徒とDVCの配置

切り抜き後の分析は，次のとおりである。
①部品加工精度（以下，切り出しエラーと記述）の分析

切り抜き後の図面を5mm間隔で区切り，飛行機の輪郭線からはみ出しを，切り出しエラーとした。一機の総測定箇所数は447か所である。
②組立て動作の分析

のりで接着したあと，誤りが見つかり，紙をはがす作業をした場合を組立て動作エラーとした。組立て動作エラーを測定した。
③完成品の作業仕上げ精度（以下，作品精度と記述）の分析

作品精度は，胴体および主翼のエラー（表面）と胴体および主翼のエラー（裏面）を18の観点で評価した。胴体および主翼のエラー（表面）は，主翼の向き，尾翼の貼り付け，胴体のズレなどをはじめ10の観点である。胴体および主翼のエラー（裏面）は，表・裏の貼り付け，逆付け，折りなどをはじめ8の観点である。なお，部位に重みを付け，接合部品についての評価点は「エラーなし，エラーあり」を「0，1」点とし，接着などについて「ズレが大，ズレ

表17-1　器用意識群と中位群と不器用意識群の平均値（土井，2008）

1：不器用意識群／2：中位群／3：器用意識群

	全体/群	N	X	SD	群間	F値	
1，縫い針に糸を通すことができる	全体	73	3.74	1.24	／	／	
	1	30	3.17	1.32	1−2	3.19	*
	2	27	3.93	1.14	2−3	1.29	
	3	16	4.50	0.63	3−1	7.21	**
2，自分で立てた計画にそって作業を進めることができる	全体	73	3.03	1.17	／	／	
	1	30	2.77	1.04	1−2	0.00	
	2	27	2.78	1.09	2−3	5.84	**
	3	16	3.94	1.12	3−1	6.18	**
3，頭の中で想像したとおりのものができる	全体	73	2.45	1.13	／	／	
	1	30	2.03	0.89	1−2	0.93	
	2	27	2.41	0.93	2−3	3.85	*
	3	16	3.31	1.40	3−1	7.98	**
4，みんなよりも速く作品を作ることができる	全体	73	2.32	1.09	／	／	
	1	30	1.83	0.99	1−2	2.35	
	2	27	2.41	0.84	2−3	2.17	
	3	16	3.06	1.24	3−1	7.93	**
5，ものをうまく作る自信がある	全体	73	2.40	1.16	／	／	
	1	30	1.73	0.98	1−2	3.76	*
	2	27	2.41	0.80	2−3	8.67	**
	3	16	3.63	1.03	3−1	21.73	**
6，はさみ，カッターナイフなどで線にそって切れる	全体	73	3.23	1.15	／	／	
	1	30	2.73	1.11	1−2	2.82	
	2	27	3.41	0.93	2−3	0.96	
	3	16	3.88	1.20	3−1	5.94	**
7，自分の作品を見てよくできたと思う	全体	72	2.93	1.13	／	／	
	1	30	2.47	1.11	1−2	3.52	*
	2	27	3.22	0.89	2−3	0.05	
	3	15	3.33	1.29	3−1	3.26	
8，「こうしたい」と思っても思い通りに手が動かない	全体	73	2.75	1.23	／	／	
	1	30	2.30	1.06	1−2	1.78	
	2	27	2.89	1.12	2−3	0.86	
	3	16	3.38	1.46	3−1	4.36	*
9，作業中失敗しても，仕上がりをきれいにできる	全体	72	2.85	1.16	／	／	
	1	30	2.47	0.97	1−2	1.22	
	2	27	2.93	1.14	2−3	1.14	
	3	15	3.47	1.30	3−1	4.06	*
10，のり付けをするときずれないようにはることができる	全体	73	3.14	1.27	／	／	
	1	30	2.73	1.20	1−2	0.83	
	2	27	3.15	1.23	2−3	1.80	
	3	16	3.88	1.20	3−1	4.62	*
11，自分が作った作品の仕上がりはきれいだと思う	全体	73	2.49	1.06	／	／	
	1	30	1.97	0.96	1−2	4.58	*
	2	27	2.74	0.76	2−3	0.56	
	3	16	3.06	1.24	3−1	6.74	**

（8は，逆転項目である）＊p＜.05＊＊p＜.01

中位，ズレなし」を「1，2，3」点とした。
④器用意識と不器用意識の群分けの方法
　器用意識と不器用意識の群分けは，質問紙調査の「器用と思う」項目で，「5．そうである，4．どちらかといえばそうである」と回答した生徒を器用意識群とし，「3．どちらともいえない」を中位意識群，「1．いいえ，2．どちらかといえばいいえ」を不器用意識群とした。
　分析結果は次のとおりである。
①表17-1は，器用意識群と中位群と不器用意識群の平均値である。すべての項目の平均値をみると，いずれの項目においても，器用意識群が最も高い値を示し，中位群が次に続いた。そこで，群間の平均値の差をみるために分散分析した。主効果の認められた項目を多重比較した結果を表17-1に示した。
　器用意識群と不器用意識群との間で，有意差（p＜.05）が認められた項目は，「技能」カテゴリに最も多く，続いて「作業結果」カテゴリであった。これらは，細かな作業や速く処理し，きれいに仕上げられるという作業処理や作業結果などの技能に関与意識に差があるといえる。
②切り時間，組立て時間，全作業時間，切り出しエラー，組立てエラー，作品精度の各項目の平均値を算出し，表17-2に示した。
　その結果，器用意識群は切り時間は長いが，組立て時間，および全作業時間は短いことがわかった。いっぽう，不器用意識群は，切り時間は短いが，組立て時間および全作業時間は長いことがわかった。
　表17-1の第4項目に示すように不器用意識群は作業が遅いと意識している。
　これらのことから，不器用意識群の作業処理が遅いというパフォーマンスは，意識と一致しているといえよう。また，不器用意識群は切る作業は早いが，組

表17-2　3群の切り時間・組立て時間・全作業時間の平均値

変数名	全体			器用意識群			中位意識群			不器用意識群		
	全N	全X	全SD	N	X	全SD	N	X	SD	N	X	SD
1）切り時間	73	1118	241.2	16	1127.313	258.335	27	1129.222	292.492	30	1103.167	169.206
2）組立て時間	73	1637	453.7	16	1464.875	359.0	27	1686.667	513.743	30	1684.9	417.387
3）全作業時間	73	2755	485.3	16	2592.188	343.0	27	2815.889	562.0	30	2788.067	455.589

表17-3　3群間における作業処理のKruskal-Wallsの順位和検定

項目名	器用意識群			中位意識群			不器用意識群		
	N	順位和	平均順位	N	順位和	平均順位	N	順位和	平均順位
切り時間	16	618	38.6	27	971.5	36.0	30	1111.5	37.1
組立て時間	16	464	29.0	27	1014	37.6	30	1223	40.8
全作業時間	16	473	29.6	27	1036	38.4	30	1192	39.7
切りエラー	16	600.5	37.5	27	925.5	34.3	30	1175	39.2
組立てエラー	16	600.5	37.5	24	698	29.1	27	979.5	36.3
作品精度	16	520.5	32.5	27	1046.5	38.8	30	1134	37.8

み立てる構成作業に時間を要していることがわかった。このことから，不器用意識群は構成力を発揮する点において器用意識群より低いと推察した。

次に，各群の意識レベルとパフォーマンスが明らかに一致するかをみるために，器用意識群，中位群，不器用意識群の3群の切り時間，組立て時間，全作業時間，切り出しエラー，組立てエラー，作品精度の平均値を分散分析（Kruskal-Wallisの順位和検定）した（表17-3）。その結果，全項目に主効果は認められず，器用意識群，不器用群，中位群の相互のパフォーマンスに有意差は認められないことがわかった。つまり，器用意識を抱く生徒は，作業速度や作業動作において，不器用意識や中位群より明らかに高いとは言えず，器用意識とパフォーマンスは一致しないと指摘できる。パフォーマンス（切り時間を除き）では，器用意識を抱く群は，不器用意識を抱く群より平均値ではいずれの項目も若干高い（精度など含めて）。しかし，明らかな差は認められなかった。以上から，器用意識とパフォーマンスは一致しないといえる。

第3節 > 生徒の発話と動作から何が読み取れるか
―― 事例2

第二の事例は，作業中どのような言葉を発話しているかを明らかにすることを目的にしたパフォーマンス分析である。

工業高校1年生の生徒6名と教師2名を対象に，6日間（総18時間）の実習授業を収録し，動作と発話から分析検討した。実習室には4台のデジタルビデオカメラを設置し，すべての生徒と教師はボイスレコーダーを携帯した。予備題材を通して基礎的な機械操作学習をしたあと，図17-4の段付Vプーリー

（モーター側）を製作した。完成度をみるため，9箇所の測定点を設定した。設計図の寸法と製作物との寸法の差の平均値を算出し，その値を作品精度とした。

解析方法は，ボイスレコーダーで収録した発話をすべて書き起こした。さらにデジタルビデオカメラの映像と同期させ，生徒の行動と発話の相手を確定した。すべての発話は，「だれに」「何について」「どうしたか」の3項目に分割し，さらに各項目を詳細なカテゴリに分けた。

図17-4 段付きVプーリー

分析の結果は次のとおりである。

各項目に分類した結果，「だれに」の発話総数に対する対人への比率をみると，友人に対する発話が48.6％で最も高い比率を示した。続いて，教師に対する発話の26.3％，自分自身に対する発話（以下PS）の25.1％であった。発話の四分の一程度が教師とPSであり，自分に問いながら，作業を自己調整・制御し遂行しているといえる（図17-5）。

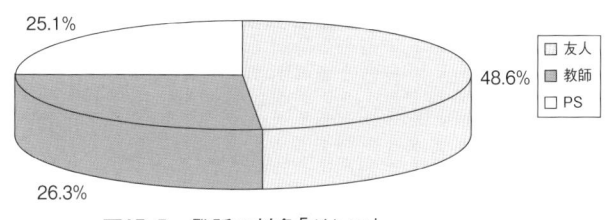

図17-5 発話の対象「だれに」

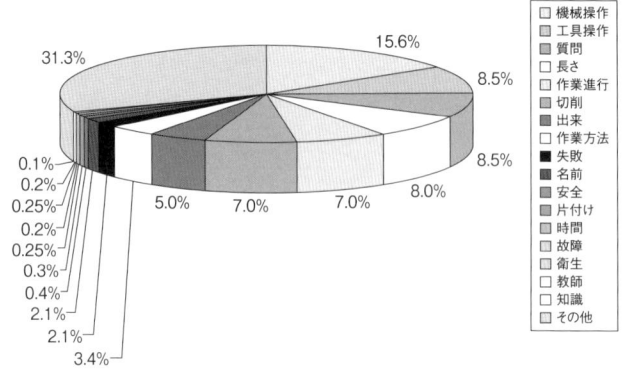

図17-6 発話「何について」カテゴリ

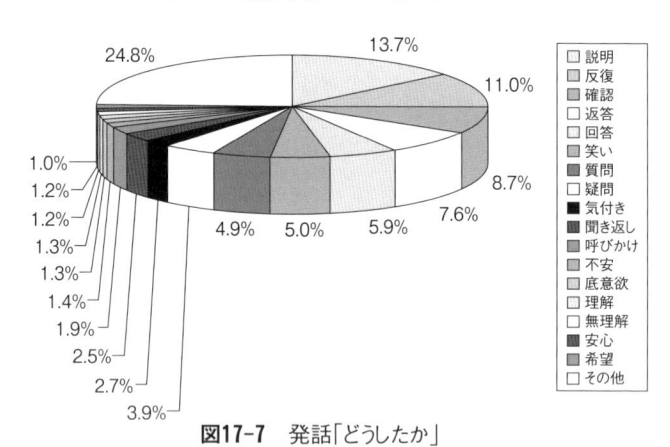

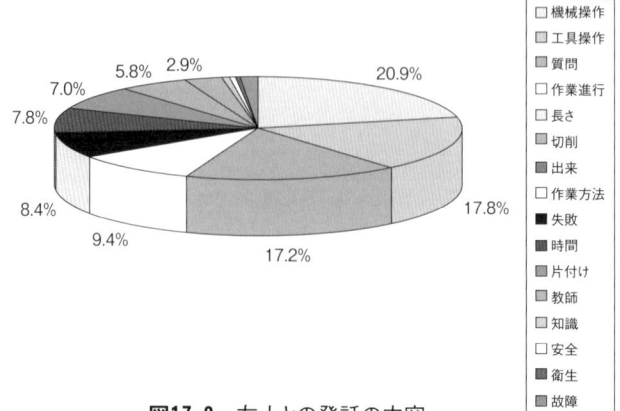

図17-7 発話「どうしたか」

図17-8 友人との発話の内容

「何について」「どうしたか」をそれぞれみると，「何について」では，機械操作の15.6％，工具操作の8.6％など18カテゴリあった。工具や機械操作の技能に関わる発話が多く認められ，続いて，長さや作業方法に関する発話が多いことがわかった（図17-6）。

「どうしたか」は，34カテゴリあった。説明が13.7％と最も比率が高く，友人や教師，そして自分に対して，作業がどのよう状況にあるか，作業内容を説明することが多いといえる（図17-7）。

さらに，繰り返し説明したり，確認したりするなど反復がよく行われている。このように，自分の作業状況の説明や確認を多くすることによって慎重に作業を進めようとしているといえよう。

友人との発話の内容をみると，機械操作，工具操作など技能操作，そして質問に答えたり，作業進行や長さについて発話したりしていることがわかる。その内容を詳細にみると，最も確認が多く，「67.4とかだったらな，0.4動かさんといけん（注：動かさないといけない）わけだろ？」「こっからな0.2ってな，1，2，3って，で，4か，でいいのかな，4削ろうと思ったらな？」などといっている。操作に自信がないことから友人に確認をしていることがわかる。さらに「こう……ちょっと斜めにして高さを同じにするだって」などと，友人に説明していることも多く情報を得るだけでなく与え，お互いに学習が進

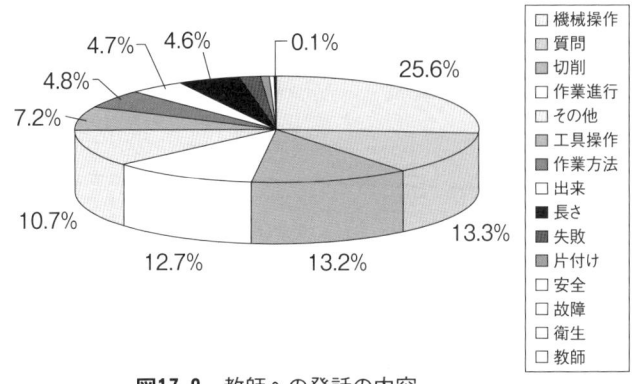

図17-9　教師への発話の内容

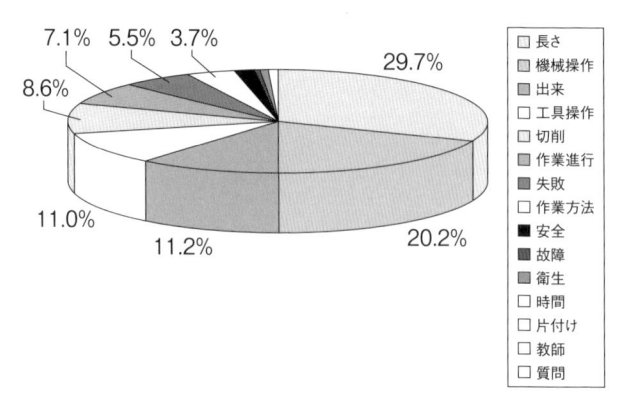

図17-10 プライベートスピーチ（PS）

んでいることが分かる。続いて，質問も多い「どれ位出せばええ？」「これが何回転かいな？」「これは，どうやって締める？」このように，作業学習では，生徒は友人との間で多くの発話をしており，友人との情報交換は重要な位置を占めていることがわかる（図17-8）。

教師への発話をみると，機械の操作方法が25.6%と最も高かった。さらに，この操作方法の内容を詳細にみると，教師への確認の発話が多かった。例えば「ここ，えーっと，つなげるところってぴたっとひっつけていいんですよね？」「このままずーっと，ここに，この刃を当てていいんですか？」など，既有知識をもとにしながら，機械操作の確認をしているといえる。学習者は機械操作に不慣れであり，確認の回数が増えたと考えられる（図17-9）。

次に，プライベートスピーチ（PS）をみると，長さのカテゴリが29.7%と最も比率が高かった。これは，部品の寸法を正確に切り出すために，長さの確認を幾度となくしていることがわかる。例えば，「52まであと1ミリだし」とか「70だ，70だから，あと30」「あと2ミリっていうことは」などと，作業内容を口に出して説明しているのである（図17-10）。

このように，ものをつくる作業では，各部位の長さは基本であり，切り出しの長さの確認は自分に向けられ，作業のはじめや作業中において，プライベートスピーチ（PS）によって行動を調整していると考えられる。さらに，機械

操作，出来，工具操作などがあげられていることから，操作方法や出来ばえにも注意が向けられ，これでいいのか再確認し，作業のイメージをつくっていると推察できる。さらに，質問の回数をみると，教師への質問は少なく，むしろ友人への質問が多く，多くの情報を友人から得ていることがわかる。

第4節 > ものづくり過程の研究の課題

事例1から，学習者の意識と動作と作品などのパフォーマンスの分析から，不器用感を抱く人と器用感を抱く人の作品には差がないこと，不器用感を抱く人には，有能感を得る指導が欠かせないことがわかる。今後，不器用意識の要因を解明し，不器用意識をいかに低減するか，その指導方法を開発する必要がある。

また，事例2の言語と動作などの分析から，学習者がいかなる情報をだれに求めているか把握できること，友人からの情報が個別になることなく，共有され共同の学びに有効に働いていること，さらにプライベートスピーチで行動調整をしていることを導くことができた。今後，作業精度とパフォーマンスと発話の関係を解明する必要がある。

このような分析方法の理解は，生徒の内面を把握したり，教授法を開発したりするうえで有効であるといえよう。

・文 献・

Dewar, A., (1998) *"Paper Airshow"* 二見書房
土井康作（2001）「児童生徒のものづくり経験の意識が器用感・意欲・技術観に及ぼす影響」『技術教育研究』57, pp.50-59
土井康作（2004）『技術教育における作業段取りの教育効果』風間書房
土井康作・高島清隆（2008）「中学生の器用・不器用意識と作業パフォーマンス及び自尊感情との関係」『産業教育学研究』38（1），pp.43-48
土井康作（2006）「技術教育の加工学習における新しい教授方法の開発に関する基礎的研究」平成15年〜平成17年度科学研究費補助金（基盤研究（C）（2））研究成果報告書
原正敏・佐々木享編（1972）『技術科教育法』学文社
文部科学省（2008）「中学校学習指導要領」
鈴木隆司（2004）「小学校でのものづくりの授業における児童の作業分析」『日本産業技術教育学会』46（1），pp.25-31

TOPIC17　作品を評価する方法

　子どもの作品に対して，教師が厳しい態度をとったり，だめなところばかり指摘したりすると，その子どもは，表現することが好きではなくなるかもしれない。しかし，教師が子どもの作品を認める態度をとることによって，その子どもは自信をもつようになり，表現することが好きになるだろう。そのため，教師が子どもの作品に対して行う評価は重要である。こうしたことを踏まえ，ここでは，さまざまな評価方法の中で，チェックリスト法と評定尺度法について紹介する。

（1）チェックリスト法

　作品の評価項目を前もって決めておき，それに基づいて作品をチェックする方法である。例えば，「主題のとらえ方に独自性がある」，「画面構成に工夫がある」などの作品の評価項目に，子どもの作品があてはまるかどうかをチェックするのである。

　このチェックリスト法を用いて子どもの作品を評価した例として，表1のようなものがある（熊谷，1958）。小学校1年生，3年生，6年生の粘土作品の「立体感」について，イ，ロ，ハの評価項目に基づいて評価したものである。もしも，子どもの作品に，「立体感がある（四方八方からよく見て作られており，丸みがあり厚みがあって自然な実立体の形をしている）」場合，教師はその子どもの作品をイの評価項目にあてはまると判断するのである。

　このようなチェックリスト法は，その子どもの作品の特徴を明らかにすることができるだけでなく，評価項目に基づいて，クラスや学年ごとの子どもの作品傾向を明らかにすることもできる。例えば，表1をみると，1年生の作品の約50％がイの評価項目に分類されたのに対し，6年生の作品の約90％がこの項目に分類されたことがわかる。このように，チェックリスト法で子どもの作品を評価することによって，子どもたちがどのような特徴をもった作品を作ったのかを把握することができる。

（2）評定尺度法

　あらかじめ設定した評価目標の達成度によって子どもの作品を評価する方法である。例えば，表2のように，「内容の豊かさ」という評価目標に関して，ある子どもの作品がどのくらい達成したかを評価する。また，評価目標ごとに作品の達成度を出して，達成度の高い目標とそうではない目標を明確にすることもできる（茂木，2000）。

　ここで紹介した二つの評価方法は，教師が，授業のねらいを達成できたかどうかを省察したり，子どもの現在の発達水準を把握したりするための重要な資料となる。しかし，これらの作品を対象にした評価だけでなく，子どもが作ったり描いたりしている最中のプロセスの評価もまた，授業をよりよいものに改善し，子どもの可能性を広げたいくためには必要

である。そのため，作品の評価と同時に，形成的評価（学習が進行している最中に適宜，子どもの学習の状態をチェックする評価）を行う必要がある。また，表1に示されるように，子どもの表現には年齢差があるので，子どもの発達段階を踏まえた評価も同様に必要である。

表1　子どもの粘土作品の「立体感」の評価

	学年	1年生	3年生	6年生	計
イ	実数(%)	20 (48.8)	24 (53.3)	33 (86.8)	77 (62.1)
ロ	実数(%)	15 (36.6)	19 (42.2)	5 (13.2)	39 (31.5)
ハ	実数(%)	6 (14.6)	2 (4.5)	0 (0.0)	8 (6.4)
計		41	45	38	124

イ	立体感がある（四方八方からよく見て作られており，丸みがあり，厚みがあって自然な実立体の形をしている）
ロ	あまり感じられない（丸いし厚みもあるが一方だけ・・・主に前，または上方・・・からのみ見て作られたもの）
ハ	平面的（完全に背後が無視されており，底があるものや浮彫り状のもの）

表2　評定尺度法

評価目標	評定尺度				
	非常によい	よい	ふつう	あまりない	ほとんどない
・内容の豊かさ	5	4	3	2	1
・構成のよさ	5	4	3	2	1
・適切な表現技能	5	4	3	2	1

・文献・

熊谷蓉子（1958）「児童の立体表現活動の発達―粘土工作について」『教育心理学研究』5，pp.141-150
茂木一司（2000）「評価の手順と種類」宮脇理監修，福田隆眞・福本謹一・茂木一司編『美術科教育の基礎知識』建帛社，pp.187-190

第18章

評価テストの作成

第1節 > 授業研究でテスト法を使う

>> 1. テスト法とは?

　「授業」を「研究」する場合，あるいは「授業研究」を行う場合のいずれも，授業で行った活動が，どのような成果や効果をもたらしたのかをきちんととらえていく必要がある。成果や効果をとらえる方法には，テスト法，実験法，質問紙法，観察法，面接法，事例研究法など，さまざまなものがあり，これらはいずれも教育心理学の研究法として使われている。それらのなかで，何と言っても多く使われているのは，テスト法，すなわち，テストを作り，測定し，評価していくことであろう。ただし，「テスト」という用語には，「検査」という意味と「試験」という意味とがあり，ここでは，「期末試験」のようにいわれている場合の「試験」の意味を指すこととする。

　さて，そもそも，テスト法にはどのようなものがあるのだろうか？　表18-1は，テスト法をタイプ分類し，設問の具体的な例を示したものである。これらは筆記による方法だが，それ以外に運動や演示，作業などを伴うものもテスト法に含める場合がある。さらに，これら以外にもいろいろな学力評価法が考えられており，最近の学力評価法の詳細は，田中（2005）の参照を勧める。

>> 2. 授業研究のなかでのテスト法とは?

　授業研究の目的や研究テーマはさまざまなものがあるが，そのなかで，テス

表18-1 テスト法のタイプ分類

分類		代表的な方法	設問の例
解答方式	再生タイプ	単純再生法	活版印刷を発明した人はだれか。
		完成法	室町幕府は（　）年に（　）により（　）の地に設立され……。
	再認タイプ	真偽法	次の説明が正しければ○を，誤っていれば×を（　）内に記入せよ。
		多枝選択法	次の(1)〜(4)の文の中で最も妥当なものはどれか？
		組み合わせ法	次の文の(1)〜(10)に入る話を，下の語群の(a)〜(j)から選べ。
回答方式		論文体テスト	インフレーションと株式の関係について述べよ。
		問題場面テスト	この地図のこの部分に新たに都市をつくるとすれば，防災上，最も注意するのはどのような点だと思うか？

ト法を使って情報を集めるやり方がふさわしいのは，どのような場合であろうか。テスト法は，「解答の正しさ」や「回答の適切さ」を得点にし，その程度を比較するものである。テストで測られるのは，理解・知識・能力・技能などであり，それらは，教育目標分類での「認知領域」の目標に相当するものである。授業研究の目的や研究テーマを確認していただきたい。目的やテーマのなかに，何らかの「知識・理解・能力・技能」の「様子・プロセス・変化・伸び」を知る，ということが含まれていて，研究の結果，「指導法・教材・発問・活動」の「効果・成果・影響」などについて考えていこう，という内容が含まれているだろうか？　含まれていたとすると，それは，テスト法を使うのがふさわしい，あるいは，少なくともテスト法が使えるのである。別の見方をすると，例えば，「意欲を高める・態度を養う・仲間をつくる・協同で作業する・社会参加する」などの目的や研究テーマの場合，テスト法よりも，質問紙調査法，観察法，実践研究法などのほうが適切かもしれない。

>> 3．授業研究でテスト法を使うときの注意は？

実際に，授業研究でテスト法を使って情報を集めるときには，次の5点に留意することが必要である。

①指導の内容とテスト問題とを一致させる

　授業や単元で指導し，活動してもらった内容とテストの問題とを一対一に対応づけるようにする。こうすることによって，テストの内容的妥当性が高まる。

②事前テスト（プレテスト）と事後テスト（ポストテスト）の内容を一致させる

　授業の効果を最もわかりやすくとらえるには，単元や学期や学年の前後に同じテストを実施し，得点の変化を比較することである（対応のあるデータの分析）。そのためには，当然だが，前後で同じ問題を実施しなければ比較できない。これを行わないために，分析ができなくなるケースをよく見かける。

③学習のプロセスをとらえるようにする

　事前・事後テスト結果の比較だけでなく，学習者の学習のプロセスがわかるような情報を得ておくようにする。具体的には，形成的評価のような，毎時間ごと，単元ごとの簡単なテストを行うのである。あわせて，意欲・関心・理解感・興味の程度などの質問紙調査も行っておくと，テストの結果を相互に補完する情報として有用である。

④分析しやすいテストを作る

　授業研究では，テスト結果を集計・分析し，わかりやすく表現することが求められる。その場合，論文体や問題場面などのテストより，客観テストのほうが分析しやすく，いろいろな統計分析も行うことができる可能性がある。

第2節　よいテストとは何かを知る
——妥当性を高め信頼性を高める

>> **1．よいテストの条件：妥当性とは何か？**

　よいテストとはどのようなものだろうか？　教育心理学では，よいテストとは「妥当性が高いテスト」とされている。ただし，気をつけていただきたいのは，心理測定の視点から見た「よさ」であって，「授業評価のためのテスト」としての「よさ」とは別である。授業の場合なら，全員が正答できる問題，ほ

かの問題とは異質なものなどを意図的にテストに含めることがある。

　さて，妥当性の定義は，以前は，「測定しようとする内容を正しく測定しているかどうかの程度が高いこと」であった。例えば，ある知能検査が妥当かどうかは，その検査で測定された結果が，本当に知能の高低を反映しているかの程度による，とするものであった。

　それが，現在では，「テストその他のアセスメントによる得点に基づいた推論や行為の十分さと適切性について，それを支える実証的証拠や理論的証拠がどの程度あるかに関する総合的な評価的判断である。(Messick, 1995：平井, 2006)」と定義されている。わかりにくいのでやさしく言いかえると，「『この測定の結果は大丈夫である』ことを示す証拠が（質的にも量的にも）どのくらいあるかによって総合的に判断する」ということができよう（詳細は，平井, 2006を参照）。例えば，ある知能検査の妥当性を考える場合，知能検査の結果が大丈夫であるという証拠がどの程度示されているのか，によって総合的に判断していこう，とするのである。

　では，どのような証拠が考えられるだろうか？ Messick (1995) があげた証拠について，平井 (2006) がわかりやすく紹介している。それによると，証拠は，内容的側面，本質的側面，構造的側面，一般化可能性の側面，外的側面，結果的側面の6つがある。それらのなかで，授業研究の場面で得られたテストについて，その妥当性を示す証拠として考えられるものをあげてみよう。

■**内容的側面からの証拠**

　「測定したい構成概念に含まれる要素，含まれない要素を明確に線引きしたドメインを定義し，……（平井, 2006より一部引用）」とある。つまり，テストで測定している内容が，授業で教えるべき内容と対応しているかどうかの判断を下すことである。判断は，カリキュラムや授業内容の専門家にお願いする。また，校内の授業研究で，テスト項目が指導内容を反映しているかどうかについて十分な吟味と議論を行い，その議論の結果から判断することもできよう。

■構造的側面からの証拠

「得点の内的構造が構成概念の下位領域や次元性などの理論的構造に一致していることを示す証拠（平井，2006）」とある。さらに，「項目間の相関係数や内的一貫性のデータも証拠に含まれる」となっている。そこで，実際には，テストの項目がどのような相互関係をもっているのか，どのような構造なのかをあらかじめ想定しておき，得られたテストの分析結果と照合してみるのである。分析は，項目間相関係数や因子分析などを使うことができる。

■一般化可能性からの証拠

「得点の意味や測定論的特性が，ある特定のデータセットだけでなくほかの被験者集団，実施場面，実施時期，項目セットに対しても不変であるという証拠（平井，2006）」とある。このことは，テストの再現性・安定性がどの程度なのかと関係しており，いわゆるテストの信頼性として知られている考え方である。実際の作業では，再検査信頼性係数やα係数などを求めていくのである。また，この説明をみると，「信頼性は妥当性の証拠の一部である」というとらえ方になっていることがわかるのである。

>> 2．よいテストの条件:信頼性とは何か？

この，「一般化可能性からの証拠」の内容を理解するためには，テストの信頼性について知っておく必要がある。信頼性とは「いつどこでどのように測定しても同じような結果が得られるか」「測定を構成する問題や質問項目が同じような内容を測定しているか」と定義されている。

■信頼性係数の求め方：再検査信頼性係数

信頼性係数のなかで，よく使われるのは，再検査信頼性係数とα係数である。まず，再検査信頼性係数は，再検査法（再テスト法）によって求められ，テストの再現性や安定性の程度を示す指標として使われる。求め方は，同じ人に同じ内容のテストを2回行って，2回の間でテスト得点の相関係数（r：ピアソンの積率相関係数，など）を求め，その値を信頼性係数とするものである。

係数の値が1に近いほど，再現性や安定性があると判断するのである。

■信頼性係数の求め方：α係数

α係数は，内部一貫法（内的整合法）と呼ばれる考え方の信頼性係数で，「クロンバックのα係数」と呼ばれることもある。この係数は，テスト問題のなかに異質な問題項目やほかの問題とは関係が薄い問題項目が含まれているかどうかを確認できる指標である。言いかえると，この係数は，問題項目の間での相関関係が強ければ強いほど，大きな値になってくるのである。また，再検査信頼性係数とは異なり，1回のテスト結果で計算できるのも特徴である。

α係数を求める式を式18-1に，具体的な計算の仕方を表18-2に示す。

式18-1

$$\alpha 係数 = \frac{問題数}{問題数-1} \times \left\{ 1 - \frac{問題項目の分散の合計}{個人得点の分散} \right\}$$

表18-2 α係数を求める

番号	問1	問2	問3	問4	問5	個人得点
1	2	2	2	2	1	9
2	2	2	1	2	2	9
3	2	2	1	2	2	9
4	2	2	2	2	1	9
5	2	1	0	2	2	7
6	1	0	0	1	0	2
7	1	0	1	1	0	3
8	2	0	2	2	1	7
9	2	1	2	2	1	8
10	2	1	2	2	2	9
分散	0.178	0.767	0.678	0.178	0.622	6.844

①分散の求め方は，VARという関数を用いる。標準偏差（SD）を求めてそれを2乗してもおなじである。

②α係数を求める手順は次のとおり。
問題数 ＝ 5
問題項目の分散の合計 ＝ 0.178＋0.767＋0.678＋0.178＋0.622＝2.423
個人得点の分散 ＝ 6.844

α係数＝問題数/(問題数－1)＊(1－問題項目の分散の合計/個人得点の分散)
　　　＝5/(5－1)＊(1－2.423/6.844)
　　　＝0.807

表18-2は，表計算ソフトのMicrosoft EXCELを使い，α係数を求める手順を示した。表は，問題数が5問，対象者10人の結果である。問題は，それぞれ2点満点であるとする。5つの問題を合計したのが個人の得点で，表の右側の列に示している。分散の値の求め方は，EXCELの場合，VARという関数を使えば簡単に計算できる。分散とは標準偏差（SD）の値の2乗である。

　表18-2の例は，α係数の値は0.807となっており，この値は，ほぼ満足のいく信頼性が確保されている，と見なしてよいと考える。ただし，係数の値がいくつなら信頼性があると判断できるかについて，はっきりした基準があるわけではない。また，0.95以上のような大きな値になると，同じ内容の問題を繰り返し出題しているのでは？　と疑い，テストとして妥当とは言いがたいと考える。

　また，表18-2からわかるように，α係数によって信頼性を確認するためには，テストを作るときに気をつけなければならないことがある。それは，①個々の問題への解答が得点化でき，②問題ごとの得点を合計することができ，③個々の問題への配点が同じになっていること，である。留意してほしい。

　なお，個々の問題が正答なら1点，誤答なら0点とし，その値を表18-2に入力すると，0-1データの表になる。このようなデータに対して，式18-1を適用した場合，その信頼性係数のことをKR-20（Kuder-Richardsonの公式20）と呼んでいる。意味や解釈はα係数と同じである。

>> 3．妥当性と信頼性を高めるには？

　では，妥当性と信頼性を高めるにはどうすればよいだろうか。

　妥当性については，測ろうとする内容は何か，それはどのような構成要素からなっているのか，をとにかく十分吟味し，それに対応するテスト問題を作っていくことに尽きる。いっぽう，信頼性を高めるには，問題項目の数を増やすこと，問題項目の分析をていねいに行って，ほかと関連がなさそうな問題項目を除外すること，などが考えられる。

なお，テスト問題の構成や分析には，項目応答理論（Item Response Theory: IRT）という考え方がある。現在は，計算がむずかしく容易に使えない。

第3節 テスト問題を作る手順を知る

実際にテスト問題を作成するには，どのような点に注意しながらどのような手順で進めていったらよいだろうか？　作業の流れにそって，おもなポイントを紹介していこう。

>> 1. テストの出題内容を決める

①まず，授業の流れのなかで，テストをどのように位置づけるのかの基本的な確認を行う必要がある。確認内容は，

　a. 事前テスト（プレテスト）と事後テスト（ポストテスト）の方式を使うか
　b. 使うのなら同じ問題を出題してもさしつかえないか
　c. 授業の効果をテストのみでとらえるのか，それとも，ほかの方法で得た情報と併用するのか
　d. テスト問題は，学習した内容に即すのか，それとも，ある程度発展的な内容を盛り込むのか

などである。

②次に，授業で指導した内容，子どもが学習した内容をリストアップする。テスト問題の出題範囲を決める作業である。内容をリストアップするときには，次のような点を念入りにチェックしてほしい。

　a. 指導目標は何であったか
　b. それらのなかで，基本的なもの，発展的なものはどれか
　c. 到達基準はどのようなものか（〜を理解する，〜ができる，〜が操作できる，〜が応用できる，など）
　d. 実際の指導でどのように教えたか（暗記してください，わかるようにし

てください，〜ができるようにしてください，など)

　これらの点について確認し，一覧表などを作っておくとよい。

　③出題範囲を決めたら，目標・内容・課題などとテスト問題候補との対応について，専門家にチェックしてもらい，内容的側面からの証拠としていく。

>> 2．テスト問題の形式を決める

　テストの全体方針や作成の方向が決まった段階で，テスト問題を実際に作成していくが，そのときにチェックすべき点は次のような内容である。

① テスト問題には，「1問1要素対応の原則」というのがある（池田，1992）。1つの問題に複数の内容を盛り込まないようにする。

② やさしい問題を数多く出題するのがよい。問題文をなるべく短くし，複雑な設問は，部分や段階に分けて出題するようにする。問題数が増えれば信頼性係数も大きくなる（池田，1992）。

③ 出題形式をなるべくそろえる。授業研究では，得られたテスト結果を詳細に分析するはずである。そのことを想定すると，まず，客観式テストを用いるようにする。また，客観式のなかで，方式もそろえておく必要がある。笹山・岸（2005）の研究結果では，説明文読解テストで，同一内容の問題でも，多枝選択・単純再生・完成法によって難易度が異なり，さらに，問題領域によっては，多枝選択が必ずしも一番やさしくならないことなどがわかっている。したがって，バラバラな方式を採用しないようにするのが最もよいといえる。

④ 学習したときの記憶や理解の仕方と出題するときの仕方とを一致させるのがよい。例えば，テストで「大政奉還は何年か？」と出題したが，授業では「年号を覚えなさい」とはひとことも言わずに「よく見ておくように」とだけ言ったようなケースである。われわれは情報を覚えるときのやり方と，それを思い出すときのやり方とは対応づけるようにしているのである。それを無視して問題を作成しても意味がない。

⑤その問題はだれが解答できるのかを考え，必要に応じて問題を調整する。これは，授業研究の場面というより，テスト問題を作成するすべての状況で考慮しなければならない重要な点である。図18-1を参照のこと（岸，印刷中）。

図は，ある設問に対し，どのような背景をもった者が解答できるのか，という視点から分類を試みたものである。横軸は，出題された内容が，学校・授業・単元で習った内容かどうかである。いっぽう，縦軸は，出題された知識や技能について，実体験や経験があるかどうかを示しているとする。これら2つの軸で分類した場合の特徴を考えると，子どもの学習は，通常，大部分右下に属するはずである。ただし，学習内容いかんでは，経験の有無や程度によって，解答のしやすさが異なるはずであり，それによって問題の出し方を調整しなければならなくなってくる。このような形で，正解できる者のイメージをえがいて問題をチェックすることにより，問題の妥当性向上につながるはずである。

>> 3. テスト問題の水準を決める

テスト問題の水準とは，問題のやさしさ／むずかしさのレベルを設定することである。この作業はむずかしく，どの問題がどの程度の難易度かは，過去の

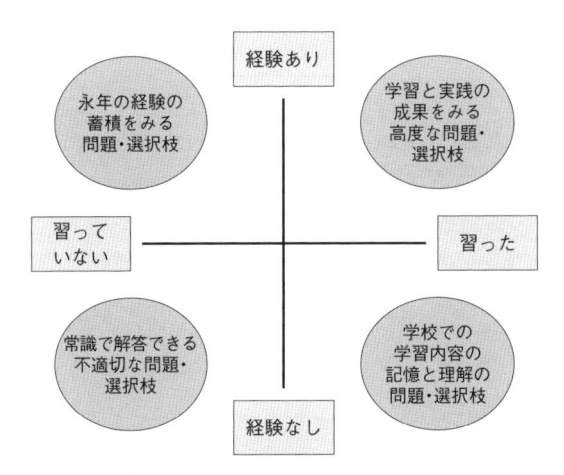

図18-1 問題を「だれが正解できるのか」から分類する（岸，印刷中）

データの蓄積と経験とに頼らざるをえない。実際に問題を作るときのチェックポイントを確認できるのである。それをあげてみよう。

① まず，規準と基準の面から出題内容を考えていくことである。規準とは，指導目標や指導内容のことである。例えば，「2桁の計算ができる」「酸とアルカリの性質の違いがわかる」などである。いっぽう，基準とは，どのくらい到達したかのレベルを表すものである。計算ができるのは，「速く」「完全に」なのか，違いがわかるのは「理由が説明できる」「指摘できる」レベルなのか，である。

　規準と基準との関係をもとにして，指導内容の決定や学習の評価に活用する方法にルーブリック（rubric）がある（高浦，2004）。これは，規準と基準とを行と列に組み合わせて表の形にし，その表のマス目に，具体的な評価内容や評価視点を埋めていったものである。いわば，目標への到達度という観点から，難易度の水準を表現したものとも考えられる。

② 学習すべき内容や技能などについて，段階や階層が提案されている場合，それらを手がかりにして難易度を調整できる。最近の例では，PISAの読解力がこれに相当する。PISA読解力では，読解のプロセスを「テキストの中の情報の取り出し」「テキストの解釈」「熟考・評価」のように3つの段階として考えている。また，この順番で難易度が高まっていくことも知られている。

・文 献・

平井洋子（2006）「測定の妥当性からみた尺度構成——得点の解釈を保証できますか」吉田寿夫編著『心理学研究法の新しいかたち』誠信書房，pp.21-49
池田央（1992）『テストの科学』日本文化科学社
岸学（印刷中）「学力」大田信夫編著『教育心理学概論』放送大学印刷教材，放送大学教育振興会
Messick, S. (1995) 'Validity of Psychological Assessment: Validation of inferences from persons' responses and performance as scientific inquiry into score meaning.' *American Psychologist,* 50, pp.741-749
村上隆（2003）「測定の妥当性」日本教育心理学会編『教育心理学ハンドブック』有斐閣，pp.159-169
笹山萩子・岸学（2005）「説明文読解テストの出題形式が問題の難易度に与える影響」『日本教育心理学会第47回総会発表論文集』p.565
高浦勝義（2004）『絶対評価とルーブリックの理論と実際』黎明書房
田中耕治編（2005）『よくわかる教育評価』ミネルヴァ書房

TOPIC18 ポートフォリオ評価で育つ学力とは？

　ポートフォリオ（Portfolio）を直訳すると「紙ばさみ」であり，子どもが作成したさまざまなレポートや作品，日記，ビデオテープ，教師の助言まですべてを挟み込んだものである。ポートフォリオ評価とは，学習目標を細分化し到達レベルの評価を示したルーブリックに従って，教師と子どもが一緒にポートフォリオ・カンファレンスで評価する方法であり，膨大な時間と労力を要する。それゆえ，手間がかかる，時間がかかると敬遠されることも多い。

　教師は，育てたい学力，伸ばしたい学習目標に合わせて授業設計を行う。育てたい究極の学力が，「計算で早く答えを出すこと」「漢字の書き取りが上達すること」であるならば，ポートフォリオ評価のような手間のかかる方法はいらない。

　だが，応用問題や読解力問題を解くには，「思考力」の育成は欠かせない。加納（2002）は，ポートフォリオ評価で育つ学力とそうでない学力を比較検討した。

　対象者を，ポートフォリオ評価を行っているポートフォリオ評価群・問題解決を中心とした授業を行っている問題解決群・例題の解説を行い例題を演習させるタイプの教師主導型群とし，高校1年生207名（6学級）を69名（2学級）ずつの3つの群に分けた。

　それぞれの学習目標，評価観点ごとに，3群を比較した。図1は，計算力・思考力・学習意欲に関する得点の平均点を示した。計算力に関しては，若干教師主導型群の平均点は高かったが，有意な差は得られなかった。だが，計算力の標準偏差は，3群の中で最も高く，学力格差が大きくなるという結果を得た。

　いっぽう，学習意欲や思考力に関しては，ポートフォリオ評価群の得点は最も高く有意な差が得られた。そこでさらに，思考力に含まれる要素のうち，推論（アブダクションとアナロジー）・論理性・数感覚についても比較検討を行い，いずれもポートフォリオ評価群のほうが高い得点を得ることができた。

　ポートフォリオ評価は，振り返りを促し，学んだ知識と知識を比較したり関連づける活動の習慣化を促すため，このような結果が得られたのであろう。

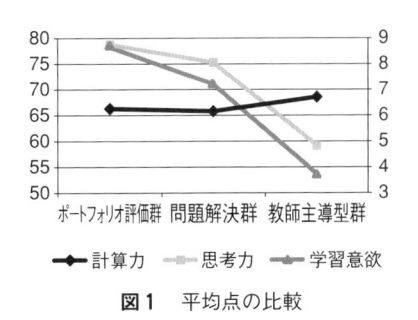

図1　平均点の比較

・文献・

加納寛子（2002）『ポートフォリオで情報科をつくる――新しい授業実践と評価の方法』北大路書房

第19章

授業研究のためのデータ解析

第1節 > なぜデータを問題にするのか

>> 1．データに語らせる

　「新しい台形の指導法を開発した。これはすばらしい。大変有効だ」といっても，簡単に多くの人を納得させることはむずかしい。新しい指導法の効果を判断するのに，授業者の主観的な感想だけでは十分とはいえない（もちろん，主観的な感想が無意味だというわけではない。経験のある先生の直感や印象は多くの場合，的を射ていることも確かだろう）。それではどうすれば「指導法の効果はたしかにある」といえるのだろうか，他人を説得できるのだろうか？
　子安（2003）は，教育学（教育学とは，教育哲学，教育史，比較教育学，教育課程，教育社会学，教育行政学など細分化している学問領域を指す）との比較において，特に重要な問題として「教育効果の検証」という点に教育心理学の独自性を主張できるのではないか，と述べている（p.3）。
　教育効果の検証のためには，実際にその教育プログラムを実施してみて，実証的なデータをとってみるとよい。例えば学力がほぼ等しい2つの学級を用意して，A組には従来の指導法を，B組には新しい指導法をそれぞれ実施してみる。指導終了後，指導内容に関するテストを行い，その結果を比較するのである。その結果，A組の平均点が50点，B組の平均点が55点だったとしよう（表19-1）。新しい指導法を受けた学級のほうが，平均点が5点高い。この結果を提示すれば，データという客観的な材料をもとに指導法の効果を検討すること

表19-1　従来の指導法と新しい指導法の比較(仮想データ)

学　級	テストの平均点	標準偏差	n（人数）
A組（従来法）	50	8	20
B組（新指導法）	55	7	20

ができそうである。つまり，データを判断基準としようということである。

>> 2．統計的に有意とは

　しかし，前述のような方法でデータに語らせてみたところで，おそらくこんな批判を受けるだろう。「そのデータの結果って，たまたまじゃないの？」「違う学級にやったらまったく違う結果が得られるのでは？」「5点という平均点の差って，新しい指導法の効果があったと主張できるほど大きいの？」

　1つのデータ，一回きりの指導の結果から結論を述べるのはむずかしい。これだけでは，多くの人を説得するのは簡単ではなさそうである。こんなときには推測統計学の手法，より具体的には，統計的仮説検定を用いることで，上記のような批判にある程度答えることができる。自分のもっているデータを，ほかのたくさんの結果の可能性（このたくさんの結果が集まったものを母集団と呼ぶ）から得られた1つの結果（これを標本，あるいはサンプルと呼ぶ）だとみなす。手元の標本の結果（ここでは，表19-1のようなデータが得られたという結果）でみられた差異が，たまたま偶然の差なのか，つまり別の標本（別の結果）では変わってしまうくらいのささいなものなのか（言いかえると，標本変動の影響を受けるものか），それとも標本が違っても同様の平均値差が得られるくらいのしっかりとした差なのか（言いかえると，標本変動の影響を受けないものか），を確率的に判断しようとするのが統計的仮説検定である。

　統計的仮説検定の手順を以下に述べてみよう。

① 「A組（従来法）とB組（新指導法）の本当の平均点には差がない」と仮定する。言いかえると，「A組（従来法）の母平均＝B組（新指導法）の母平均」。母平均とは，手元のデータ（標本）の背後にある母集団における平

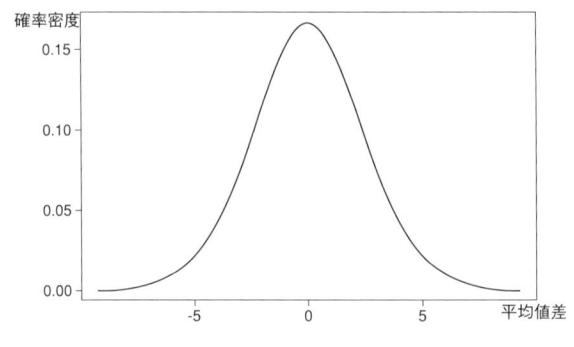

図19-1 平均値差の標本分布

均のことをいう。ここで仮定したものを帰無仮説と呼ぶ。

② ①の仮定（帰無仮説）が正しいとき，手元のデータの結果（A組とB組の平均点差が5点）になる確率（正確にはデータ以上の差が出る確率）を考える。

③ このために，「平均値差の標本分布」を考える。標本分布とは，平均値差がどんな確率でどんな値を取るかを表現したものであり，手元の標本の結果がたまたまかどうかを判断するために利用される。帰無仮説が正しいと仮定するので，平均点差が0の近くになる確率が高くて，0から離れるほど確率が小さくなる（図19-1）。標本分布を使うことで，平均点差が5点以上となる確率を求めることができる（この確率を p 値，有意確率等と呼ぶ）。

④ ③で求めた確率が5％以下だった場合，それはめったに起こらない，珍しい結果だと考える（5％という値は心理学研究で慣習的に用いられるもので，1％が使われることも多い。この5％とか1％という値，珍しいことかどうかの基準となる確率のことを有意水準と呼ぶ）。

⑤ 手元のデータが，帰無仮説のもとでは5％以下の確率でしか生じないデータだとわかったとき，「珍しいことがたまたま起こった，ラッキー！」と考えるよりは，「珍しいことがそんなに簡単に起こると思うのは都合がよすぎる」と考えるほうが合理的な判断といえる。そこで，こういう結果になったのは，最初の「A組とB組の本当の平均点には差がない」という仮定（帰無仮説）

が間違っていたからだと判断する。
⑥帰無仮説が間違っているとき，これを捨てる（検定では，棄却するという）。

帰無仮説を棄却するような結果が得られたとき「A組とB組の平均点には，統計的に有意な差があった」「5％水準で有意な差がみられた」と表現する。

以上をまとめてみよう。「A組とB組のほんとうの平均点には差がない」と仮定したとき，手元のデータの平均点差が得られる確率はどれくらいかを考える。この確率が5％よりも小さいとき，「A組とB組のほんとうの平均点には差がない」という前提が間違っているとして「A組とB組のほんとうの平均点には差がある」と考える。このとき「統計的に有意な差がある」という。

心理学の論文や研究発表報告でよく見かける「統計的に有意である」とか「5％水準で有意差がみられた」という言葉の正体は以上である。必要以上にむずかしいと恐れる必要はない。なお，ここで注意しておきたいことがある。「5％水準で有意である」の意味を「帰無仮説（最初の前提）が正しい確率が5％以下である」と解釈してしまう誤りを多くの人がする。とくに，これは統計のことを少し勉強したくらいの人が間違いやすいようである。これまで述べてきたように，検定は，帰無仮説の正しい確率や間違っている確率を議論するものではない。あくまで帰無仮説が正しいと信じたときに，データが得られる確率を考えるのである。この検定の考え方を読者は間違えないようにしてほしい。

第2節 › 平均値を比べる

本節では，平均値の比較のための検定手法である，t検定（2つの平均値を比べるもの）と分散分析（3つ以上の平均を比べるもの）について解説する。

›› 1．2つの平均点を比べる（t検定）

2つの平均点を比べる検定に，t検定がある（ここで紹介するのは，「独立

な2群のt検定」である。このほか「対応のある2群のt検定」がある）。前節の表19-1のデータにt検定を適用することで，2群の平均値差について統計的推測を行うことができる。t検定という名前は，検定でデータから計算されるtという値を用いるためである（検定で利用される，データから計算される数値を検定統計量と呼ぶ。t検定ではtが，分散分析ではFが，それぞれ検定統計量として利用される）。tを簡単に表現すると以下のような式になる。

$$t = 比較する2群の平均値差 \div 標準誤差の推定値$$

上式の分母に「標準誤差の推定値」とある。標準誤差とは，標本分布の標準偏差のことで，この推定値は2群の標準偏差とサンプルサイズ（データ数）より計算される。2群の標準偏差が小さいほど，また，サンプルサイズが大きいほど，標準誤差の値は小さくなる（標本分布の横方向への広がりが小さくなると考えてもよい）。そして，標準誤差の値が小さいほど，tの値は大きくなる。表19-1のデータからtを計算すると，$t=2.104$となる。帰無仮説（「A組の母平均＝B組の母平均」）のもとで，この$t=2.104$以上の値が得られる確率，つまりp値を求めると，$p=0.042$となる。p値が有意水準0.05よりも小さいので，帰無仮説は棄却される。すなわち，$t=2.104$という検定統計量の値は，標本変動の影響を受けないくらいしっかりとした差があることを意味する。そこで，「A組とB組の平均点は，5％水準で有意な差がみられた」と報告することになる。なお，論文などでは，「5％水準で有意差がみられた（$t(38)=2.104$, $p<0.05$）。」といった表記がよく利用される。$t(38)$の38はサンプルサイズより求められる自由度の数値を表している。この検定では，自由度＝20＋20－2＝38と計算される。$p<0.05$とは5％水準で有意という意味である。（tやpの算出，自由度については，山田・杉澤・村井，2008などを参照のこと）。

≫ 2．3つ以上の平均点を比べる（1要因分散分析）

3つ以上の平均点を比べるための検定として，分散分析がある。ここでは，小川・子安（2008）の研究を例にとり，分散分析について解説する。

表19-2 赤/青課題の平均点・標準偏差(小川・子安, 2008)

年齢群	平均点	標準偏差	n（人数）
年少児	4.96	3.98	23
年中児	7.52	2.13	21
年長児	9.29	1.02	24

　小川・子安（2008）は，幼児の行為や思考の制御能力を調べるために，赤／青課題（教示者が「赤」といったら青いカードを指さし，「青」といったら赤いカードを指さしさせる，一種のストループ課題）を，10回試行し，その平均点が年少児（$n=23$）・年中児（$n=21$）・年長児（$n=24$）とで統計的に異なるかを比較した（表19-2）。この目的のために，1要因の分散分析を用いている。水準数は3つ（年少児・年中児・年長児）である。年齢群ごとの平均点と標準偏差は表19-2のようになった。1要因分散分析の結果，年齢群による成績の差は有意であった（$F(2,65)=14.91$, $p<0.01$）。

　年齢群という要因が1つあり，その要因は，年少児・年中児・年長児という3つの水準から構成される。このようなタイプのデータを分析するには，1要因分散分析を用いる。分散分析では，検定統計量としてFを利用する。Fは以下の式で求められる。

$$F＝群間の平均平方÷群内の平均平方$$

　ここで，群間の平均平方とは，群の平均の違いによって説明できるばらつきを意味している。いっぽう，群内の平均平方とは，群の平均の違いでは説明できない，偶然によるばらつき（誤差によるばらつき）を意味している。要因の水準間の平均の違いで説明できるばらつきが，それでは説明できないばらつきに比べて十分に大きい（そうなっていれば，Fの値も大きくなる）かどうか，を検討するのが分散分析の考え方である。

　$F(2,65)=14.91$の2と65はそれぞれ自由度を表す。このようにFには自由度が2つある（2を分子の自由度，65を分母の自由度と呼ぶ）。また，$p<0.01$は1％水準で有意ということである。

>> 3．いくつもの要因の平均点を比べる（2要因分散分析）

　要因が複数になると，それぞれの要因の単独の効果（これを主効果という）に加え，要因の組み合わせの効果も検討できるようになる。逆にいえば，2要因以上の分散分析では，要因の水準同士の組み合わせのよしあし，相性の違いまでも視野に入れなくてはならない。この要因の水準の組み合わせの効果のことを，交互作用効果という。教育心理学では，適性処遇交互作用（Aptitude Treatment Interaction：ATI）が有名である。東（2001）で引用されている適性処遇交互作用に関する研究（もとの研究は，西谷さやか〈1970〉）を紹介しよう。

①中学校2年生女子に，ルレッグ法（初めに原理や定理を教え，それから多くの例題をやらせる）とエグルール法（初めに多くの例題を考え，そこから帰納的に原理や定理を導く）の2つの方法で確率統計学の初歩を教える。

②教え終わってから，内容についてどれだけ学習したかをテスト（事後テスト）し，どちらの方法が効果があるかを比べた。しかし，2つのグループの平均点に差はなかった（これだけだと平凡な結果である）。

③しかし，国語の成績との関係で分析すると，図19-2のような結果になった。ルレッグ法では，国語の成績と統計学の事後テスト得点の間にはほとんど関係がなく，国語の成績のよい人も悪い人も，事後テストの得点は同じくらいだった。いっぽう，エグルール法では，国語の成績のよい人は事後テストの得点が非常に高く，国語の成績の悪い人は事後テストの得点が非常に低いと

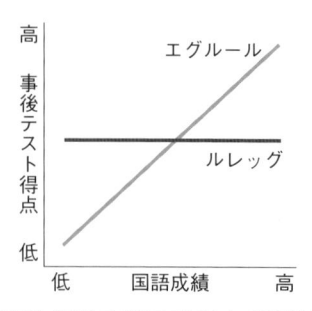

図19-2　国語成績と事後テスト得点の関係（東, 2001）

いう結果が見いだされた。つまり，学習者の適性と指導法には，相性がある。

第3節 > 変数と変数の関係を調べる

　本節では，変数同士の関係を調べる方法として，相関と連関を取り上げる。前者については散布図，相関係数を，後者についてはクロス集計表，カイ2乗検定（独立性の検定）を，それぞれ紹介する。

>> **1．相関を調べる（量的変数同士の関係）**

　「理科ができる子は算数もよくできる。理科が苦手な子は算数の点数もよくない」といわれることがあるが，これは本当だろうか？　この問いを確かめてみよう。このために，100人の子どもを対象に，理科と算数のテストを実施し，テスト得点データを得たとする。テスト得点は量的変数である。量的変数とは「量の大小が問題になる変数」のことである。このように量的変数同士の関係を調べるには，まずは図19-3のように視覚的に表現してみるとよい。図19-3は横軸に理科のテスト得点を，縦軸に算数のテスト得点を取っている。これを散布図と呼ぶ。散布図は量的変数同士の関係を調べるのに大変便利である。

　図19-3を見ると，全体的に右上がりの関係があり，理科の得点が高いほど，算数の得点も高くなる傾向が読み取れる。散布図で右上がりの関係がある場合，2つの変数には「正の相関がある」という。相関の大きさを数値で表現できる。その指標の1つが相関係数である。相関係数は次の式で求められる。

　　　　相関係数 r ＝ 2変数の共分散 ÷（それぞれの変数の標準偏差の積）

　上の式の分子に「2変数の共分散」とある。この共分散も相関の指標の1つで，2変数の偏差の積の平均から求められる。共分散は測定単位に依存する指標であるいっぽう，相関係数は測定単位の影響を受けない。どんなデータから計算しても相関係数は常に $-1 \leq r \leq 1$ の間の値をとり，絶対値が0に近いほど相関が弱く，絶対値が1に近いほど相関が強いと解釈できる。図19-3のデ

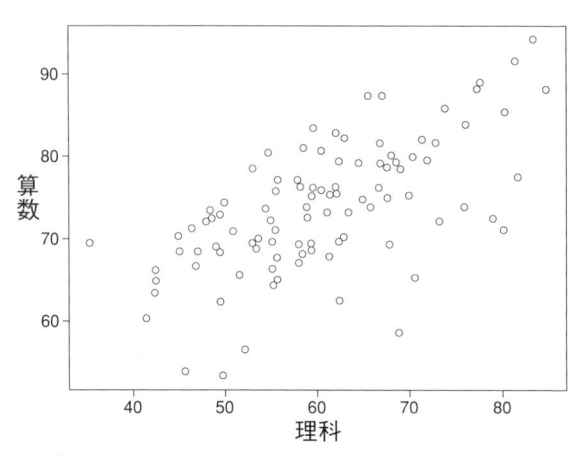

図19-3 理科のテスト得点と算数のテスト得点の散布図（$n=100$の仮想データ）

ータで相関係数 r を計算すると，$r=0.636$ となる。この値は一般に，中程度の正の相関があると解釈される。散布図や相関係数の値をもとに考えると「理科ができる子どもは算数もよくできる」という傾向があるといえそうである。

>> 2．連関を調べる（質的変数同士の関係）

「性別（男・女）」や「ある意見への態度（賛成・反対）」のような変数を質的変数という。質的変数とは「分類するための変数」のことである。ここでは，質的変数同士の関係（これを連関と呼ぶ）を調べるための方法を，林（2002）の研究を例に紹介する。

林（2002）は公立小学校の子どもを対象に，イラストと文章を用いた調査を行っている。「うそ－冗談課題」は，2つの話（母親に部屋の掃除をしなさいといわれたが，少年は漫画を読んで掃除をしない。その後，話①散らかった部屋を母親に見せずに「掃除をしたよ」と告げる（うそをついている）。話②散らかった部屋を母親に見せながら「掃除をしたよ」と告げる（冗談をいっている）を読ませたあとで，区別質問（うそをついている話と冗談をいっている話を区別させる）と二次的意図質問（部屋が片付いていないことを母親に「知ってほしい」話と「知ってほしくない」話を区別させる）をする。この2つの質

表19-3 二次的意図質問と区別課題のクロス集計表（林, 2002）

	区別質問○	区別質問×	計
二次的意図○	263	38	301
二次的意図×	16	61	77
計	279	99	378

問への回答を整理したのが表19-3である。これを，クロス集計表と呼ぶ。

クロス集計表は質的変数の連関を視覚的に判断するのに便利である。この表から，二次的意図質問に正解する（少年は，部屋が片付いていないことを母親に知ってほしいのか否かがわかった）人の多くは区別質問にも正解する（うそと冗談を区別できた），また，二次的意図質問を理解できない人の多くはうそと冗談を区別できない，という関係を読み取ることができる。表19-3のようなデータに適用できる検定に，カイ2乗検定（χ^2検定）がある。この検定の帰無仮説は「2つの変数の間には連関がない（2つの変数は独立である）」である。検定統計量としてχ^2を用いる。帰無仮説のもとで想定される値（期待度数）と実際の値（観測度数）のズレが大きいほど，χ^2は大きな値をとる。林（2002）は「χ^2検定の結果，有意（$\chi^2(1)=140.67$, $p<0.001$）で，二次的意図の理解はうそと冗談の区別と深い関連があった」と報告している。このことから，いずれも意図的な虚偽であるうそと冗談を区別できるようになるには，単に話し手（例：少年）の心的状態（例：虚偽を言いたい）を理解できるだけではだめで，聞き手（例：母親）に対する話し手（例：少年）の二次的意図（例：知ってほしい／知ってほしくない）を理解できることが重要であることが示されたといえよう。なお，$\chi^2(1)=140.67$の1は自由度を表している。また，$p<0.001$は，0.1％水準で有意であることを意味する。

>> 3. 第三の変数の影響を考える（擬似相関）

変数と変数の関係を調べるとき，第三の変数の存在やその影響について考慮しておくことが大切である。そうでないと，偽物の関係をことさら重要なこと

だとさわぎたてることになりかねない。第三の変数の影響について、苅谷（1996）の例を紹介する。ある人が、受験に熱心な親がより多く住んでいる都会のほうが、中学生の通塾率が高い事実を示して、「受験競争がさらに厳しくなったから通塾率も上がったという証拠はこれだ」と言ったとする。受験熱心な親がたくさん住んでいる地域なら、結果的に受験競争がより厳しくなる。だから、そうした地域で通塾率が高くなるという事実は、「受験競争がさらに厳しくなったからだ」という解答が正しいことの証拠であるようにみえる。しかし、これに対して、都会ほど、子どもを塾に通わせることのできる裕福な家庭も多いから、通塾率も高いのだ、という説明も可能である。このような例は擬似相関と呼ばれている現象を示している。一見、相互に関係があるようにみえていて、実際にはその関係が偽物であるという場合である（苅谷，1996，pp. 136–137を一部改変）。擬似相関の存在には、くれぐれも注意したい。

≫ 4．心理統計を学ぶ

本稿では、心理統計の理論について十分な解説ができなかった。読者には心理統計に関する自学をすすめたい。南風原（2002）が優れたテキストである。この本がむずかしいと感じる人は、まず山田・村井（2004）を読むとよい。あわせて、山田・杉澤・村井（2008）を使うと学習効果が高まるだろう。

・文献・

東洋（2001）『子どもの能力と教育評価（第二版）』東京大学出版会
南風原朝和（2002）『心理統計学の基礎―統合的理解のために』有斐閣アルマ
林創（2002）「児童期における再帰的な心的状態の理解」『教育心理学研究』50，pp. 43-53
苅谷剛彦（1996）『知的複眼思考法』講談社
子安増生（2003）「教育心理学の課題」子安増生・田中俊也・南風原朝和・伊東裕司『教育心理学（新版）』有斐閣，pp. 1-28
小川絢子・子安増生（2008）「幼児における『心の理論』と実行機能の関連性：ワーキングメモリと葛藤抑制を中心に」『発達心理学研究』19，pp. 171-182
西谷さやか（1970）「数学における教授方法と学習者の能力型との交互作用」『日本教育心理学会12回総会発表論文集』pp. 158-159
山田剛史・村井潤一郎（2004）『よくわかる心理統計』ミネルヴァ書房
山田剛史・杉澤武俊・村井潤一郎（2008）『Rによるやさしい統計学』オーム社

TOPIC19 アンケート調査

何かの調査でアンケートを行おうとしたとき，単にアンケートを実施しようとしてもすぐにそのむずかしさに気づかされる。図1に記載したアンケート調査のための手順からもその複雑さがわかるであろう。さらに，アンケートの実施だけでなく，得られたデータを解析することも重要である。さまざまな統計処理を行い，調査目的や仮説へ向かって解析を進めていく必要がある。

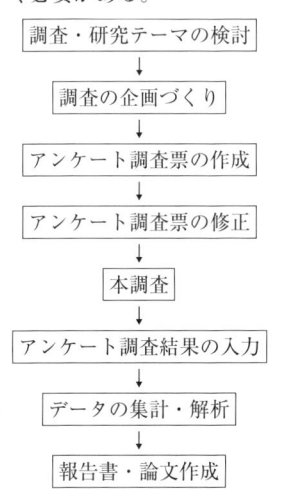

```
調査・研究テーマの検討
    ↓
調査の企画づくり
    ↓
アンケート調査票の作成
    ↓
アンケート調査票の修正
    ↓
本調査
    ↓
アンケート調査結果の入力
    ↓
データの集計・解析
    ↓
報告書・論文作成
```

図1 調査のためのフローチャート

自分のアンケート調査で知りたいことは何だったのかを再確認し，目的に合った統計処理を行うようにしなければならない。また，グラフを利用することで結果をわかりやすく，かつ見やすく示すことができる。

例えば，アンケート調査の設問における8つの項目をまとめて，100人の被験者の特性を調べたいなどというときには，主成分分析という手法が使われる。

アンケートのデータ処理の統計ソフトとしてはSPSSを用いることが多い。SPSSはWordやExcelといったソフトのように簡単に操作することができる。

ほかにも，上記の例で，被験者をいくつかのグループに分けたいときはクラスター分析を用いることで分類することができる。その結果を散布図にプロットしグループ分けすることで視覚的にもわかりやすく表現することができる（図2）。そして，クラスター分析から判別分析へとつなげることで，各グループにおける重要な項目を探すこともできる。

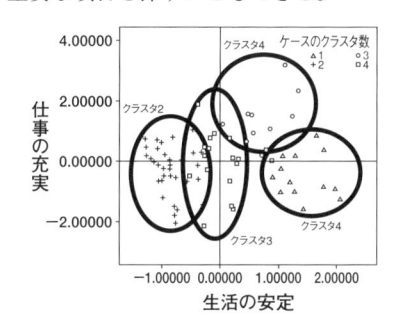

図2 出力結果の例（SPSS）

・文献・

加藤千恵子・石村貞夫・盧志和（2007）『SPSSでやさしく学ぶアンケート処理』東京図書
石村貞夫・加藤千恵子・石村光資郎（2008）『心理系のための統計学のススメ』共立出版

第20章 校内研究の進め方

　この章では，八島（2004，2005）にまとめた福島県保原町立柱沢小学校の校内研究を例にしながら，校内研究の手順を紹介したい。

第1節 > 校内研究の勧め

>> 1．なぜ，校内研修・研究を勧めるのか

■校内研修・研究のジレンマ

　「研究指定校など引き受けると忙しくなるだけだ」

　「研究授業の協議会なんて，悪口を言われるだけでうんざりする」

　「校内研究の時間を明日の教材研究の時間にあてたほうがましだ」

　毎年のように公開授業研究会を開いて成果を出版している学校がある。いっぽうで，管理職や研究主任が笛を吹いても一向に教職員の腰があがらない学校がある。校内研修・校内研究は，いくつもの問題をはらみながら続けられているのである（伊藤，1990）。

　いっぽう，海外に目を向けると，トピック20で紹介されているように Jugyo Kenkyu が日本の教師の力量を支えているという認識に立ち，Lesson Study に積極的に取り組む動きがある。

　教育公務員としての教師には，法律で研修の義務と権利が規定されている。教師の力量形成に外から向けられる多くの注文があり，それに応える形で免許更新制をはじめとする外部研修が義務づけられている。しかし目の前の子どもの直面する課題に対応するには校内の教師の同僚性を高めることが必要であり，

校内の研修・研究が有効な手立てになる（松崎・中山・北条，2006）。

■校内研修から校内研究へ

　校内での学びは，まず現職教育としての校内研修の形でスタートすることが多い。この段階の意義は次のように整理できる。
①学校や学級が抱えている諸問題や個々の子どもについて共通に確認できる。
②問題を解決する手だてを考え，時間をおかずに実行し効果を検証できる。
③研究を通じて，組織の構成員として協働への意識が高まり，充実感がもてる。

　しかし，これを超えて，広く教育界に研究成果を訴える校内研究の段階に進んで次に掲げる意義が確認できれば，あとに徒労感が残ることはないであろう。
④他校の教育実践に対して実践知を提供する。
⑤教科教育学，教育方法学，教育心理学などの教育基礎科学の理論を検証する
　機会を与える。
⑥教育基礎科学に対して新しい研究の視点や理論を提供する。

>> 2．研究主題の設定

■研究主題をどのように設定するか

　研究協力校や研究指定校では，学習指導要領の改訂や今日的な学校教育の課題を見すえて教育委員会等が研究主題をあらかじめ指定することが多い。主体的に校内研究に取り組む場合も，研究協力校や研究指定校の動向にそった形になりがちである。研究主題が新しくなると，それまで「研究報告書」に書かれていた子どもの実態ががらりと変わった書きぶりになることも珍しくない。また，研究主題は新しくなったが，授業のデザインは昔のままという研究発表会もある。

　設定される研究主題は，校内の全教職員の共通理解が必要である。そのために，まず大切にすることは，子どもの姿の事実をデータの上で確認しておくことである。このデータとは，教師によって記録された子どもの行動のエピソードなどの主観的情報だけでなく，毎日の授業後の小テストや期末学力試験の結

果や標準学力検査や心理検査などの客観的情報も活用される。

■どのように研究主題を設定したか

　本校の位置する保原町（現在は合併して伊達市）は，田圃と果樹園が多く，古くから周囲の村々の農家を支える商業集積地であった。近年，多くの工場が誘致されている。本校は町の中心から約2km，1学年1学級，全校の児童数はおよそ120人，教職員数13人の小さな学校である。

　教職員が認識している子どもの姿は，①自分が考えていることや感じていることを，そのままに表現する言葉や態度に乏しい。②言われたり指示されたりすると積極的に動き出す，ということであった。

　平成13年度末に実施した国語と算数の標準学力検査の結果に基づき，平成14年度は向上が認められる教材トピックと指導の改善を要する教材トピックを洗い出し，授業の改善と評価法の改善の研修に取り組んだ。そのなかで，教材内容が大幅に縮減された中で子ども一人一人が現状の学力を維持するだけでなく，さらにより高い学力を身につけることができるようにするためには，一斉授業において，個の特性を十分に生かす授業の構築がきわめて重要であること，すなわち，「子ども一人一人の個の特性に応じて，最も適切な指導・助言・支援等を行えば，子どもはいままで以上に興味・関心を喚起し，自ら進んで『繰り返し学習』や『発展学習』を求め，その結果，いっそう確かな基礎学力が身につくであろう」という見通しに基づく指導方法の実践的研究が必須であることを確認し合った。そこで，平成14年〜16年の継続研究を実施した。

第2節 > 校内研究の手順

>> 1. 校内研究の組織

■校内研究に着手した初期の組織

　公立小学校においては，着任当初の学校経営は，前任者および前年度の教育

計画に基づいて新年度を迎える。この段階での研究組織は図20-1のようなものであった。しかし、一学期中途で、早くも次のような問題が露呈した。

① 現職教育の方向が総花的であればこれでよいが、的を絞った研究を推進するには各教師の具体的任務が重複するため、自らの職能成長意欲を削ぎ取る。
② 町教育委員会等からの外的要請に基づき、校内組織に「基礎学力向上部」が設けられていたが、着手している本研究そのものが本来的な「(基礎)学力向上」にあると認識すべきである。
③ 「教材」の観点からは、「教科内の教材の系統性」も「子どもの発達段階」もともに重要であるという認識に立つべきである。
④ 子どもの「適性」の観点からは、この組織ではまったくアプローチできない。
⑤ 指導者の「処遇」の観点からは、もはや「一般研修」レベルでなく、教員自

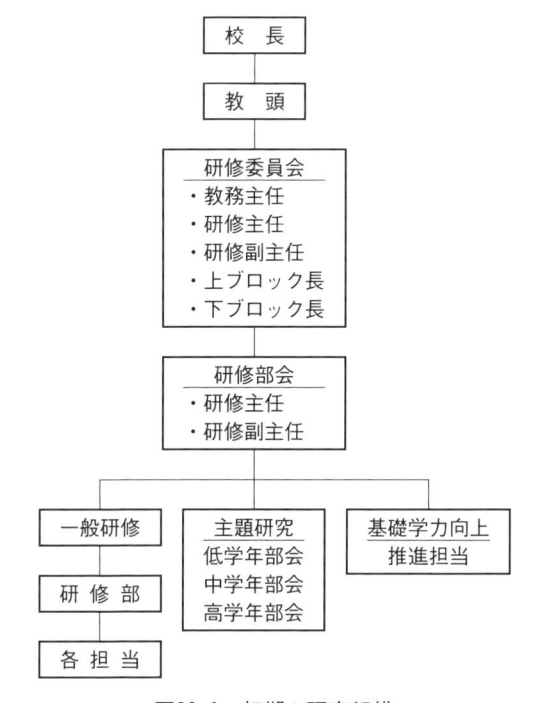

図20-1 初期の研究組織

らが本研究の推進に直結でき，しかも意識改革できる自己研修の場となる機会が必要である。

■研究組織の改革

そこで，研究組織を抜本的に見直し，図20-2のように再編した。

○研修推進委員会

研修主任のリーダーシップのもと，「教材」を主として研究する教科研究部と「学習者の個」を追究する児童理解部の双輪がうまくかみ合うコーディネーターの役割を担う。ここでは，おもに年間計画に基づく研究授業を実施し，事前の準備・授業検討と事後の反省・考察・課題の焦点化を扱う。

○児童理解部

例えば，学習適応性検査や診断的学力検査などの科学的諸情報を収集して，ここから学習者一人一人に対してどの情報を適合させたらよいかなどを検討することを担う。これは，授業者自身の判断が表現されている指導案の事前検討時に開催されると効果的である。

○教科研究部

いわゆる基礎的教科である国語と算数の2教科に絞り，研究授業で扱う「教

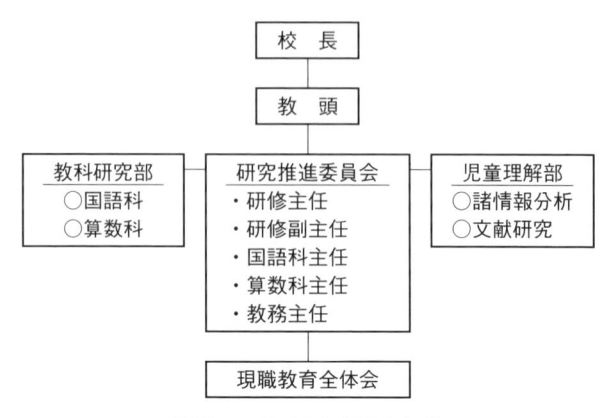

図20-2　改められた研究組織

材」を検討することを担う。「導入」「展開」「終末」それぞれの段階で学習者の興味・関心の程度がゆれ動くから，ここで議論がかみ合い，かつ本時のねらいが達成できるよう，教材の扱い方を特定するという大役を担うことになる。

あらためて新組織図を見ると，教師一人一人にとって「私はこの組織の中で，これをしている」という自身の位置が明らかになるばかりでなく，「この課題をここで解決したい」と意識化できる。

■管理職と研究主任の役割

管理職の役割：管理職は，①管理職自身を含めた「われわれ教師」の「いま身につけたい指導態度や指導方法，指導理念」という認識を明確に強化し，②かつこれらの課題の一つ一つが明らかになるにつれて教師力が身につくであろう，ことの道筋を呈示する。

研究主任の役割：研究主任は，①校内の教職員の内在的要求を語り合い，共通の課題を確かめ合う，②年間計画を策定し「一人の教師」として「自らの職能成長」を自らに期して各係が遂行できるように支援する。

■外部機関との連携

校内での研修は，ともすると独善的なものに陥りやすい（篠田，1999）。それを避けるためには，外部の機関との連携を積極的にとりたい。

教育委員会，教育センター等：学校を支援するための公の機関であり，もっとも手っとりばやい。支援を得るために経費の準備もいらない。しかし，担当者がその領域に精通していない場合もあり，ときに専門的情報を得られないことがありうる。

大学等：ある領域の専門的知識を直接得ることができる。ただし，交通費や謝金の支出が必要となるため，敷居が高くなる。そんなとき，助言者や講師としてではなく研究同人として依頼する可能性を探りたい。大学等の研究者も，実は小・中学校の敷居は高くて研究に支障をきたすと感じていることが多い。研究同人として位置づければ，経費を削減できるし，研究の進め方も上意下達にならない。

>> 2．校内研究の手順

■校内研究のタイプ

研究授業型：事前の指導案の検討，代表の授業と参観，研究協議，講評という形をとることが多い。代表が授業を行う前に，別の学級で予備的に授業を行い指導案の改定を行うこともある。研究報告書の公刊を予定しない場合は，1回の協議会で意見が出されただけで終わってしまう。

講師指導型：設定された研究主題にそって，外部の講師が情報を提供する。短時間に整理された情報を得ることができる。自分たちがどんな情報を必要としているのかを事前に伝えないと，隔靴掻痒の感が残る。

ワークショップ型：一つの具体的な課題の解決に向け参加者が一丸となって協働作業を行う。研究授業型や講師指導型の研究や研修では，メンバーの参与度が成否を左右する。これに対して，ワークショップは全員参加の活動を行うことにより，参与度が高まる。

村川（2006）は，ワークショップの意義と特性を次のように整理している。

① 解決すべき課題について，各自が少しでも活躍できるときに少しでもかかわっていければよい。

② 自分や自分たちの力をあらためて自覚するきっかけになることが多く，成就感を生み出しやすい。

③ 世代や専門性を超えた参加者がその違いを出し，違いを認めやすくなる。

■校内研究の手順

校内研究を進めるための具体的な手順として，研究同人から，図20-3のような手引が示された。その理由は，第1に年間に計画されるすべての研究授業や研究協議に参加できる保障がないこと，第2にライブの授業では繰り返し同じ授業を材料に研究協議ができないこと，第3に将来の研究のための材料として記録を保存するためであること，である。

校内研修から校内研究へステップアップするためには，研究のすべての過程

を記録・保存することが望まれる。第2章でふれているように，将来の研究のために，一過性を克服したい。

「研究の成果を後日まとめて公刊するために校内研究の手だてをまとめました。毎回統一した手順を踏んで資料をため込むことにより，個々の授業について統一的な考察が可能になります」
① 指導案に本時のねらいを文章化しますが，それに合わせて45分の授業の最後の5分をさいて実施する評価問題（この問題が解けた子どもは，この授業が理解できたとみなせるもの。5段階評価で3に相当するもの。可能であれば，4および5に相当するものも）を1問作成する。授業の最後の場面でこれを解かせる。授業中に実施できない場合は，その日の帰りの会で実施する。
② 指導案は形式にとらわれず，授業者の指導のポイントだけ参観者に伝えることを意図した簡単なものにする。指導計画のポイントおよび授業後の研究会で協議してもらいたいポイントについて，授業者が口頭で述べる場面をVTRに記録する。
③ 教室の後部，校庭側の窓の位置から教師の動きを中心にVTRに授業を記録する。教師の全身の動きを追いかけ，板書してもアップにしなくてよい。子どもが発言しても，子どもにカメラを向けずに教師が画面から外れないようにする。
④ 座席表を用意し，子どもの発言順序を記録する係をつくる。あとでVTRと照らして発言のリストを作成する。
⑤ 板書事項を順番に記録する係をつくり，デジタルカメラで記録する。
⑥ 抽出児童の行動を記録する係をつくり，発言，作業，ノート取り，参与状況（教師の期待どおりに活動していたか否か）を記録する。
⑦ 授業後に，参観者がコメントカードに気づいたことをメモする。このカードの係をつくり，全員のカードを集めて整理し，印刷して研究会の前に配布する。
⑧ 研究会の最初に，授業者は指導計画のねらい，授業して計画のうまくいった点，次回に改善したほうがよい点，子どもの学習状況の把握等について口頭で発表する。研究会で協議してもらいたいポイントについて説明する。
⑨ すべての過程を，記録に残して保存する。

図20-3 校内研究の手引（作成者：河野義章）

第3節 > 校内研究の実際

>> 1. 研究を支える理論──ATI論の採用

設定された研究主題「個の特性を一斉授業でどのように取り扱ったらよいか」という課題を解決する手法を，クロンバックら（Cronbach, & Snow, 1977）が提唱した「適性処遇交互作用（Aptitude Treatment Interaction）」に求めた。この段階では，校長がリーダーシップを発揮した。

校内研究では，これまで大勢の教師たちが実践のなかで積み上げてきた，いわゆる実践知を理論化する過程が必要である。この理論化によって，研究の成果が時と場所を超えて，他校の教員集団の財産にもなる。①自分たちの実践に合う既存の理論を見つけ出す，②既存の理論に合わせて自分たちの実践を改善する，③自分たちの実践をもとに新しい理論を生み出す，という3つの段階がある。本校では，①と②の段階について共通理解を深めながら，研究を進めた。

>> 2. ATI理論をすすめるために

ATI（適性処遇交互作用）は，教材，子どもの適性，教師の処遇の3つの要素の組み合わせから授業改善を推進する手法である。

■子どもの「個」をどうとらえるか──直接的観察情報と客観的解析情報

副主題「個に応じた指導の在り方とその効果」における「個」は，教師の直接的観察情報として得られる現有学力や顕現的性格などと，知能検査や学習適応検査等の客観的解析情報の2つに大別される。われわれ教師は，一般的に前者の主観的児童理解を重視する傾向を有しているため，実践的研究を推進するうえで，あえて後者の客観的情報を意図的に取り入れることにした。

そのために，子ども一人一人に対する指導のポイントを付加した一覧表「児童プロフィール」に簡潔にまとめることを，年度当初に着手した（八島，

2004,2005)。学習適応性検査からは,一人一人の学習スタイルとして①学習のペース,②課題解決の型,③学習の機能を明らかにできる。

■授業をどう表現するか──指導過程を表現するフローチャートの採用

研究主題の「授業で,指導者は子どもの個をどう生かそうとしているか,またはどう取り扱おうとしているのか」は,授業を参観する者にとってきわめてとらえにくい。この難点を克服するため,子どもの適性に応じた学習過程を表すのにフローチャートを採用した。特に,子どもの「個」を意図的に生かそうとする段階では判断を求められるから,ひし形でこれを表すことにした。

例えば,1年生の国語では,集中型(論理的思考力か高い)の子どもを意図的に指名して,果物のように「まとめて呼ぶ言葉」があることに気づかせたり,説明したりできるようにした。また,語彙の乏しい子どもには,具体物で視覚的に課題を提示し,具体物と文字を結びつける指導をした。

>> 3.研究の成果と課題

■校内研究の成果

3年間の取組みの成果は,次のようにまとめられる(八島,2004)。
①教職員の間で,個をとらえる視点が広がった。
②個に応じた支援の仕方を工夫するうえで,客観的な子ども理解が役立った。
③フローチャートによる表示により,授業の構想がいっそう理解できた。
④一斉授業のなかで個を生かすことが意図的・計画的に行えるようになった。
⑤子ども理解をもとに,教科の特質にも一歩踏み込んだ議論ができた。

さらに,加えれば,⑥校内研究の手順について共通理解ができたこと,⑦みんなで校内研究を楽しむことができたこと,をあげることができる。

■今後の課題

①研修の時間がない,②予算不足,③意欲が低い,④指導者がいない,の4点が,戦後一貫してあげられる校内研修の実践的課題である(中留,2002)。

客観的事実からみると,②については本校卒業生の篤志家からの寄付があり,

これを校内研究の財源にできた。④については，研究同人として東京学芸大学の河野義章教授の参加を得ることができたので，理論的支えと研究の手順について一貫した方針を保つことができた。③については，福島大学の同窓会の主催する研究奨励賞のコンクールに応募して優秀論文に選ばれ研究の概要が紹介されたことで，転任した研究同人も含めて大いに士気が高まった（八島，2005）。

そこで，ここに記した校内研究を振り返ると，次の点が課題となる。

① 1学年1学級の小さな学校なので，子ども一人一人の特性や学びの資料が蓄えられてきた。それを継続的に学級経営や授業改善に生かす道筋を立てたい。
② 公立学校は教職員の入れ替わりがあるので，新しく赴任したスタッフにも研究が継承されるための道筋を立てたい。
③ 校内研究がその時その場に居合わせた同人の校内研修の域を超えて，地域の学校，また全国の学校へ実践知の資産として発信できる手だてを講じたい。

・文 献・

Cronbach., L. J. & Snow, R. E.（1977）*"Aptitudes and Instructional Methods : A Handbook for Research on Interactions."* New York : Irvington
伊藤功一（1990）『校内研修（教育選書）』国土社
中留武昭（2002）「校内研修」安彦忠彦［ほか編『現代学校教育大事典（新版）』ぎょうせい
篠田信司（1999）「校内研究を成功させるために」尾木和英編著『校内研究事典（新版）』ぎょうせい
松崎邦守・中山実・北条礼子（2006）「中学校における校内研修としての実践レポート報告会の検討」『日本教育工学論文誌』30（Suppl.），pp.157-160
八島喜一（2004）「標準学力検査を活用して『教材×学習者の適性×処遇』により学習効果を最大にする方法」『指導と評価』2004年3月号，pp.54-58
八島喜一（2005）「平成16年度吾峰会研究奨励金受賞者論文紹介　保原町立柱沢小学校：自ら学び，生き生きと活動する子どもの育成――個に応じた指導の在り方とその効果」『福島大学教育実践研究紀要』48（通号91）号，pp.169-172
村川雅弘（2006）『ワークショップ型研修のすすめ：授業に生かす／教師が生きる』ぎょうせい

TOPIC20 海外に広がる授業研究

　1990年代後半から，日本で古くから行われてきた授業研究に，海外の研究者が注目し始めた。日本ではあたりまえの授業研究だが，ほかの多くの国々では，授業研究やそれに類する研修はほとんどなされてこなかった。端的に言えば，海外の教師は，ほかの学級の授業に関心をもたなかったのである。

　キャサリン・ルイスら（Lewis & Tsuchida, 1998）は日本の小学校における理科の授業研究を，また吉田（Yoshida, 1999）は算数における授業研究を紹介した。これらの文献をきっかけに，日本の授業研究は"Lesson Study"と広く海外に知られるようになった。なかでも，日・独・米3か国における中学2年生の数学の授業を比較したTIMSSビデオ・スタディ（トピック2参照）の影響は大きく，Lesson Studyは算数・数学の授業改善のための教員研修，というイメージが広がった。

　そして，多くの研究者たちが，全米科学財団（NSF），または民間の財団等の補助金を得て，授業研究のパイロット・プロジェクトを立ち上げた。なかでも，コロンビア大学が行ったニュージャージー州のパターソン公立第二学校とグリニッジ日本人学校との共同プロジェクト，ミルズ大学が行ったカリフォルニア州のサンマテオ・フォスター学校区におけるプロジェクト（Lewis, Hurd & O'Connell, 2006），そして，ディポール大学によるシカゴ授業研究グループのプロジェクト（Takahashi & Yoshida, 2004）などが，アメリカの授業研究をリードしてきた。その後，授業研究は，アメリカの多くの州で地域レベルの研修として広まり，近年ではシンガポール，香港，タイにも広まりつつある。

　これまで，お互いに教室の扉を閉ざしてきた教師たちにとって，授業研究に取り組むことは並大抵なことではない。そこで，初めて授業研究を試みる場合には，なるべく，指導案はグループで作成し，グループの中の一人が代表として研究授業を行い，研究協議会を通してグループの指導案をよりよいものにしていく，ということが強調されるようになった。

・文　献・
Lewis, C., Perry, R., Hurd, J., & O'Connell, M. P. (2006) *Lesson Study Comes of Age in North America.* Phi Delta Kappan, 88（4），pp.273-281
Lewis, C., & Tsuchida, I. (1998). *A lesson like a swiftly flowing river : Research lessons and the improvement of Japanese education.* American Educator, 22（4）
Takahashi, A., & Yoshida, M. (2004). *How Can We Start Lesson Study? : Ideas for establishing lesson study communities.* Teaching Children Mathematics, 10（9），pp.436-443
Yoshida, M. (1999) *Lesson study : A case study of a Japanese approach to improving instruction through school-based teacher development.* Unpublished Dissertation, University of Chicago, Chicago

事項さくいん

● A〜T

ATI論　P.220，234
BIAS　P.91
Constructuvist Learner's Scale（CLS）
　P.83，175
GlsML　P.75
Kuder-Richardsonの公式20　P.208
Lesson Study　P.86，226
LPS　P.27
OHP　P.152
PDCA　P.17
PISA　P.38
　PISA読解力　P.212
Q-U　P.49，59
　hyper-QU　P.59
SPSS　P.225
TIMSS-R　P.47
TIMSSビデオスタディ　P.27
TOCL　P.101
TP2002　P.135
t検定　P.217

● あ

アクション・ゾーン　P.108
アクション・リサーチ　P.35
足場づくり　P.72，74
α係数　P.206，207
アンケート調査　P.225
いじめ防止プログラム　P.48
1/0サンプリング法　P.159
1問1要素対応の原則　P.210
一斉指導　P.37

ウィケット守備　P.131
うそ－冗談課題　P.222
エグルール法　P.220
エピソード（逸話）記録法　P.157

● か

χ2乗（χ^2）　P.163，223
　χ2乗検定　P.223
　χ2乗分析　P.163
外部機関との連携　P.231
科学的リテラシー　P.75
学習観　P.178
学習指導要領　P.38，49，50
学習習慣　P.12，180
学習心理学　P.6
学習スキル　P.13，176
　学習スキル教育　P.182
　学習スキルの分類　P.177
学習法講座　P.186
学習方略　P.14，177
課題従事行動　P.154
課題非従事行動　P.154
学級　P.48
　学級規模　P.121
　学級制度　P.48
　学級の風土　P.48
　学級の雰囲気　P.48
　学級編成がえ　P.49
　学級崩壊　P.49
眼球運動測定　P.118
観察法　P.202
関心　P.130

完成品の作業仕上げ精度　P.191
完成法　P.203, 210
管理職と研究主任の役割　P.231
机間指導　P.109, 117
　机間指導の様相　P.114
擬似相関　P.223
技術分野の目標　P.188
帰無仮説　P.216
客観的解析情報　P.234
教育工学的アプローチ　P.30
教育効果の検証　P.214
教育目標の分類学　P.89, 203
器用意識　P.190, 193
教室のエスノグラフィー　P.18
教師の指導　P.8
教授学習過程　P.6
教授心理学　P.6
教授方略　P.76
協同過程　P.72
協同的な相互作用状況　P.72
協同の学習　P.72
共分散　P.221
距離
　公衆距離　P.108
　個体距離　P.108
　社会距離　P.108
　密接距離　P.108
記録媒体　P.26
空間行動　P.108
　空間行動研究の方法　P.109
　空間行動の記録用紙　P.110
　空間行動の集計用紙　P.111
組み合わせ法　P.203
組立て動作の分析　P.191
組み立て認知方略　P.14

クラスター分析　P.53
クロス集計　P.223
訓育行動　P.165
形成的評価　P.204
研究指定校　P.226
研究主題　P.227
講義法　P.38
構成主義　P.175
　構成主義的学習者尺度（CLS）　P.83
行動観察　P.155
　行動観察の準備　P.155
校内研究　P.226
　校内研究の課題　P.235
　校内研究の組織　P.228
　校内研究のタイプ　P.232
　校内研究の手順　P.228, 232
項目応答理論　P.209
コーピング　P.179
　コーピング・メソッドタイム　P.179
　コーピング・リレーションタイム
　　P.179
　メソッドタイムのプログラム　P.180
黒板の歴史　P.142
固定式学級編成　P.49
古典的授業分析　P.29
子どもの学びの要因　P.12
個別学習法　P.40
ごまかし勉強　P.176

● さ

再検査信頼性係数　P.206
再生タイプ　P.203
再認タイプ　P.203
作業エラー　P.189
作業処理時間　P.189

作業精度　P.199
作品精度　P.191
作品の評価　P.200
残差分析　P.164
算数学習方略　P.187
ジェスチャー　P.130
　　教師のジェスチャー　P.132
　　ジェスチャー採集カード　P.136, 139
　　ジェスチャーの研究法　P.134
　　ジェスチャーの採集　P.136
　　ジェスチャーの分類基準　P.136
時間見本法　P.158
事後テスト　P.204
事象見本法　P.158
姿勢　P.130
　　姿勢と地位　P.130
　　姿勢のイメージ　P.131
　　姿勢の研究の実際　P.137
　　姿勢の研究法　P.133
　　姿勢の分類基準　P.133
　　姿勢の変化数　P.139
視線計測　P.121
　　視線計測装置　P.119
視線データ　P.126
事前テスト　P.204
実践研究法　P.203
質的研究　P.33
質問紙調査法　P.203
師範学校　P.37
自分ノート　P.169
島小方式　P.16
社会的スキル教育　P.48
自由記述法　P.158
習熟度別　P.50
　　習熟度別学級　P.49, 51

習熟度別学級選択方略尺度　P.52
習熟度別学級編成の課題　P.53
集団思考　P.43
自由度　P.218, 219
授業記録　P.16
授業研究　P.7, 28
　　事例の授業研究　P.105
授業スキル　P.9
　　言語的授業スキル　P.9
　　非言語的授業スキル　P.11
授業ストラテジー　P.8, 36, 41
　　授業ストラテジーの分析手順　P.42
　　授業ストラテジーの分析基準　P.41
　　授業ストラテジー分析の課題　P.45
授業タクティクス　P.11, 46, 96
　　授業タクティクス分析の課題　P.105
　　授業タクティクス分析の実際　P.102
授業デザイン　P.7, 97, 143
授業のエスノグラフィック　P.32
授業のシステム　P.7
授業ライブラリー　P.18
　　授業ライブラリー作成の手順　P.21
　　授業ライブラリーの構成　P.20
　　授業ライブラリーの構築　P.25
授業リフレクション・カード　P.15
授業をみる5つの視点　P.15
主効果　P.220
少人数学級　P.160
少人数授業　P.124, 125
少人数討議法　P.40
新学力観　P.38
真偽法　P.203
信頼性　P.206
　　信頼性係数　P.206
推測統計学　P.215

数学的モデル P.107
図形概念 P.98
ストループ課題 P.219
生徒の発話と動作 P.194
世界図絵 P.142
説明文読解 P.210
相関 P.221
　正の相関 P.221
　相関係数 P.221
造形活動実践 P.70
相互教授 P.74
相互作用のある対話 P.78

● た
第5期国定教科書 P.98
多枝選択法 P.203, 210
妥当性 P.204
楽しい授業 P.8
単純再生法 P.203, 210
チェックリスト法 P.200
チャレンジスクール P.179
注視パターン P.122
直接的観察情報 P.234
貯蔵機能 P.168
停留位置 P.111
停留時間 P.111
データ解析 P.214
適性処遇交互作用（ATI） P.220, 234
デジタル教材 P.47
テスト法 P.202
　テストの出題内容 P.209
　テスト法を使うときの注意 P.203
　テスト問題の形式 P.210
　テスト問題の水準 P.211
　テスト問題を作る手順 P.209

寺子屋 P.37
典型事例 P.106
電子黒板 P.152
討議法 P.40
東京学芸大学教育実習ノート P.28
統計的仮説検定 P.215
瞳孔／角膜反射法 P.119
トランザクティブディスカッション P.78
　表象的トランザクション P.78
　操作的トランザクション P.78
都立高校改革 P.179

● な
内部一貫法 P.207
二次的意図質問 P.223
認知学習活動 P.98
　認知学習活動の分析基準 P.100
認知領域 P.203
塗盤 P.142
塗板 P.142
熱心 P.130
能力混成型 P.50
ノート P.175
　きれいなノート P.167
　授業とノート P.171
　ノートの機能 P.168
ノート指導 P.170
ノートテイキング P.166
　ノートテイキングのスキル P.166
　ノートテイキング分析 P.169

● は
パーソナル・スペース P.108
発問 P.84

発問水準の分析基準　P.90
　　発問の水準　P.89, 93
　　発問のタイプ　P.87, 91
　　発問の定義　P.85
　　発問の待ち時間　P.95
　　発問の理由　P.87
発話分析　P.70
パフォーマンス学　P.141
パフォーマンス分析　P.190
パワーポイント　P.153
板書　P.142
　　板書記録を子どもに配布する　P.153
　　板書計画　P.143, 144
　　板書研究の実際　P.146
　　板書の研究の視点　P.145
　　板書の効用　P.143
非言語コミュニケーションスキル
　　P.141
ビデオ録画　P.156
標準誤差　P.218
表情トレーニング　P.141
評定尺度法　P.200
不器用意識　P.193
符号化機能　P.168
部品加工精度　P.191
プライベート　P.198
フレーム・バイ・フレーム分析　P.122,
　　127
フローチャート　P.235
分散分析　P.164, 218
　　2要因分散分析　P.220
文章題　P.107
平均値差　P.216
　　平均値を比べる　P.217
変化のある授業　P.8

保育者　P.70
ポイントサンプリング法　P.159
ポートフォリオ　P.213

● ま・や・ら・わ

マイクロティーチング　P.9, 133
マルチメディア教材　P.152
文字
　　文字数　P.150
　　文字の色　P.150
　　文字の大きさ　P.150
ものづくり　P.188
　　ものづくり過程の研究の課題　P.199
　　ものづくり基盤技術振興基本法
　　P.189
　　ものづくりの過程　P.189
問題場面テスト　P.203
問答法　P.39
有意
　　統計的に有意　P.215
　　有意確率　P.216
　　有意水準　P.218
ゆさぶり　P.86
よいテストの条件　P.204
羅生門的アプローチ　P.30
履修主義　P.49
量的変数　P.221
ルーブリック　P.212, 213
ルレッグ法　P.220
連関　P.222
論文体テスト　P.203
ワークショップ型　P.232
わかる授業　P.8

人名さくいん

● A〜W

Adams, R. S.　P.108
Berkowits, M. W.　P.78
Biddle, B. J.　P.108
Bloom, B. S.　P.87, 89
Brown, A. L.　P.74
Brown, G. A.　P.91, 94
Clarke, D.　P.27
Cooper, P. J.　P.39
Davis, S. J. K.　P.98
Ekman, P.　P.136
Frissen, W. V.　P.136
Gibbs, J. C.　P.78
Granott, N.　P.72
Hiebert, J.　P.27
Keitel, C.　P.27
Machotka, P.　P.130
McNeill, D.　P.132
Messick, S.　P.205
Mills, K.　P.87, 88, 89, 91
Nasir, M.　P.83
Palincsar, A. S.　P.74
Rayner, K.　P.120
Reid, D. J.　P.109
Rowe, M. B.　P.87, 95
Sabers, D. S.　P.118
Spiegel, J.　P.130
Stigler, J.　P.27
Wragg, E. C.　P.94

● あ

相川充　P.48

愛知教育大学　P.19
　愛知教育大学教育実践センター
　　P.26
青木理恵　P.133
麻柄啓一　P.106
東洋　P.220
有馬道久　P.118
生田孝至　P.29
池田央　P.210
石井仁　P.49
石田佐久馬　P.168
石村光資郎　P.225
石村貞夫　P.225
市川伸一　P.176, 178, 182, 186
伊藤功一　P.226
伊藤亜矢子　P.48
稲垣忠彦　P.30
井上光洋　P.17
宇野宏幸　P.48
遠藤忠　P.49
大石学　P.37
大河原清　P.133
大島純　P.17
大野木裕明　P.160
小川絢子　P.218
小倉金之助　P.142
長田勇　P.49
落合幸子　P.85

● か

香川県小学校社会科教育研究会　P.169
粕谷貴志　P.49

加藤千恵子　P. 225
ガニエ, R.　P. 106
加納寛子　P. 213
上條晴夫　P. 178
苅谷剛彦　P. 224
河井芳文　P. 13
川上繁　P. 144
河村茂雄　P. 48, 49, 59
菊地めぐみ　P. 165
岸学　P. 210, 211
喜多荘太郎　P. 132
熊谷蓉子　P. 201
クロンバック, L. J.　P. 234
小池敏英　P. 118
小泉令三　P. 48
河野義章　P. 8, 12, 20, 41, 83, 105, 106, 131, 134, 136, 177
国立教育政策研究所　P. 50
小塚芳夫　P. 144
小林敬一　P. 166, 170
小林宏己　P. 169
狛江第三中学校　P. 13
コメニウス, J. A.　P. 142
子安増生　P. 214, 218

● さ
齋藤ひろみ　P. 166
斎藤喜博　P. 16, 86
坂本賢三　P. 30
坂元昂　P. 7
桜井均　P. 49
佐々木享　P. 189
笹村泰昭　P. 118
佐藤綾子　P. 141
佐藤学　P. 28, 30, 32

澤本和子　P. 15
塩田芳久　P. 40
柴山真琴　P. 18
清水康敬　P. 142, 145
清水美憲　P. 27
白井裕美子　P. 20
進藤聡彦　P. 177
杉澤武俊　P. 218, 224
スコット, M. M.　P. 142
鈴木隆司　P. 189
清野辰彦　P. 107

● た・な
高浦勝義　P. 212
高垣マユミ　P. 78, 79
高橋昭彦　P. 237
田上哲　P. 16
田上不二夫　P. 48
多鹿秀継　P. 40
辰野千壽　P. 177, 178
田中耕治　P. 37, 202
田原裕登志　P. 79
築山崇　P. 48, 49
筑波大学附属小学校　P. 18
椿本弥生　P. 47
ディビス, I. K.　P. 45
土井康作　P. 189
東井義雄　P. 169
トゥールミン, S. E.　P. 77
豊田久亀（ひさき）　P. 84
中澤潤　P. 160
中島ちさと　P. 175
中島朋紀　P. 78
中嶋弘行　P. 116
中留武昭　P. 235

中野紗耶香　P.187
中森誉之　P.35
中山千春　P.117
西谷さやか　P.220
ネイル, S.　P.131
盧志和　P.225

● は・ま
南風原朝和　P.224
端義二　P.152
林創　P.222
原正敏　P.189
平井洋子　P.205
福澤一吉　P.77
福田忠彦　P.120
藤枝静暁　P.48
藤澤伸介　P.179, 186
伏見陽児　P.106
藤村一夫　P.49
船橋市教育研究所　P.37
フランダース, N. A.　P.29
ブルーナー, J. S.　P.6
ベルナール, C.　P.33
ヘレンコール, L. R.　P.75
堀毛一也　P.133
町岳　P.52, 54, 55
松井仁　P.48
松尾剛　P.146
松尾直博　P.48, 160
丸野俊一　P.146

三浦香苗　P.156, 161
三島美砂　P.48
南博文　P.160
宮内健　P.14
武蔵由佳　P.49
村井潤一郎　P.218, 224
村川雅弘　P.232
村山航　P.180
メハーン, H.　P.32
茂木一司　P.201
モンジュ, G.　P.142
文部科学省（文省）　P.30, 50

● や・わ
八島喜一　P.226, 235, 236
安隆模　P.145
柳治男　P.142
山口榮一　P.32
山崎豊　P.152
山田剛史　P.218, 224
吉岡啓介　P.133
吉崎静夫　P.33
吉田誠　P.237
吉永紀子　P.17
米田昭二郎　P.152
ワインステイン, C. E.　P.178
若杉大輔　P.48
若山育代　P.71
渡辺利夫　P.120

分担執筆（五十音順・所属は2014年3月現在）

阿子島茂美	あこしま・しげみ	十文字学園女子大学教授	6章
新井　宏和	あらい・ひろかず	埼玉大学教育学部附属小学校教諭	13章
有馬　道久	ありま・みちひさ	香川大学教授	TOPIC11
上淵　　寿	うえぶち・ひさし	東京学芸大学教授	3章
加藤千恵子	かとう・ちえこ	東洋大学准教授	TOPIC19
加納　寛子	かのう・ひろこ	山形大学准教授	TOPIC18
鎌田　和宏	かまた・かずひろ	帝京大学教授	15章
河村　茂雄	かわむら・しげお	早稲田大学教授	TOPIC 5
菊地めぐみ	きくち・めぐみ	東京都新宿区立四谷小学校教諭	TOPIC14
岸　　　学	きし・まなぶ	東京学芸大学教授	18章
河野　義章	こうの・よしあき	東京学芸大学名誉教授	1，8，9，10，12章，TOPIC 8，10
櫻井　眞治	さくらい・しんじ	東京学芸大学准教授	TOPIC13
佐藤　綾子	さとう・あやこ	日本大学教授	TOPIC12
清水　美憲	しみず・よしのり	筑波大学大学院教授	TOPIC 2
清野　辰彦	せいの・たつひこ	山梨大学准教授	TOPIC 9
関口　貴裕	せきぐち・たかひろ	東京学芸大学准教授	11章
関口　洋美	せきぐち・ひろみ	大分県立芸術文化短期大学准教授	2章
髙垣マユミ	たかがき・まゆみ	実践女子大学教授	7章
高橋　昭彦	たかはし・あきひこ	ディポール大学准教授	TOPIC20
椿本　弥生	つばきもと・みお	公立はこだて未来大学准教授	TOPIC 4
土井　耕作	どい・こうさく	鳥取大学教授	17章
中島ちさと	なかじま・ちさと	シンガポール日本人学校小学部クレメンティ校教諭	TOPIC15
中野紗耶香	なかの・さやか	東京都大田区立小池小学校教諭	TOPIC16
中森　誉之	なかもり・たかゆき	京都大学大学院准教授	TOPIC 3
古屋　　真	ふるや・あつし	駒沢女子短期大学専任講師	8章
町　　　学	まち・たけし	東京都大田区立東調布第一小学校教諭	5章
松尾　直博	まつお・なおひろ	東京学芸大学准教授	14章
宮内　　健	みやうち・たけし	東京都八王子市立袖木小学校教諭	4章
山﨑　茂雄	やまざき・しげお	東京都立稔ケ丘高等学校教諭	16章
山田　剛史	やまだ・つよし	岡山大学大学院准教授	19章
八島　喜一	やしま・きいち	元・保原町立柱沢小学校校長	20章
横屋　一也	よこや・かずや	東京都立武蔵高等学校教諭	TOPIC 1
若山　育代	わかやま・いくよ	富山大学准教授	TOPIC 6，17
渡邊　良典	わたなべ・よしのり	神奈川県伊勢原市教育委員会指導主事	TOPIC 7

◆編　著

河野義章　こうの・よしあき　博士（心理学）

1943年東京生まれ。東京学芸大学名誉教授。専門は，教育心理学，教育カウンセリング，教育工学。東京学芸大学大学院修士課程修了。東京都中央区立明石小学校教諭，福島大学講師・助教授・教授を経て，1990年から東京学芸大学教授。2009年に退職。著書に，『文章題解答中の非言語的行動の表出と読みとりに関する研究』（風間書房，1996），『教育フィールド開発』（編著，学芸図書，2008），『教育心理学　新版』（編著，川島書店，2006），『心理学Ⅰ：その理論と方法』（編著，川島書店，2011），『心理学Ⅱ：その応用』（編著，川島書店，2011），『新版　教育カウンセラー標準テキスト初級』（分担，図書文化社，2014），『新版　教育カウンセラー標準テキスト中級』（分担，図書文化社，2014）など。

【改訂情報】　初版4刷……第12章（図12-1，図12-2）を新しい論文に基づき更新

わかる授業の科学的探究
授業研究法入門

2009年4月30日　初版第1刷発行　［検印省略］
2020年1月20日　初版第6刷発行

編　著　者　ⓒ河野義章
発　行　人　福富　泉
発　行　所　株式会社　図書文化社
　　　　　　〒112-0012　東京都文京区大塚1-4-15
　　　　　　TEL.03-3943-2511　FAX.03-3943-2519
　　　　　　振替　00160-7-67697
　　　　　　http://www.toshobunka.co.jp/
印刷・装幀　株式会社　加藤文明社印刷所
製　　　本　株式会社　村上製本所

JCOPY　＜出版者著作権管理機構　委託出版物＞
本書の無断複写は著作権法上での例外を除き禁じられています。複写される場合は，そのつど事前に，出版者著作権管理機構（電話03-3513-6969，FAX 03-3513-6979，e-mail：info@jcopy.or.jp）の許諾を得てください。

乱丁・落丁の場合はお取り替えいたします。
定価はカバーに表示してあります。
ISBN 978-4-8100-9532-6　C3037

教職や保育・福祉関係の資格取得をめざす人のためのやさしいテキスト
改訂版 たのしく学べる 最新教育心理学
櫻井茂男 編　　　A5判／264ページ　●定価 本体2,000円+税

目次●教育心理学とは／発達を促す／やる気を高める／学習のメカニズム／授業の心理学／教育評価を指導に生かす／知的能力を考える／パーソナリティを理解する／社会性を育む／学級の心理学／不適応と心理臨床／障害児の心理と特別支援教育

学習意欲を高め，学力向上を図る12のストラテジー
科学的根拠で示す 学習意欲を高める12の方法
辰野千壽 著　　　A5判／168ページ　●定価 本体2,000円+税

「興味」「知的好奇心」「目的・目標」「達成動機」「不安動機」「成功感」「学習結果」「賞罰」「競争」「自己動機づけ」「学級の雰囲気」「授業と評価」の12の視点から，学習意欲を高める原理と方法をわかりやすく解説する。

「教職の意義等に関する科目」のためのテキスト
新版（改訂二版） 教職入門 ―教師への道―
藤本典裕 編著　　　A5判／224ページ　●定価 本体1,800円+税

主要目次●教職課程で学ぶこと／子どもの生活と学校／教師の仕事／教師に求められる資質・能力／教員の養成と採用・研修／教員の地位と身分／学校の管理・運営／付録：教育に関する主要法令【教育基本法・学校教育法・教育公務員特例法・新指導要領】

生徒指導・進路指導・キャリア教育論
主体的な生き方を育むための理論と実践
横山明子 編著　　　A5判／240ページ　●定価 本体2,000円+税

主要目次●生徒指導・進路指導・キャリア教育の歴史と発展／ガイダンス・カウンセリングの基礎的理論／児童生徒理解の方法・技術／生徒指導・進路指導・キャリア教育の組織と運営／児童生徒の問題行動の特徴と支援／生徒指導・進路指導・キャリア教育のアセスメント　ほか

わかる授業の科学的探究
授業研究法入門
河野義章 編著　　　A5判／248ページ　●定価 本体2,400円+税

主要目次●授業研究の要因／授業を記録する／授業研究のメソドロジー／授業ストラテジーの研究／学級編成の研究／発話の研究／協同の学習過程の研究／発問の研究／授業タクティクスの研究／空間行動の研究／視線の研究／姿勢とジェスチャーの研究／板書の研究　ほか

「教育の方法と技術」「教育方法」のためのテキスト
三訂版 教育の方法と技術
平沢茂 編著　　　A5判／208ページ　●定価 本体2,000円+税

目次●教育の方法・技術に関わる諸概念／教育方法の理論と歴史／カリキュラム開発／授業における教師の役割と指導技術／教育メディアとその利用／教授組織と学習組織／教育における評価

〒112-0012 東京都文京区大塚1-4-15　図書文化　TEL03-3943-2511　FAX03-3943-2519
http://www.toshobunka.co.jp/